레즈
The Reds!

새롭게
읽는
공산당
선언

이 도서의 국립중앙도서관 출판시도서목록(CIP)은 e-CIP홈페이지
(http://www.nl.go.kr/cip.php)에서 이용하실 수 있습니다.
(CIP제어번호 : CIP2010004404)

새롭게
읽는
공산당
선언

황광우
장석준
함께
지음

실천문학사

책 · 머 · 리 · 에
레즈를 위하여(For Reds!)

'붉은 세대'의 탄생

2002년 6월의 한국은 '혼돈(混沌)'이었다. 이성과 금기가 지배하는 '일상의 세계'가 사라지고 홀연 일탈과 흥분이 지배하는 '광기의 세계'가 찾아왔다. 6월 18일 밤 10시 25분, 안정환의 헤딩골이 이탈리아 골대를 뒤흔드는 순간, 전국의 아파트에서 동시 방영으로 함성 소리가 터진 것에 이어, 흥분을 참지 못한 아이들은 북과 꽹과리를 치면서 거리로 뛰쳐나왔다. 청소년들은 광장으로 광장으로 몰려나오기 시작하였다. 수백만 명의 청소년들이 함께 어깨를 걸고, 아리랑을 노래하고, 〈아침이슬〉을 부르고, 서로 붙들며 엉엉 울고, 폴딱폴딱 뛰었다. 그것은 무엇이었을까? 참으로 무엇이라 규정하기 힘든, 모순적인 요소들이 뒤엉키고 섞이어 분출되어 나온 '혼돈의 광장'이었다.

공차기 대회란 그야말로 비정치적인 것이다. 그런데 이 공차기 대회를 뒤덮은 구호는 아주 정치적인 것이었다. 4천만 명이 함께 외치는 "대~한민국". 외국인들의 눈에 한국은 '파시스트 천지'였다. 외국인들이 보기에는 끔찍할 정도로 공포스러운 국가주의 구호를 우리는 자랑스럽게 외치고 있었다. 우리는 부끄럽지 않았다. 우리는 지난 1백여 년 동안 강대국에 이리 치이고 저리 치여 살면서 맺혔던 민족적 한을 풀고 있었던 것이다. 찬송가 부르고 기도 올리던 교회에서, 목탁 소리 울리던 산사에서 종교의 그 견고한 금기마저 무시하고 미친 듯이 악을 질러댔다. 화산이 터지듯 민족적 한이 폭발하고 있었던 것이다.

하지만 아무리 좋게 보아주어도 그것은 유치한 것이었다. 세계 공차기 대회에서 40년 만에 16강의 문턱을 넘어서고, 기대하지도 않았던 8강이 되고, 내친김에 4강까지 넘볼 수 있었던 것, 그것이 아무리 기적 같은 사건이었다 할지라도 우리네 삶과 깊은 인연을 맺고 있는 의미 있는 사건은 아니었다. 그렇게 공차기 대회가 소중한 것이었나? 언제부턴가 경쟁의 틈바구니에서 몸부림쳐왔던 우리들의 불쌍한 삶, 선착순 돌림빵을 시키면 남보다 먼저 뛰어야 하고, 시험을 보면 1등을 해야 하고, 무엇을 만들면 최고니, 최강이니, 최대니 꼭 '최' 자를 붙여야만 직성이 풀리는 이 유치한 경쟁주의적 가치관을 우리는 그대로 반복하고 있었던 것이다.

한편, 2002년 한국은 붉은 옷을 입었다. 초여름날 아이들과 손을 잡고 소풍 나온 사람들은 모두 다 한결같이 붉은 옷을 입고 있었다. 노동자들이 붉은 머리띠를 매고 파업을 하노라면 과격하다, 불온하다, 외면하던 사람들까지 아주 천연덕스럽게 붉은 옷을 입고 다녔다. 6월의 광장에서 붉은색은 돌연 금기의 색에서 주류의 색이 되어버렸다. 아무도 의식하지 않는 사이 '붉은색의 복권'이 이루어져버렸다. "Be the Reds!" 사람들은 아주 싱글벙글 웃으면서 이 무시무시한 글자를 몸에 달고 다녔다. 발랄하고 가벼운 붉은 악마들의 몸짓 속에서 가장 끔찍한 정치적 구호가 하나의 귀여운 아이콘으로 전이되어갔다.

나는 놀랐다. 나는 젊은이들만큼 미치지 못하였다. 미치지 못하고 옆에서 구경만 하였다. 젊은 날을 회상하여 보았다. 15년 전, 그러니까 1987년 6월, 우리도 오늘의 붉은 세대들처럼 미쳤다. 오늘의 세대들이 "대~한민국, 4강 진출"을 외쳤다면 그때 우리는 "호헌철폐, 독재타도"를 외쳤다. 우리는 기성의 질서를 파괴하는 일에 미쳤다. 최루탄이 난무하는 가운데 우리는 하루 종일 화염병을 던졌다. 화염병은 우리들의 분노, 우리들의 열정을 담은 병이었다. 시너와 휘발유를 합성하여 제조한 이 용기를 하늘 높이 던지는 투척 행위는 시대에 맞서 항거하는 한 폭의 전위예술이었다. 1987년 3월, 우리는 소수였다. 늘 전경들, 백골단에게 쫓겨다녔다. 1987년 6월, 우리는 다수가 되었다. 5백만 명의 군중이 우리와 동참하였다. 군중이 파도처럼 몰려들자, 전경들은 성난 군중의 파도에 휩쓸려가는 가랑잎이 되었다. 1980년 5월 광주의 피를 보면서 고뇌하였고, 1987년 마침내 독재의 아성을 무너뜨린 우리들을 일각에서는 '모래시계 세대'라 불렀다. 이 '모래시계 세대'와 더불어 또 하나의 시대가 열렸던 것이다.

'모래시계 세대'와 더불어 대한민국은 군사독재의 마수에서 풀려나와 서서히 민주주의를 향하여 순항하기 시작하였다. 대통령도 국민이 뽑고, 지방자치제도 도입되고, 학살자들은 감옥에 가고, '하나회'는 해체되는 등 사회의 여러 부문에서 민주화가 진전되었다. 하지만 그것은 가진 자들의 민주주의, 즉 부르주아 민주주의였다. 국민들에게 투표용지는 배포되었지만, 청와대와 여의도를 메우는 자들은 의연히 낡은 부르주아 정치인들이었다. 한국의 부르주아 민주주의는 부패와 탈법, 지역주의로 물들어갔다. 몽둥이로 노동자의 머리를 깨고, 식칼로 노동자의 등을 찌르고, 노동자의 지도자들을 줄줄이 감옥으로 집어넣는 일에 있어서 노태우나 김영삼이나 김대중이나 아무 차이가 없었다. 알고 보니 '모래시계 세대'들이 쟁취한 것은 '민주주의의 형식'이었다. 지난 15년 동안 민주주의의 그릇에서는 부패한 부르주아지의 탐욕이 썩은 시체처럼 악취만을 내뿜어왔다.

역사는 자신의 사명을 다한 자들을 가차없이 버린다. 1987년 이후, 역사는 '모래시계 세대'를 버렸다. 그리고 역사는 자신을 전진시킬 새로운 주역을 불러내었다. 역사는 '모래시계 세대'가 물러간 빈터에 새로운 부대, 즉 '프롤레타리아트 부대'를 불러내었다. 1987~1988년 그 뜨거웠던 여름, "인간답게 살아보자"는 구호를 외치면서 대한민국 공단의 스위치를 꺼버린 두 번의 대파업은 '프롤레타리아트 부대의 출생신고식'이었다. 그리하여 지난 15년의 역사를 한마디로 줄여 표현한다면 '부르주아 민주주의의 전개와 프롤레타리아트의 성장'이라 말할 수 있을 것이다.

언젠가는 역사의 기관차를 운행할 마스터 키를 '붉은 세대'들에게 물려줄 때가 올 것이다. 아니, 오늘의 '붉은 세대'는 언젠가 대한민국을 주도하는 세력으로 떠오를 것이다. 누구도 미래는 예측할 수 없다. 다만 오늘의 모습을 응시하는 속에서 미래를 짐작해볼 따름이다. 2002년 6월의 광장에서 분출되어 나온 '붉은 세대'들의 몸짓과 언어 속에는 두 가지의 서로 대립된 과거,

상반된 가치, 모순된 미래가 공존하고 있었다. 박정희 때부터 부지런히 대한민국의 국력을 키워온 남한 부르주아지의 국가주의가 "대~한민국"이라는 구호로 응축되어 표현되었다면, 이 국가주의 밑에서 땀흘려 일하였던 프롤레타리아트가 더는 짐승처럼 살 수 없다며 자신의 권익을 주장하고 노동해방을 부르짖었던 지난 15년의 과거가 '붉은 옷'으로 상징되었다. 굳이 노골적으로 말한다면 '국가주의적 구호'와 '사회주의적 상징'이 혼재되어 있었던 것이 6월의 '광장의 혼돈'이었다. 역시 가진 자들은 민첩했다. "대한민국이 새로워지고 있습니다"라며 붉은 악마들이 연출한 '혼돈의 퍼포먼스'를 '국가경쟁력 제고'를 위한 좋은 재료로 재빠르게 이용하여 나갔다.

 나는 노무현 대통령이 남한 부르주아지의 국가주의를 폐기하고자 나온 사람이 아니라 그것을 완성하기 위하여 나온 사람이라고 본다. 취임사의 절반이 동북아의 중심국가, 대한민국의 미래를 찬양하는 수사로 덮여 있었다. 그는 자랑스럽게 전임 대통령들을 옆에 모시고 그들과의 단절이 아닌 그들의 계승을 선언하였다. 대한민국을 선진 강국으로 만들자는 이 사상이 무엇이 나쁘다는 말인가? 하지만 국가주의는 성장주의를 동력으로 삼는다. 그리고 성장주의는 민중의 희생을 전제한다. 성장주의는 경쟁의 심화를 의미하며, 사회의 비인간화, 황폐화를 예고한다. 한마디로 국가주의와 성장주의 노선은 '민중을 경쟁의 톱니바퀴 속에 집어넣고 그들을 잡아먹는 노선'이다. 능력 있는 사람은 살고 능력 없는 사람은 죽는 사회, 가진 자들은 국가 번영의 영광을 한몸에 누리고 없는 자들은 영광된 조국을 만들기 위해 마지막 땀 한 방울까지 수탈당해야 하는 사회, 이런 사회가 지속되는 한, 대구 지하철 참사와 같은 민중의 불행은 끝없이 계속될 것이다. 이제 프롤레타리아트는 남한의 국가 운영을 놓고 자신의 목소리, 자신의 색깔을 분명히 드러낼 때가 왔다. 프롤레타리아트와 민중은 '선진 강국'이 아닌 '평등 세상'을 제창해야 한다. '물질과 능력을 숭상하는 국가주의적 노선' 대신에 '인간과 연대를 중시하는 사회주의적 노선'을 제시해야 한다. 이제 국가주의냐 사회주의냐, 한국의 갈 길을 놓고 한판의 큰 싸움을 벌일 때가 왔다.

"Be the Reds!"

나는 이렇게 외치고 싶지 않다. 나는 내가 지향하는 가치를 유일 절대의 것으로 고집하거나, 누구에게 받아들이라고 강요하고 싶지 않다. 누구든 사회주의 사상을 반대하거나 비판할 권리를 갖는다. 하지만 인간을 인간으로 대우하지 않고 소모품으로 이용하는 세상에 대해 나는 반대한다. 지금까지 인간의 역사는, 일하지 않는 소수의 사람들이 태어나 죽을 때까지 일만 하고 사는 다수의 사람들을 인간이 아닌 노예로, 노비로, 농노로, 짐승처럼 부려먹은 역사였다. 우리가 살고 있는 현대 사회 역시 예외가 아니다. 나는 인간이 자신의 노동력을 토막내어 판매해야만 생존할 수 있는 오늘의 부르주아적 질서에 대해 반대한다. 일하는 사람이 임금노동자로, 사실상의 노예로 자신의 생(生)을 팔아야 하는 오늘의 질서는 부정되어야 한다.

왜 『공산당선언』인가

새천년이 시작되는 2000년 1월 『중앙일보』는 지난 2천5백 년 동안 인간에게 가장 지대한 사상적 영향을 끼친 인물로 카를 마르크스를 지목하였다. 예수도 석가도 노자도 아닌, 카를 마르크스라니!

불교의 『반야심경(般若心經)』은 놀라울 정도로 압축적인 지혜의 글이다. 모든 인간이 몸뚱어리에 갇힌 작은 나, 즉 소아(小我)에 얽매여 웃고 울고 분노하고 다투고 있을 때, 석가는 "색즉시공(色卽是空)"이라며 작은 나에 집착하여 몸부림치는 인생이 무상(無常)한 것임을 가르친 분이다. 석가의 가르침은 진실하다. 하지만 나는 한 가지 이견을 제기할 수밖에 없다. 먹고 자고 새끼를 낳아 기르는 것은 인간의 숙명이다. 모든 근로대중이 부딪히는 이 일상의 현실에 대해 석가는 너무 초연하지 않았는가? 당신이 5백 명의 거지부대를 거느리고 새로운 삶을 지향한 것까지는 좋았으나, 그 거지부대를 먹여살려주었던 근로대중의 '노동'에 대해서 당신은 무감하지 않았나 나는 생각한다. '인간의 노동'을 배제한 그 어떤 진리도 '온전한 진리'가 되지 못한다.

"하늘나라가 가까이 왔음"을 선포하고 이 세상 가장 낮은 곳에서 살아가는 소외된 이웃들과 함께 동고동락하였던 예수의 삶은 오늘의 우리에게 여전히 귀감이다. 가난한 자들이 다가오는 하늘나라의 주인이라 포고하였던 것은 분명 시대의 반역이었다. 사유재산으로 인하여 우리들의 마음이 더욱 이기적이 되고, 우리들의 관계가 비참할 정도로 갈기갈기 찢겨나가고 있는 이 시기, "이웃을 사랑하라"는 가르침은 참으로 간명한 진실이다. 그럼에도 불구하고 우리가 예수의 가르침에 안주하지 못하는 것은, 이곳에 '부당한 소유의 질서'가 버티고 서 있기 때문이다. 지하철에서 엎드려 구걸하는 거지에게 내 호주머니에 들어 있는 모든 푼돈들을 다 털어줄 수는 있으나, 그러한 사랑으로는 이 세상에 만연한 '부당한 소유의 질서'의 옷소매 하나 건드리지 못하는 것이 십자가를 보는 우리의 절망이다. 근로대중을 궁핍과 소외된 노동에 처박게 만드는 부당한 소유의 질서, 즉 계급으로 분열된 이 사회를 향해 투쟁하지 않는 그 어떤 사랑도 온전한 사랑이 될 수 없다.

"백성이 굶주리는 까닭은 권력자들이 세금을 많이 거두기 때문이다(民之饑 以其上食稅之多)"라고 말한 노자야말로 위대한 '고대의 사회주의자'가 아닌가 싶다. "하늘의 도는 활대를 펴는 것과 같아 높은 것은 누르고 낮은 것은 높이는데, 사람의 도는 그렇지 않아 가난한 사람의 것을 빼앗아 부유한 사람에게 갖다 바친다(天之道 其猶張弓與 高者抑之 下者擧之 人之道則不然 損不足以奉有餘)"라고 그는 세상의 불평등을 강하게 비판하였다. 그는 권력자들 때문에 세상이 어지러워지고 있음을 이렇게 강조하였다. "현명함을 존중하지 말라. 그러면 사람들이 다투지 않을 것이다(不尙賢 使民不爭)." 고래로 현명함은 권력에 접근하는 능력을 의미하는 것이다. 노자가 현명함을 존중하지 말라고 한 것을 오늘의 언어로 풀이하면, 청와대나 여의도 의사당에 들어가는 것을 우습게 보라는 이야기일 것이다. 노자가 일관되게 비판하는 '인위(人爲)'는 다름 아닌 권력자들의 수탈과 억압기제였을 것이며, 같은 맥락에서 노자가 구원의 메시지로 제시하는

'무위(無爲)'는 권력자들의 수탈과 억압기제를 척결하고 난 다음 이루어질 평등과 평화의 세계였을 것이다. 하지만 노자 역시 시대의 한계를 뛰어넘지는 못하였다. 공자에게 민(民)은 덕을 갖춘 왕의 치세의 대상이었듯이, 노자에게도 민(民)은 성인(聖人)의 치세의 대상에 지나지 않았다. 한문이 중국 지배계급의 언어였듯이, 『도덕경』역시 치자(治者)의 사상이라는 역사적 제한을 뛰어넘지 못하였다.

 '노동'과 '소유'와 '권력'의 문제를 고민하지 않는 그 어떤 위대한 가르침도, '자비'니 '사랑'이니 '무위'니 하는 고매한 말들도 우리가 사는 속세로 돌아오면 모두 공허한 말장난이 되고 만다. '노동'과 '소유'와 '권력'의 문제를 최초로 건드린 한 사회주의자가 있었으니, 그가 토머스 모어(Thomas More)이다. 사람들은 토머스 모어의 『유토피아』를 한갓 공상에 불과하다고 비웃어 왔다. 하지만 나는 불경과 성경과 도덕경을 다 합한 것보다 더 큰 의미를 갖는 문서가 『유토피아』라고 평가한다. 모어는 당시의 생산력에 의거하여 보았을 때 '여섯 시간 노동'으로도 넉넉한 사회를 만들 수 있다고 생각하였다. 근로대중이 하루 여섯 시간만 일하고 나머지 시간은 예술과 교육을 향유하고 인격을 수양하는 삶을 살아야 한다고 주장한 것이다. 이어 사회의 재조직을 위해 사유재산을 폐지해야 한다고 주장하였다. 평생 일하지 않으면서 근로대중의 수고를 갈취하여 먹고사는 지주와 지주에게 빌붙어 사는 깡패 나부랭이들은 없어져야 한다는 것이 그의 주장이었다. 그 시절, 1500년 초에 왕이 없는 사회를 공상하였다는 데 나는 놀라지 않을 수 없었다. 모어는 주민들이 직접 공무원을 선출하는 '직접민주주의'를 제안하였다. 모어야말로 '노동과 소유와 권력'의 문제를 제기한 최초의 '근대 사회주의자'였다.

물론 모어에게는 이 좋은 그림을 실현할 힘이 없었다. 세월이 흘러야 했다. 인간의 실천으로 사회를 합리적으로 재조직할 수 있다는 '의식'을 깨닫기 위해서는 '프랑스혁명'을 기다려야 했다. 프랑스인들은 왕의 목을 쳤다. 그리고 왕이 없는 사회를 어떻게 조직할 것인지 고민해야 했다. 인류는 프랑스혁명을 경유하면서 자신이 살고 있는 사회를 인간의 손으로 재조직할 수 있다는 의식을 배우게 되었다. 많은 사회주의자들이 이 사회를 무슨 힘으로 바꿀 것인가, 헛소리를 뱉고 있었다. 그런데 사회를 변화시키는 힘의 원천은 현대의 임금노동자, 즉 프롤레타리아트에게서 나온다는 황당한 주장을 들고 나온 사람이 있었다. 그가 마르크스이다. 이제까지 인류의 역사에서 근로대중은 종이었다. 마찬가지로 현대의 프롤레타리아트 역시 19세기 유럽 사회주의자들에게는 한갓 구제의 대상이었을 뿐이다. 프롤레타리아트가 '인간의 역사를 변혁하는 주체'로 떠오르게 된 것이야말로 전적으로 마르크스의 업적이었다. 종이 주인으로, 구제의 대상이 변혁의 주체로 바뀐 이것을 나는 '사상의 역사에서 출현한 코페르니쿠스적 대전환'이라 명명한다. 1848년 『공산당선언』이 포고된 이래, 세계사의 큰 줄기는 『공산당선언』의 글자대로 움직여갔다. 역사는 성현의 말씀에 의해 움직이지 않았다. 역사는 현대의 임금노동자들이 무엇을 주장하고 요구하는가에 따라 바뀌어나갔다. 그래서 지난 2천5백 년 동안 인간에게 가장 지대한 사상적 영향을 끼친 인물로 카를 마르크스를 지목하는 데 우리는 기꺼이 동의하는 것이다.

돌이켜보면

돌이켜보면 지난 시기 우리가 『공산당선언』에서 채취했던 사상은 프롤레타리아트를 역사의 주역으로 내세우는 사회주의사상이 아니라, 독재에 대항하기 위해 사용할 수 있는 비판사상으로서의 사회주의였다. 빈부 격차는 격심해져갔고, 물질주의와 이기주의는 더욱 창궐하고, 권력자들의 부정부패가 날이 갈수록 대형화되어가던 시대의 비판이론을 우리는 『공산당선언』에서 끌어냈던 것이다. 이런 점에서 우리는 『공산당선언』을 열나게 읽었지만 『공산당선언』 3부에서 마르크스가 조롱하였던 '소부르주아 사회주의자'와 다름이 없었다.

당시 우리에게 다급했던 것은 독재의 타도였다. 민주주의를 위해서 혁명이 필요했다. 그런데 혁명이론을 만들 능력이 없었던 우리들은 다른 나라들에서 제작된 '혁명이론의 교과서'를 부지런히 수입하였다. 엔엘피디알(NLPDR, 민족해방민중민주주의혁명)이니 소알(SR, 사회주의혁명)이니, 아주 복잡한 혁명전략의 언어들을 구사하였지만, 정작 이 혁명의 주체인 프롤레타리아트는 '출산 준비 중'인 상태에 있었던 것이다. 따라서 우리들이 사용한 모든 혁명적 언사는 사실상 공허한 것들이었다. 마르크스가 『공산당선언』의 3부에서 비웃는 독일의 교조적 사회주의자, 혹은 공상적 사회주의자의 모습을 우리 역시 재연하고 있었다.

『자본』이 이렇게 많이 팔린 나라도 드물 것이다. 한국에서 진보적 지식인이라면, 혹은 선진 노동자라면 서가에 『자본』을 꽂아두고 있다. 잠자는 마르크스여, 너무 기뻐 말라. 우리에게 『공산당선언』과 『자본』은 『정감록』과 같은 예언서였다. 『공산당선언』에서 말하는 "부르주아지의 몰락과 프롤레타리아트의 승리는 모두 불가피하다"라는 명제나 "자본의 외피는 폭파된다. 부정은 부정된다"로 끝나는 『자본』의 명제는 우리에게 "이씨가 망하고 정씨가 흥하리라"는 주문(呪文)이나 다름없었다. 소련의 몰락과 더불어 그 많은 진보적 인간들이 속절없이 사라져갔던 데에는 다 그만한 이유가 있었던 것이다.

레즈를 위하여(For Reds!)

사회주의는 소련의 몰락과 함께 역사의 박물관 속으로 들어갔다고 사람들은 말한다. 그러나 내가 보기에 『공산당선언』은 되살아나고 있다. 살아나고 있는 것이 아니라, 우리에게 뚜벅뚜벅 다가오고 있다. 세기가 바뀌고, 자본주의의 모순이 더욱 적나라하게 드러나고 있는 21세기의 벽두, 『공산당선언』은 박진감 넘치는 문체로 오늘의 현실을 예고하고 있다. 『공산당선언』은 1백50년 전 유럽의 노동자들을 위해 씌어진 문헌이라기보다 오늘의 우리들을 위해 예비해놓은 문헌이 아닌가 의심이 들 정도이다.

1987년 군사독재정권이 물러나면서 노동자들은 그들 특유의 본능적 감각으로 역사의 전면에 나서기 시작하였다. 노동자들의 투쟁은 전국 도처에서, 공장에서 사무실에서 교실과 노가다판 가릴 것 없이, 심지어는 은행과 호텔에서마저 줄기차게 터져나왔다. 노동자의 투쟁은 처음에는 하나의 분규에 지나지 않았다. 싸움이 반복되고 확장되면서 노동자들의 투쟁은 명실공히 계급투쟁으로 변모하여 나갔다. 21세기 한국의 역사를 이끌어가는 주도세력이 노동자계급임을 그 어느 누가 부인할 수 있단 말인가!

『공산당선언』에서 누차 강조하듯이 공업의 발전과 함께 심화되는 계급적대를 목격하지 않고서는, 그리하여 성장하는 프롤레타리아트의 역사적 사명을 감지할 수 없는 상태에서는, 『공산당선언』은 읽히지 않는다. 다른 그 무엇도 아닌 계급투쟁이 이처럼 격렬하게 진행되는 21세기야말로 『공산당선언』을 진실로 요청하고 있다. 프롤레타리아트가 없던 시기 우리는 『공산당선언』을 읽고 혁명운동의 길에 나섰다. 그러나 지금 프롤레타리아트가 성장하고 있는데, 정작 우리는 『공산당선언』을 읽지 않고 있다. 이 얼마나 우스꽝스러운 역사의 역설이냐.

나는 『공산당선언』의 문구를 글자 그대로 믿지 않는다. '부르주아지의 몰락과 프롤레타리아트의 승리'를 주문처럼 믿지 않는다는 말이다. 마르크스는 "계급과 계급대립으로 얼룩진 낡은 부르주아 사회 대신에, 개인의 자유로운 발전이 만인의 자유로운 발전의 조건이 되는 연합체가 나타날 것이다"라고 예언하였지만, 나는 이 예언이 언제 실현될지 모르겠다. 하지만 내가 태어나 성장하면서 보아왔던 지난 40년 한국 사회의 역사는 『공산당선언』에 씌어 있는 그대로 '남한 부르주아지의 형성과 프롤레타리아트의 성장'이었다. 마찬가지로 죽는 날까지 내가 보게 될 한국 사회의 모습 역시 『공산당선언』에 씌어 있는 그대로 프롤레타리아트가 자신의 해방을 향해 투쟁하며 전진하는 모습일 것이다.

생(生)을 근본적으로 고민해보자. 소외된 노동에서 행복은 나오지 않는다. 그런데 이 소외된 노동을 바로잡으려 시도하는 순간, 우리 앞에 '부당한 소유의 질서'가 괴물처럼 등장한다. 임금노동자는 결코 자신의 의지에 의해 노동을 수행할 수 없다. 생산수단을 소유한 부르주아지에게 자신의 몸을 팔아버린 이상 노동자의 몸은 부르주아지의 소유물이다. 그러므로 인간의 진정한 행복을 추구하는 모든 노동자는 이 부당한 소유의 질서에 반항할 수밖에 없다.

계급투쟁에 몸을 담은 노동자라면 이 소유의 질서를 보장하는 물질적 힘이 권력임을 안다. 지금 한국인에게 권력은 단지 지배계급의 이익을 위해 조직된 물리력만을 의미하지 않는다. 그것은 억압기구인 동시에 수탈기구이다. 경제적 관계에서 부르주아지가 노동자의 생산물을 갈취하는 것 이상으로 민중이 생산하는 거대한 잉여생산물을 국가가 직접 수탈한다. 어찌 보면 남한의 부르주아지는 국가를 '통하여' 자신의 경제적 재생산을 보장받아왔을 뿐만 아니라, 국가 '속에서' 가장 쉽고 가장 짭짤하고 가장 안전한 치부의 거점을 확보해왔다. 따라서 노동해방을 희구하고 소유의 사회화를 염원하는 노동자는 일차적으로 국가권력을 둘러싼 투쟁에 나설 수밖에 없다.

국가권력을 프롤레타리아트가 장악하는 것, 이것이 우리의 당면 목표이다. 프롤레타리아트가 국가권력을 장악한다는 것은 프롤레타리아트가 국가권력을 소유하는 것이 아니라 국가권력을 해체하는 것을 의미하는 것이다. 억압기구로서 수탈기구로서 국가권력은 철저히 해체되고 민중의 삶을 보살피는 봉사기구로서의 국가권력만 남을 것이며, 이 봉사기구로서의 국가권력 역시 처음부터 끝까지 민중의 직접적 참여에 의해 운용될 것이다. 다시 말해 프롤레타리아트의 국가는 민주주의의 형식과 내용이 마침내 일치하는 국가일 것이며, 구체적으로 말하여 직접민주주의가 가장 광범위하게 실현되는 국가일 것이다. 권력과 소유는 수레의 두 바퀴이다. 권력의 민주화 과정은 소유의 사회화 과정을 요구할 것이며, 소유의 사회화 과정은 권력의 민주화 과정을 실질화할 것이다. 국가권력이 철저히 민중 속으로 용해되고 소유가 전면적으로 사회화되는 그 어느 지점에서 '인간의 자유로운 공동체'는 출현할 것이다.

『공산당선언』의 4부는 사회주의자가 채용하는 전술의 원리를 기록하고 있다. 이 전술 원리의 핵심은 연대이다. 향후 남한의 프롤레타리아트가 부르주아 정치세력의 국가주의적 노선에 대항하는 투쟁을 전개해 나감에 있어서, 사회주의자는 이 투쟁에 동참할 수 있는 모든 사회세력과 진지한 대화의 장을 마련할 것이다. 우리는 가부장제의 소멸을 위하여 싸우는 진보적 여성과 대화를 나눌 것이다. 우리는 성장주의 노선의 폐지를 위하여 싸우는 진보적 생태주의자들에게 열린 마음으로 다가설 것이다. 우리는 저 깡패국가 미국이 자행하는 전쟁에 반대하는 모든 평화주의자들과 힘을 합할 것이다. 남한의 부르주아지들은 지난 40년 동안 일관되게 농민을 수탈해 왔고 농촌을 파괴해 왔다. 사라져가는 우리의 고향, 농촌을 살리는 일에 애착을 갖는 모든 분들과 한국의 사회주의자들은 손을 잡을 것이다.

이 책은 이런 것이다

나이 스무 살, 전경들과 싸우고, 감옥에 가고, 학교에서 잘리면서 늘 나의 가슴속 깊이 해결되지 않는 의문이 있었다. 그것은 "나는 왜 싸우는가?"였다. 민주주의를 부정하는 독재, 물론 나쁜 것이다. 노동조합마저도 인정하지 않는 기업주와 공권력, 아주 치사한 것들이다. 문제는 불의와 투쟁하는 자신의 행위에 대한 회의에 있었던 것이 아니라, "만일 너희에게 권력을 넘겨줄 경우, 너희는 이 사회를 어떻게 끌고 갈 것이냐?"라는 물음에 대한 책임 있는 답변이 나에게 없었던 것이다. 나는 우리의 투쟁이 현실에 대한 불평불만으로 그치는 것을 싫어하였다. "한국 사회가 어디로 가야 할 것이냐?"라는 역사적 물음에 대해 당당하게 답변할 수 없었던 우리의 모습이 늘 안타까웠다. 그러니까 이번의 글은 지난 20년간 무의식 깊이에서 나를 괴롭혀왔던 오랜 숙제 하나를 푼 셈이다. 짧게는 10~20년, 길게는 50~1백년 한국 사회가 나아갈 방향에 대해 나의 소견을 밝혔다. 그것을 꿈이라 불러도 좋다. 인간은 꿈의 세계에서 내려오는 것이 아니겠는가?

나이 서른 살, 1987년 6월 대항쟁의 현장에서 최루탄 가스를 마시고 그 뜨겁던 노동자의 대파업 현장에서 유인물을 뿌리고 다녔던 것만으로도 우리는 행복한 역사의 일꾼이었다. 세상을 호령할 것 같은 패기와 열정이 있었기에 집요하게 추적해 들어오는 경찰의 수사망을 끝까지 따돌릴 수 있었을 것이다. 갖고 있는 시간, 갖고 있는 지식, 갖고 있는 돈, 모든 것을 다 털어 운동에 헌신할 수 있었던 것만큼 자랑스런 일이 또 있을까? 하지만 세상은 우리의 의지대로만 움직여주지 않았다. 지구 반대편에서 '사회주의의 몰락'이라는 슬픈 소식이 전해지면서, 우리의 운동도 좌초된 배처럼 서서히 가라앉기 시작했다. 나는 비 내리는 무등산을 미친놈처럼 헤매며 다녔다. 역사여, 우리가 잘못한 것은 대체 무엇이란 말이냐? 그러니까 이번의 글은 지난 10년간 좌절하고 방황하면서 얻은 사상의 실오라기들을 모아 하나의 천으로 엮어본 셈이다. 이제 우리의 사상도 책에서 배운 사상이 아니라 삶에서 깨달은 사상으로 성숙해 나가야 할 것이다.

배우고 가르치는 것을 나는 좋아한다. 지난 10여 년간 아이들과 함께 동서고금의 지혜를 가지고 많은 대화를 나누었다. 소크라테스와 플라톤, 석가와 공자 이야기를 가지고, 프랑스혁명사와 미국사, 중국사와 국사에 대해 나름의 견해를 아이들에게 많이 전하였다. 많은 책을 읽었고 많은 글을 썼지만, 내가 지금까지 읽은 수천 권의 문헌들 중에서, 우리의 아이들이 지성인으로 성장하는 데 꼭 읽어야 할 한 권의 책을 추천하라면, 나는 『공산당선언』을 지적하지 않을 수 없다. 우리들 모래시계 세대는 대학에 들어가면서 카(E. H. Carr)의 『역사란 무엇인가』를 교양필독서로 읽었다. 이제 붉은 세대들은 『공산당선언』을 읽어야 할 것이다. 오늘날 대학생의 90퍼센트는 예비 프롤레타리아트이다. 지난 1980년대 모래시계 세대들이 어떤 고뇌를 하였고, 어떻게 역사를 헤쳐왔는지, 우리의 발자취가 오늘의 붉은 세대들에게 전달된다면, 그것으로 나는 행복하다.

제1부는 수필이다. 『공산당선언』을 읽으면서 들었던 생각, 가

습속에 맺혔던 이야기를 그냥 늘어놓은 글이다. 우리의 노동형제들이 이런 수필을 통하여 『공산당선언』의 깊이와 풍부함에 쉽게 다가서는 기회를 갖길 바란다.

제2부는 번역본이다. 그동안 한국어로 번역된 몇 개의 판본에 힘입어, 영어판을 놓고 다시 번역하였다. 번역을 하다 보니, 기존의 번역본들이 『공산당선언』의 후반부, 즉 2부와 3부에서 몇 가지 실수를 하였음을 발견하였다. 정정하여 놓았으니 독해하기가 조금은 편할 것이다. 아울러 이해를 돕기 위해 세계사 관련 사진을 사이사이 집어넣었다.

제3부는 이론적 독해를 위한 안내문이다. 『공산당선언』이 발표된 이래 지금까지 진행된 논쟁사를 몇 가지 중요한 논점에 따라 정리한 글이다. 『공산당선언』의 실천은 완료된 것이 아니라 진행 중이다. 따라서 이론적 해석과 입지는 다양하게 열려 있다.

어려운 처지에서 선뜻 출판을 허여해준 실천문학사와 1년여 동안 난점투성이의 글을 껴안고 고생해주신 편집부원님들께 감사를 올린다. 우리가 흘린 땀이 21세기 역사 발전에 조그만 기여가 되길 바라며 글을 맺는다.

2003년 3월 1일
빛고을에서
황광우

차 · 례

책머리에__레즈를 위하여 · 5

제1부 학습마당
제1장 역사와 의식

첫번째 마당__역사와 의식 · 31

두번째 마당__대붕 · 37

세번째 마당__노동해방의 머리띠는 어디로 갔나 · 44

네번째 마당__혁명적 요소 · 53

다섯번째 마당__경멸당했던 부르주아지 · 57

여섯번째 마당__긴 시간, 급한 마음 · 61

일곱번째 마당__마침내 지배자가 된 부르주아지 · 65

여덟번째 마당__지금 우리는 어디로 가고 있을까 · 75

아홉번째 마당__이기적 타산 · 82

열번째 마당__악랄한 세상 · 85

열한번째 마당__성장주의의 죄악 · 88

열두번째 마당__잃어버린 자연, 파괴된 너와 나의 관계 · 93

열세번째 마당__불안 · 98

열네번째 마당__세계화인가 미국화인가 · 101

열다섯번째 마당__최후의 농민반란 · 107

열여섯번째 마당__놀라운 생산력, 그것의 변증법 · 109

제 2 장　노동자의 길

첫번째 마당__다시 읽는 전태일 · 119

두번째 마당__노동현장으로 가는 머나먼 길 · 132

세번째 마당__분업노동의 소멸을 위하여 · 137

네번째 마당__몸을 불사르는 노동자들 · 140

다섯번째 마당__6월항쟁의 역사적 의미 · 148

여섯번째 마당__마침내 역사의 무대에 올라온 노동자 · 153

일곱번째 마당__진보정당의 전사 · 159

여덟번째 마당__혁명가 · 163

아홉번째 마당__가난한 아빠, 마르크스의 위대한 꿈 · 166

열번째 마당__'노동의 종말'이냐 '노동의 해방'이냐 · 171

열한번째 마당__구체와 추상의 변증법 · 179

열두번째 마당__다가오는 사회주의 · 183

제 3 장　인간은 꿈의 세계에서 내려온다

첫번째 마당__사상의 커밍 아웃 · 189

두번째 마당__종파주의 · 192

세번째 마당__파도와 같은 노동운동 · 195

네번째 마당__너무나 자랑스러운, 하지만 너무나 비극적인 · 198

다섯번째 마당__그것은 당신의 사유재산이 아니오! · 204

여섯번째 마당__홍길동식 사회주의 · 208

일곱번째 마당__부인공유제 · 212

여덟번째 마당__마르크스의 꿈 · 217

아홉번째 마당__미국이 사회주의연방공화국이라나 · 221

열번째 마당__사회주의의 노고단과 천왕봉 · 224

열한번째 마당__진보정당이 집권하면 · 236

열두번째 마당__어떻게 살아야 하는 것이냐 · 242

　　열세번째 마당__나의 행복관 · 249

　　열네번째 마당__유토피아 · 252

　　열다섯번째 마당__그리운 들불 · 263

제2부　다시 번역한 『공산당 선언』

　　1. 부르주아와 프롤레타리아 · 274

　　2. 프롤레타리아와 공산주의자 · 299

　　3. 사회주의 및 공산주의 문헌 · 315

　　4. 기존의 여러 반정부당에 대한 공산주의자의 태도 · 331

제3부　논쟁 안내

　　첫번째 논제__자본주의 국가에 대하여 · 345

　　두번째 논제__소유의 사회화에 대하여 · 360

　　세번째 논제__폭력혁명에 대하여 · 373

　　네번째 논제__모든 역사는 계급투쟁의 역사인가 · 387

　　다섯번째 논제__1백50년 후에도 반복되는 오류들 · 398

　　보론__마르크스와 엥겔스의 생애 · 406

제1부 학습마당

제1장 **역사와 의식**

제2장 **노동자의 길**

제3장 **인간은 꿈의 세계에서 내려온다**

제1장 역사와 의식

첫번째 마당_역사와 의식

두번째 마당_대붕

세번째 마당_노동해방의 머리띠는 어디로 갔나

네번째 마당_혁명적 요소

다섯번째 마당_경멸당했던 부르주아지

여섯번째 마당_긴 시간, 급한 마음

일곱번째 마당_마침내 지배자가 된 부르주아지

여덟번째 마당_지금 우리는 어디로 가고 있을까

아홉번째 마당_이기적 타산

열번째 마당_악랄한 세상

열한번째 마당_성장주의의 죄악

열두번째 마당_잃어버린 자연, 파괴된 너와 나의 관계

열세번째 마당_불안

열네번째 마당_세계화인가 미국화인가

열다섯번째 마당_최후의 농민반란

열여섯번째 마당_놀라운 생산력, 그것의 변증법

첫·번·째·마·당
역사와 의식

> 지금까지 모든 사회의 역사는 계급투쟁의 역사이다.

『공산당선언』의 본문은 이와 같은 문장으로 시작된다. 소설가들은 첫 문장을 무엇으로 장식할지 무척 고심한다. 그만큼 글의 첫 문장은 중요하다는 것일 게다. 『논어』의 첫 문장은 "늘 배우고 익히는 것처럼 즐거운 일이 또 있는가?"로 시작한다. 이는 선현들이 남기고 간 지혜를 학습하는 것이 군자의 삶에서 가장 중요한 지위를 차지한다는 것을 강조한 것이다. 반면 『성경』의 맨 앞 권인 「창세기」는 "태초에 하느님이 하늘과 땅을 창조하였다"로 시작한다. 세계를 움직이는 주체가 인간이 아니라 하느님임을 명시한 것이다.

마르크스는 왜 『공산당선언』의 첫 문장으로 "지금까지 모든 사회의 역사는 계급투쟁의 역사이다"를 선택하였던가? 이 물음에 대한 답을 찾기 위해 우리는 1848년 서른 살의 독일 청년 마르크스를 둘러싸고 있던 시대의 사상적 환경을 이해해야 할 것이다.

　기독교가 313년 로마의 국교가 된 이래 유럽의 지배적 사상은 기독교사상이었다. 그리고 기독교사상을 부인하거나 배반하는 사상가들에게 주어진 형벌은 끔찍했다. 기독교의 지구 중심 우주관(Geocentric Theory, 일명 천동설)을 거부하고 태양 중심 우주관(Heliocentric Theory, 일명 지동설)을 제창한 이가 코페르니쿠스라는 것은 익히 아는 사실. 폴란드의 수도승이었던 코페르니쿠스가 『천체의 회전에 관하여』라는 책을 자기가 죽던 해인 1543년에 출간하였던 것은 닥쳐올 교회의 탄압을 피하기 위해서였다. 무덤 속에 들어간 그를 불러다 고문을 할 수는 없지 않겠는가? 태양중심설을 공공연하게 주장하였던 브루노는 1600년 교회에 의해 화형에 처해졌다. 기독교의 창세기 설화에 정면으로 배치되는 진화론을 설파한 다윈 역시, "너의 할아버지는 원숭이인가 보다"라는 투의 냉소를 받아야 했다.

　코페르니쿠스와 다윈이 자연과학의 영역에서 기독교적 세계관을 부수고 근대사상을 구축한 인물이었다면, 사회과학의 영역에서 기독교적 신 중심 사상을 부수고 근대사상을 구축한 인물이 바로 마르크스였던 셈이다. 당연히 독일 경찰은 마르크스를 위험 인물로 지목하여 탄압하였고, 마르크스는 브뤼셀, 파리 등지로 떠돌아다녀야 했다. '계급투쟁으로서의 역사'를 전면에 부각시킨 마르크스의 속내는 19세기 유럽을 지배하고 있었던 기독교적 세계관과의 팽팽한 긴장 속에서 이해되어야 한다.

　마르크스는 『독일 이데올로기』에서 그의 유물론적 역사관을 이렇게 밝힌 바 있다. "생활의 중심을 이루는 것은 첫째로 먹는 것과 마시는 것, 거주하는 것, 입는 것 그 밖의 몇 가지 일이다. 그러므로 제일차적인 역사적 행위는 이런 욕망을 충족시키기 위한 수단의 산출, 즉 물질적 생활 그 자체의 생산이다. 더욱이 이런 것은 인간이 다만 생존하기 위해 오늘날까지 수천 년 전과 마찬가지로 매일 매시각 영위해야 하는 역사적 행위, 즉 일체 역사의 근본 조건인 것이다."

허허, 너무 유치한 이야기다. 사람은 먹고 입고 자야 하고, 따라서 먹고 입고 자기 위한 물질적 재화를 창출해야 한다는 것은 낫 놓고 기역자도 모르는 분들도 다 아는 이야기다. 그런데 한 사상가는 이 평범한 사실에다가 '일체 역사의 근본 조건'이라는 지위를 부여한다. 이는 세계의 창조자가 하느님이요, 하느님의 뜻에 의해 인간의 역사가 규정된다는 기독교적 역사관에 대한 일대 반역이었던 것이다.

좀더 직설적으로 풀이하자면 이런 이야기다. "하느님이 하늘과 땅을 창조하였다고요? 웃기는 소리 집어치우시오. 최초의 창조 행위는 생존하기 위한 인간의 노동이오, 노동. 태초에 말씀이 있었다고요? 하느님이라는 관념이 먼저 있었다고요? 거짓말 집어치우시오. 물질적 생활 그 자체의 생산이야말로 제일차적인 역사적 행위라니까요."

그렇다면 인간의 역사는 하느님의 섭리에 의해 움직인다는 종교적이고 경건한 견해와 인간의 역사는 먹고살기 위한 인간 활동의 역사에서 시작하는 것이라고 하는 이 다분히 무식한(!) 견해가 대체 어떤 실천적 파장을 미치는가?

결론부터 말하자면 기독교의 신 중심 역사관은 체제의 유지에 봉사한다. 이 세계는 신이 창조하였다. 그리고 인간의 역사는 신의 뜻에 의해 결정된다. 그렇다면 인간이 자신의 역사를 변화시킬 여지는 존재하지 않는다. 다만 신이 창조한 이 세계에 대해 감사를 드리고 신의 섭리를 찬양할 의무만이 존재할 뿐이다. 귀족이나 영주가 노예와 농노를 짐승처럼 수탈할지라도 그것 역시 신의 섭리이기에, 노예들이여, 농노들이여, 지상의 현존에 감사할지어다, 뭐 이런 논리인 것이다. 반항하는 인간은 악마요, 범죄자가 되는 것이다.

반면 유물론적인 역사관은 현실을 변화시키는 데 기여한다. 역사는 인간의 역사이다. 인간의 역사가 별것이 아니라 인간 활동의 역사라면, 인간이 역사의 주인공이라면, 인간이 역사의 창조자라면, 현존하는 모든 부당한 수탈과 압제에 대해 인간은 투쟁할 자유를 지닌다. 인간 사회의 역사가 계급투쟁의 역사였다면, 계급투쟁이 역사 발전의 동력이었다면, 반항한다는 것은 아름다운 것이요, 투쟁한다는 것은 인간의 자유를 확장시키는 고귀한 일이 되는 것이다.

우리나라 역사로 옮겨와보자. 코페르니쿠스가 중세의 기독교적 우주관과 싸우다 죽던 그 시절은 조선조 중종 무렵이었다. 그리고 임진왜란이 일어나기 직전의 어느 시기를 훑어보면 경기도 양주에 사는 임꺽정이라는 인물이 발견된다. 힘은 고목을 뿌리째 뽑아버릴 정도로 장사였지만 품성은 소처럼 순박한 백정. 백정은 농사도 짓지 못하고 평생 소를 잡는 일만 하도록 강제했나 보다. 관가에 가 농사를 부쳐 먹을 수 있도록 읍소하여 겨우 밭뙈기 몇 마지기 일구게 되어 기쁜 마음으로 열심히 농사를 지었는데, 쌀도 보리도 아닌 수수 농사 몇 다발을 지어놓으니, 아전들이 달려들어 빼앗아가는 것이다. 아무리 힘들어도 백정의 신분을 운명으로 알고 성실하게 살려 했으나, 농작물을 강탈하는 아전들을 보면서 임꺽정은 분노한다. 임꺽정의 무쇠 팔뚝에 혼쭐이 난 아전들은 감히 양반의 지배에 반항하는 자라 관가에 고발하고, 관가는 임꺽정이 보는 앞에서 임꺽정의 아버지와 누이를 잡아다 죽인다. 도둑질만큼은 하지 않겠노라 장담하였던 임꺽정이 세상과 등을 지고 산으로 들어가 양반 세상과 싸우지 않을 수 없도록 강제하는 대목이다. 토벌해 들어오는 관군과 싸우면서 인생의 최후를 장식하는 임꺽정. 그의 가슴속에는 양반과 백정은 한 하늘 아래 살 수 없다는 원한이 고동치고 있었지만, 마지막까지도 인간 사회의 역사라는 것이 계급투쟁이라는 '의식'을 갖지는 못하였다. 조선시대의 근로대중이 탐관오리의 가렴주구에 맞서 집단적으로 그리고 공공연하게 대들기 시작하였던 것은 1860년대, 근로대중이 자신의 권리를 '주장하고', '단결된 힘'으로 싸울 수 있게 된 것은 임꺽정이 죽고도 3백년의 세월이 더 흘러야 했다.

"지금까지 모든 사회의 역사는 계급투쟁의 역사이다"라고 말한 『공산당선언』의 제일성은 모름지기 2천5백 년 동안 인간을 지배해온 역사에 대한 온갖 종교적 견해와 관념적 견해 모두를 일거에 뒤집어엎은 사상사의 일대 혁명이었던 것이다. 지배계급은 늘 그럴듯한 관념체계를 세워 민중을 기만해왔다. 역사를 움직이는 것은 살아 있는 인간이요 자신의 권리를 쟁취하고자 나서는 일하는 자들의 투쟁이 아니라, 세상 저 밖에 존재하는 초월적 절대자라든가 그것의 관념적 표현으로서 절대정신 따위를 가르침으로써 민중이 역사의 주인으로 나서는 것을 가로막아왔던 것이다. 마르크스가 인간 사회의 역사를 계급투쟁의 역사로 규정한 것의 의미는 바로 지난 2천5백 년 동안 인간의 정신을 지배해온 관념적 역사관에 대한 일대 도전이었던 것이요, 그의 유물론적 세계관에 의하여 마침내 민중은 역사 무대의 주인으로 나설 수 있는 '의식'을 제공받게 된 것이다.

두·번·째·마·당
대붕

자유민과 노예, 귀족과 평민, 영주와 농노, 길드의 장인과 직인, 한마디로 억압자와 피억압자는 항상 대립하면서 때로는 은밀하게, 때로는 공공연하게 끊임없는 투쟁을 벌여왔다.

콜럼버스가 아메리카 대륙을 발견하기 전에도 아메리카 대륙은 대서양과 태평양 사이에 존재하고 있었듯이, 마르크스가 사회의 역사를 계급투쟁의 역사로 기술하기 오래전부터 사회의 역사는 계급투쟁의 역사였다. 여기에서 말하는 역사는 물론 '씌어진 역사'를 의미하는 것이어서, 문자로 기록되기 이전의 선사시대는 마르크스의 규정을 받지 않는다. 또 여기에서 말하는 사회는 사유재산제의 출현으로 말미암아 두 개의 적대적인 계급으로 분열되기 시작한 이후의 사회를 지칭한다. 물론 밤하늘의 별보다 많은 인간사의 다양한 모순과 그로 인한 다툼, 분쟁, 분규, 반란, 음모, 전쟁 등 이른바 세계사를 수놓고 있는 그 많은 사건들을 계급투쟁이라는 하나의 보따리 속으로 다 집어넣을

제1장 역사와 의식

수 있느냐는 논란은 여전히 열려 있다. 우리에게 중요한 것은 마르크스가 사회의 역사를 계급투쟁의 역사로 기술하기 이전에도 사회의 역사가 계급투쟁의 역사였다는 사실이다.

고대 그리스의 한 도시국가였던 스파르타 사회는 귀족과 헬롯이라는 노예로 구성되어 있었고, 아테네 사회는 자유민과 노예로 구성되었다. 고대 로마 사회는 귀족과 평민 그리고 노예로 구성되었다. 중세 유럽은 성직자와 귀족 그리고 농노로 구성된 사회였다. 여기에서 마르크스가 강조하고자 하는 것은 지금까지 존재했던 모든 사회가 '계급대립'에 기초한다는 점이다. 상호 적대적인 이해관계에 서 있는 두 계급이 투쟁하는 것, 그것이 그 사회 역사의 줄기라는 것이다.

재미있는 것은 봉기나 반란이나 내전이나 혁명과 같은 공공연한 투쟁만이 계급투쟁인 것은 아니라는 점이다. 영화 〈벤허〉를 보면 노예선의 배 밑창에서 평생 노를 저어야 하는 노예들이 나온다. 그들이 노예감독을 향해 보내는 증오의 눈빛은 은밀한 형태의 계급투쟁이다. 영화 〈브레이브 하트〉를 보면, 초야권(初夜權)을 앞세워 사랑하는 애인의 첫날밤을 탈취하는 영주 앞에 몸을 떨어야 했던 농노 출신 청년이 나오는데, 평온하게 인생을 살고 싶었으나 투쟁에 떨쳐 일어서지 않을 수 없는 청년 농노의 이글거리는 분노도 계급투쟁의 은밀한 형태라는 것이다.

돌아가신 내 어머님은 1919년생. 3·1운동이 일어났던 해에 태어나셨고, 3·1운동 이후 세차게 일어난 노동운동과 농민운동 그리고 사회주의운동의 한복판에서 성장하였다. 1930년 전후 전라남도에서도 가장 아래쪽 해남 땅까지 야학운동의 불길이 번졌던가 보다. 어머니는 야학에서 국문을 깨우쳤고, 『춘향전』과 『조웅전』 등 조선 문학을 암송하였다. 어머님이 젊은 시절을 보냈던 1930년대와 1940년대 한반도의 농촌은 지주들이 소작인들의 피를 빨아먹던 수탈의 터전이었다. 교과서에는 이러한 수탈관계를 반(半)봉건적 지주제라 일컫는다. 머슴들이 자는 방은 장판도 없고 이불도 없는, 짚자리를 깔아놓은 흙방이었다. 해가 지면 고단한 몸을 쉬게 하려고 머슴들은 이 흙방에 모여들고, 모이면 저마다 한 소리들 하기 마련. 어쩌다 지주를 씹는 욕설이 나오면 분위기는 자못 고조되었는데, 이 기밀을 탐지한 지주는 이튿날 사람들을 장터에 불러놓고 자신을 욕하였던 머슴의 혀를 뽑아 죽였다 한다. 어머님은 소작 부쳐 먹을 땅도 없는 그야말로 순결한 무산자의 딸이었는데, 그렇게 지주제의 처참한 현실을 나에게 전해주곤 하였다.

나는 중고등학교 때 마르크스 이론은 계급투쟁을 선동하는 과격하고 불순한 이론이라고 배웠다. 대학을 그만두고 현실 속으로 들어가보니, 계급투쟁은 순박한 민중이 일으키는 것이 아니라 압제자들이 먼저 계급투쟁의 공격을 가한다는 것을 알게 되었다. 파업이 좋아 파업을 하는 노동자는 없다. 파업에 들어가지 않으면 안 되도록 인정사정 볼 것 없이 몰아붙이는 자본가들 때문에 파업을 선언하게 되고, 때로는 자본가들이 파업을 유도하는 경우도 있다.

지난 1백 년의 우리 역사를 보아도 그렇다. 민중에게 계급투쟁의 선제공격을 개시한 자들은 늘 압제자들이었다. 전봉준 장군이 창의문을 포고하고 동학농민혁명을 일으키기 전에 고부

군수 조병갑이 전봉준의 아버지를 매질하여 죽이지 않았던가? 해방 후 각 고을에서 지주들의 집에 쳐들어가 지주의 목을 벤 것은 소작인들이었지만, 소작인들로 하여금 의분의 반란을 일으키도록 하였던 것은 대대로 내려온 지주들의 폭압과 수탈이 아니었던가? 전태일은 왜 몸을 불사르지 않으면 안 되었던가? 지배자들이 생산수단을 독점하면서 근로대중의 땀을 짜내고 피를 흘리도록 강제하는 계급사회가 시작된 이래, 계급투쟁을 선도한 이들은 민중이 아니라 바로 저들 지배계급이었던 것이다.

마르크스는 왜 사회의 역사를 단 한마디로 계급투쟁의 역사라고 기술하였던가? 그것은 특정 시대 특정 사회의 생성이 대립하는 두 계급의 생성인 것이요, 특정 시대 특정 사회의 발전이 두 계급의 대립이 치열하게 전개되는 것을 의미하는 것이요, 특정 시대 특정 사회의 몰락이란 다름 아니라 두 계급의 대립이 해체되는 것을 의미하기 때문이다.

고대 노예제 사회의 몰락은 귀족과 노예의 대립이 해체되는 것을 의미하는 것이요, 중세 봉건제 사회의 몰락은 영주와 농노의 대립이 해체되는 것을 의미한다. 이런 맥락에서 보면, 양반 지주계급의 수탈에 맞서 일어난 동학농민혁명은 조선 사회를 해체시킨 혁명이었다. 스스로의 힘으로 사회체제를 유지할 수 없었던 조선 왕조는 그 지배권을 일본 제국주의에 넘겨준 것이었고, 일본 제국주의는 구 지배계급의 기득권을 보호해준 권력으로 풀이된다.

내가 어머니에게서 전해 들은 한국전쟁 이야기는 너무 투명하였다. 해방이 되었다. 해방은 되었으나 소작인들, 머슴들에게는 해방이 오지 않았다. 스스로 싸우지 않는 자에게 그 누가 해방을 준단 말인가. 소작인들과 머슴들은 머리에 흰 수건을 두르고 반란을 일으켰다. 지주 마을을 처들어가 악독한 지주들의 목을 잘랐다. 광주와 해남의 경찰들이 달려와 반란 가담자들을 잡아다 총살을 하였고, 살아남은 이들은 산에 몸을 숨겼다. 1947년 해남 추수폭동의 장면이다.

한국전쟁이 터지고 헤아릴 수 없이 많은 처녀 총각들이 산으로 산으로 몸을 숨겼다 한다. 진도 완도에 흩어져 있는 헤아릴 수 없이 많은 섬에서 처녀들은 머리에 보따리짐을 이고, 총각들은 짐보따리 하나씩을 들고, 해남 북평면 신월리 앞을 지나는 신작로 길을 따라 산으로 산으로 끝없는 행군을 하더라는 것이다. 소작인들과 머슴들이 지주들을 살해하였다. 그리고 이 소작인들과 머슴들은 경찰들에 쫓겨 지리산으로 숨었다. 지리산으로 숨은 반란자들의 수는 자그마치 6만 명. 미군과 미군의 앞잡이 경찰들은 6만 명을 토벌하였다.

1953년 휴전협정이 맺어질 무렵, 이렇게 하여 한반도의 남쪽에서는 지주제가 폭력적으로 해체되어가고 있었던 것이다. 지주들도 죽고 소작인들도 죽고. "빼앗긴 들에도 봄은 오는가?" 이상화가 목놓아 불렀던 '빼앗긴 들'에는 제2차 세계대전에서 사용하였던 양만큼의 폭탄이 미군의 폭격기에서 투하되었고, 이 폭탄 속에서 새로운 사회 '대한민국'이 솟아나고 있었다. 1960년대에 이르면 양반계급과 양반문화는 노인들의 의식 속에서나 운위될 뿐, 더 이상 한 사회를 지배하는 지배계급으로서 지주계급은 존재하지 못했다.

동양이 자랑하는 지혜의 글 『장자』에는 이런 이야기가 나온다. "북쪽 바다에 물고기가 있으니, 그 이름을 곤(鯤)이라 한다. 곤의 크기는 몇천 리인지 알 수 없다. 변하여 새가 되니, 그 이름을 붕(鵬)이라 한다. 붕의 등은 몇천 리인지 알지 못한다. 한번 떨쳐 날면 그 날개는 하늘에 드리운 구름과 같다. 이 새는 바다가 움직이면 남쪽 바다로 옮겨간다. 남쪽 바다는 하늘의 못(천지)이다. 붕이 남쪽 바다로 옮겨갈 때, 물길을 갈라 치는 것이 3천 리요, 요동쳐 오르는 것이 9만 리이며, 다섯 달을 가서 쉰다." 이 얼마나 거대한 스케일인가!

대붕(大鵬) 이야기의 요점은 다음에 나온다. "매미와 산비둘기는 웃으며 말한다. 우리는 용을 써서 날아도 느릅나무나 박달나무 가지에 겨우 오르며, 때로는 거기에도 이르지 못해 땅에 떨어지는데, 어찌 9만 리를 솟아올라 남쪽으로 간단 말이냐? 매미와 산비둘기가 무엇을 알겠느냐?"며 장자는 이야기를 매듭짓는다.

그렇지. 인생을 자신이 겪은 경험만으로 풀이하는 범부들이 어찌 인류사 전체의 비밀을 알 수 있으리오. 마르크스는 마치 대붕처럼 역사의 하늘 높은 곳으로 솟구쳐올라, 2천5백 년 동안 흘러온 역사의 강줄기를 내려다본 것이다. 그리하여 매시대의 계급투쟁은 "사회 전체가 혁명적으로 개조되는 것으로" 끝날 수도 있으나, "투쟁하는 계급들이 함께 몰락하는 것으로 끝날" 수도 있다고 진술한다.

근대의 부르주아계급이 선도한 시민혁명은 사회의 혁명적 재편으로 끝났다. 하지만 여러 나라에서 일어난 농민반란은 대부분 싸우는 두 계급의 공멸로 끝났다. 현대의 프롤레타리아트가 수행하는 계급투쟁 역시 마찬가지이다. 노동자계급이 단일한 계급으로 뭉치는 일에 실패한다면, 노동자계급이 자신의 이해를 대변할 정치조직으로 결집하는 일에 실패한다면, 노동자계급이 인류의 보편적인 이해를 대변하는 일에 실패한다면, 역사는 두 계급의 공멸로 끝날 수도 있다. 얼마나 냉정하고 솔직한 진술인가!

　　　　　　　　이 투쟁은 매번 사회 전체의 혁명적 개조로 끝났거나, 아니면 투쟁하는 계급들이 함께 몰락하는 것으로 끝났다.

세·번·째·마·당
노동해방의 머리띠는 어디로 갔나

　　　　　10년 전의 일이다. 1991년 1월 그믐날, 결혼하는 후배 동지를 위해 나는 한 통의 편지를 쓴 적이 있다. 아끼는 후배의 결혼식에 참석할 수 없는 공허함을 달래고자 밤새 끄적거려본 글이 아직 수중에 남아 있어, '지난 10년의 세월을 반성'하는 의미에서 다시 옮겨본다.

　　　　　10년이 지난 시점, 2001년도, 혹자는 불혹의 나이를 향해 있고 혹자는 천명을 아는 나이를 향해 서 있을 즈음, 우리의 모습은 어떤 것일까요? 2000년대의 우리는 한국을 이끌어가는 성숙한 정치세력으로 우뚝 솟아나거나 아니면 부르주아 정치의 한 보조물이 되어 있거나, 아니면 카페에서 혹은 술집에서 젊은 시절의 무용담을 회상하는 빛 바랜 혁명가들로 남아 있거나, 이 세 가지 중 어느 하나일 것입니다.
　　　　　현실에 대한 비판적 의식이 곧 현실로 전화될 것이라고 착각하면서 '현실을 변화시켜 나가는 실천'에 무능한 좌파의 유아들이 가 있을 곳은 세번째이며, 미래의 이익을 오늘의 이익

앞에 종속시키면서 현실 속에서 자라나는 혁명적 요소들에 주목하지 못하는 우파의 노인들이 가 있을 곳은 두번째입니다. 역사는 비정한 것이어서 현실을 모르는 철부지와 현실의 혁명적 변전을 무시하는 노인들에게 언제나 이와 같은 두 가지의 대우를 합니다. 우리는 마땅히 첫째를, 프롤레타리아트의 이해를 대변하는 국민적 정치세력으로 성장해 있기를 희망합니다.

1991년 1월, 우리는 그해 가을에 소련공산당이 그렇게 허무하게 무너질지 까마득히 몰랐다. 1987~1988년의 대파업에 이어 노동형제들이 '노동해방'의 머리띠를 묶으면서 열심히 노동운동의 길을 개척해 나가던 시절이었고, 참으로 오랜 침묵의 시대를 마감하고 사회주의운동이 한 점 한 점 씨앗을 뿌려가던 시점이었다. 따라서 함께 일하던 많은 동지들이 '미래의 이익을 오늘의 이익 앞에 종속'시키면서 부르주아 정치의 보조물로 전락해버릴 줄 꿈에도 생각할 수 없었던 시절이었고, 마찬가지로 '혁명의 깃발'을 들고 해방을 향해 나아가던 지하 서클들이 우글거렸던 그 시절, '사회주의운동'을 비웃으며 술집에서 무용담이나 읊는 신세로 전락해버린 동지들이 그렇게 대량 생산될지 정말 몰랐던 시절이었다.

많은 사람들이 사회주의운동을 욕되게 하며 변절하였던 지난 10년, 많은 사람들이 사회주의운동을 비웃으며 떠났던 지난 10년의 세월을 통해 우리는 무엇을 반성해야 할 것인가. 돌이켜보면 1980년대 운동권 사람들은 모두 혁명주의자들이었다. 광주

학살이 자행된 이래 양심 있는 자라면 모두 군부독재 정권을 뒤엎어야 한다는 혁명적 대의를 받아들이지 않을 수 없었다. 혁명을 말하는 것은 상식이었고, 시대의 대세였다. 그리고 이 혁명적 요구에 대응하는 이론 찾기의 종착점은 소련과 북한의 교과서였다. 남한의 혁명이론을 그려놓은 몇 편의 소책자들이 인기를 얻고 난 뒤 운동권은 급속히 레닌에게 빨려 들어갔고, 레닌을 거쳐 일부는 마르크스 저작 속에서, 일부는 김일성 저작 속에서 사상의 거처를 마련하였다.

이 대목에서 내가 강조하고 싶은 것은, 1980년대 운동권의 사상은 자신의 머리로 고민하여 나온 사상이 아니라 타지에서 만들어진 사상을 빌려온 '수입 사상'이었다는 점이다. 소련이 무너지자 사회주의이론을 손쉽게 버려버린 이들, 동유럽 여행 한 번 하고 와서 보수정당의 개집으로 들어간 이들, 주체사상의 전파자들이 북한의 곤란한 사정이 보도되자 오히려 더욱 맹렬한 반북주의자로 변신하여버린 예들이 그렇게도 많이 나왔다는 것은, 그만큼 1980년대 운동권이 의존한 사상적 토대가 취약하였음을 반증하는 것이다.

지금 노동조합에 가면 책이 없다. 사무실 한쪽에 먼지 낀 책 몇 권이 나뒹굴 뿐이다. 우리 노동자들이 세상을 다 알아버린 것일까? 내가 만나본 오늘의 노동조합 운동가들은 1980년대를 살았던 대학생들보다 시대의 아픔을 고민하지 않는 것 같다. 노동자의 삶이 근본적으로 바뀌었는가? 돈 몇 푼에 소중한 삶을 팔아야 하는 임금노예의 처지는 하나도 변한 것이 없다. 그런데 '노동해방'의 머리띠는 어디로 갔는가? 소련이 무너지고 혁명의 전망이 사라져 '노동해방'의 머리띠를 버리게 되었다는 것은 변명에 지나지 않는다. 노동계급의 소외된 삶에 대한 처절한 자기 성찰이 없기 때문이며, 한 계급이 지고 있는 시대적 사명 앞에 비겁하기 때문은 아닌지.

사회 전체가 두 개의 거대한 적대적 진영으로, 즉 서로 대립하는 두 개의 거대한 계급으로 더욱더 분열되고 있다. 부르주아지와 프롤레타리아트로.

이 글에서 마르크스가 강조하고자 하는 바는 역사상 그 어떤 사회보다 자본주의 사회는 계급대립이 격렬하게 진행된다는 것이다. 1960년대 공업화가 개시된 지 40년의 짧은 세월이 흘러 인구의 대다수를 구성하던 농민이 해체되고 이제는 노동자계급이 전 국민의 절반을 훨씬 넘어버린 우리의 현실 앞에서, 마르크스의 기술에 이견을 제시할 사람은 없을 것이다. 1퍼센트가 되지 않는 극소수의 자본가계급이 이 사회의 모든 부를 독점하고, 60퍼센트에 가까운 노동자들이 그들 밑에서 임금노예로 살아가고 있는 우리의 현실은 부르주아지와 프롤레타리아트의 양극화 테제를 입증하는 명백한 근거이다.

하지만 이 테제를 모든 국민이 부르주아지와 프롤레타리아트라고 하는 두 계급 중 어느 한 계급에 속하게 된다는 식으로 해석하는 것은 곤란하다. 군대에 가보면 장교와 병사만 있는 것이 아니라 장교의 지휘를 돕는 직업 하사관이 있듯이, 자본주의 사회에는 부르주아지와 프롤레타리아트만이 있는 것이 아니라 부르주아지의 지배를 돕거나 자본주의 경제 운용의 한 역을 맡는 중간계급도 있다. 분명한 것은 자본은 단 한순간도 자신의 가치 증식을 위해 운동하지 않은 적이 없다는 것, 따라서 자본은 더 많은 근로대중을 임금노동자로 자신의 지배하에 조직해 나갈 수밖에 없다는 것이다.

과거의 소설을 보면 사회주의자들이 『공산당선언』을 암송하는 대목이 나온다. 전반적으로 지식 수준이 낙후하였던 당시의 노동자들이 어떻게 『공산당선언』을 독해할 수 있었을지 의문이 간다. 더욱 의문스러운 것은, 이 『공산당선언』 한 편을 공부하고 고난의 길인 사회주의자의 길에 올라서는 결단을 내렸다는 것이다. 인구의 다수가 농민이요 소작농이었던 당시의 선배들은 이 양극화 테제를 어떻게 이해하였을지 궁금한 대목이다.

돌아가신 내 어머님의 전언에 의하면, 5월 1일이 오면 요즈음 교회에서 크리스마스 잔치를 벌이듯 야학에서 축제를 벌였다 한다. 1930년대 일제 치하의 일이다. 축제라야 노래 몇 곡절 부르고 상을 주고 하는 소박한 것이었는데, "거머리 같은 압제자들아, 무산자들이 일어선다"라는 노래 구절을 어머님은 기억해 내셨다. 일제시대의 사회주의자들은 소작인들을 무산자로 프롤레타리아트로 노래하였던 모양이다.

그러면 자본주의 사회에 들어와 계급의 분열이 노골화되고 계급 간의 적대가 심화되는 역사적 현상의 실천적 의미를 음미해보자. 우리들은 흔히 사물을 고정 불변의 딱딱한 물체로 보곤 한다. '책상은 책상이요, 걸상은 걸상이다'라고 인식하는 분별지(分別智)는 일상 생활을 살아가는 데 빠뜨려서는 안 되는 인식

능력이다. 그러나 이렇게 사물을 고정 불변의 실체로 보는 사고에 길들여지면, 걸상은 언젠가 소멸할 것이라는 생각, 생명체는 언젠가 죽는다는 사고를 망각하며 살게 된다. 전자를 형식논리적 사고라 하고 후자를 변증법적 사고라 하는데, 일상 생활에서는 이러한 사고방식이 그다지 중대한 차이를 낳지 않는 것으로 보인다. 하지만 인간의 삶을 역사적 시각에서 바라볼 때, 두 사고방식의 차이는 정반대의 방향으로 갈라선다. 형식논리적 사고에 의하면 왕은 영원한 왕이지만, 변증법적 사고에 의하면 왕은 특정 시대 특정 조건에서만 왕일 수 있으며, 특정 시대 특정 조건이 변화하면 왕 역시 사라진다. 그렇지 않은가?

이러한 변증법적 사고에 입각하여 생각하면, 자본주의 경제체제 역시 특정한 조건에서 생성하여 변화 발전하다가 언젠가는 사멸하는 한 시대의 사회제도에 지나지 않는 것이다. 태양도 50억 년이 지나면 사멸하는데, 어찌 자본주의 경제제도가 영원불멸의 제도란 말인가. 마찬가지로 자본가도 노동자도 양자의 관계도 언젠가는 해체될 운명을 지닌 것이라는 이야기는, 변증법적 사고에 의하면 매우 자연스러운 이야기인 셈이다. 어떤 맥락에서 피력한 명제인지는 모르지만 영국의 경제학자 케인스 역시 "자본주의는 언젠가 죽을 것이다"라고 하지 않았는가?

변증법적 사고를 훈련함에 있어서 중요한 것은 모든 사물을 운동으로 바라보는 것이요, '모든 사물의 내부에는 대립하는 두 힘이 작용'하여 운동이 진행된다는 것을 이해하는 것이다. 대립하는 두 힘이라. 대보름날 불깡통을 돌린다. 불깡통이 원을 그리며 운동하는 까닭은 그 내부에 밖으로 뛰쳐나가려는 원심력과 안으로 몰려드는 구심력이 서로 팽팽히 맞서기 때문이다. 원심력과 구심력의 팽팽한 대립이 끝나면 원운동도 끝난다. 마르크스가 『공산당선언』에서 강조하는 것은, 자연에 존재하는 사물의 운동들처럼 인간 사회 역시 내부에 대립하는 두 힘이 존재한다는 것이다.

그렇다면 위의 양극화 테제에서 마르크스가 강조하고자 하는 바는 무엇인가? 자본주의 사회가 그 이전의 사회에 있었던 계급적대를 해체하지 못하고 오히려 계급적대를 격렬하게 만들어간다는 마르크스의 관찰에 의하면, 자본주의 사회의 계급대립은 언젠가 해체될 날이 올 것이요, 자본주의적 계급적대가 해체됨으로써 마침내 그 이전의 인간 사회를 지배하였던 모든 계급적대가 해체될 것이라는 것이다.

물론 자본주의 사회의 계급적대가 해체된 이후 인류는 마침내 '계급 없는 사회'로 나아갈지, 아니면 또 다른 계급사회로 나아갈지, 그 미래는 알 수 없는 일이다. 하지만 자본주의 사회의 계급적대가 급속하게 진행되고 있다는 사실은, 자본주의 사회는 그 이전의 어느 시대 어느 사회보다 더욱 빠른 속도로 발전하다가 더욱 빠른 속도로 사멸의 길에 접어들 것임을 뜻한다.

앞에서 '좌파의 유아'와 '우파의 노인'을 언급한 적이 있다. 우파의 노인이란, 이제 밝히자면 자본주의체제가 일시적인 경제체제라는 것을 망각하고 자본주의체제가 영원 불변의 경제체제라 받들면서, 현실을 주도하는 부르주아지의 하수인으로 전락하는 사람들을 말한다. '우파의 노인'들이 우리들에게 보내는 충고는 가지각색이다. 너희들은 현실을 몰라도 너무나 모른다느니, 무식한 노동자가 무슨 힘이 있어 권력을 장악할 수 있겠 냐느니, 세상만사를 계급투쟁으로 환원하는 것은 지나친 단순 논리라느니, 미국의 힘은 강대하여 이에 대적하려는 것은 어리 석은 짓이라느니, 나이 마흔을 먹고도 사회주의를 고집하는 것 은 몽상이라느니, 인간은 본성이 악하여 결코 사회주의 사회는 만들 수 없다는 둥 별별 말들을 다 늘어놓는다. 이 모든 잡담의 배후에 깔려 있는 본질은, 바로 자본은 영원하다는 사상이다. 그렇기 때문에 미래의 대의를 버리고 현실의 이익을 좇아 나서 는 것이다.

그러면 '좌파의 유아'란 무엇인가? 좌파는 미래의 대의를 충 실히 대변하기 때문에 좌파이다. 그런데 좌파 중에는 말로만 떠 드는 좌파가 많다. 말로만 떠드는 이런 좌파들이 보이는 공통된 특성은 '변화하는 현실을 연구하지 않고, 현실을 변화시키는 실 천에는 게으르다'는 점이다. 초심자일 때에는 사회주의이론을 학습하고, 학습한 대로 말할 수밖에 없다. 그러나 초심자에서 운동가로 성숙하려면, 자신의 '머리'로 변화하는 현실을 '연구' 해야 한다. 현실을 변화시키기 위한 계획을 세우고, 계획에 따 라 실천하고, 실천한 후 다시 자신의 생각을 바꿔나가야 한다. 그런데 변화하는 현실은 연구하지 않고 구호만 외치면 사회주 의 사회가 오는 것으로 착각하는 젊은 운동가들이 참 많아서, 우리는 이를 '좌파의 유아'라 부르는 것이다. '좌파의 유아'란 미 래를 향하여 현실을 끌어올리는 실천에 무능력한 이들인 것이 다. 이들이 꼭 익혀야 할 사고방식이 있으니, 그것이 유물변증 법이요, 이 유물변증법의 알짜가 『공산당선언』이다. 『공산당선언』에 녹아 있는 유물변증법의 사고방식을 잘 배워 '현실을 변화시키는 실천'에 매진하는 노동자가 아쉬운 시점이다. 역사를 바꾸어가는 것은 노동해방을 향한 우리의 실천이다.

네·번·째·마·당
혁명적 요소

중세의 농노로부터 초기 도시의 자유민이 생겨났고, 이 시민층으로부터 부르주아지의 초기 요소들이 발전하였다. 아메리카의 발견과 아프리카 회항로의 발견은 대두하는 부르주아지에게 신천지를 열어주었다. 동인도 시장과 중국 시장, 아메리카의 식민지화, 식민지들과의 교역, 교환수단 및 상품 일반의 증가는 상업·해운·공업에 전례 없는 활력을 안겨주었으며, 그럼으로써 붕괴되어가던 봉건 사회 내부의 혁명적 요소를 급격히 발전시켰다.

서양인들의 변증법적 사유와 과학적 지식이 만나 이루어진 성과물이 유물변증법이라면, 동양인들의 변증법적 사유와 삶의 지혜가 만나 이루어진 응결체가 『주역(周易)』일 것이다. 나이 마흔을 넘어 유물변증법적 사고와 그에 따른 실천이 무엇일지 조금은 알듯 하지만, 『주역』의 깊은 뜻은 도무지 알 길이 없다. 살다 보면 이 길을 가야 할지 저 길을 가야 할지 너무 고통스러울 때가 있어, 가끔 『주역』을 뒤적일 따름이다.

반찬거리가 떨어지면 소금이며 고춧가루며 심지어는 간장, 된장까지 모조리 떨어진다고 살림하는 분들은 투덜댄다. 10년 전 우리 운동권에는 온 방면에서 악재들이 밀어닥쳤다. 안으로는 1987년 대통령 선거 이후 분열의 골이 깊어지기 시작하였고, 밖으로는 소련이 무너지면서 전 세계가 깡패국가 미국의 전횡에 시달리게 되었다. 1992년 총선을 치르고 민중당의 선배 진영이 적에게 투항하였고, 나의 삶도 만신창이가 되어버렸다. 나 혼자 고생하는 것은 아무 일도 아니나, 함께 일하던 동지들이 삼삼오오 대오를 이탈하는 모습을 지켜보는 것은 참으로 참기 힘든 고통이었다. 나 혼자 고생하는 것은 오히려 즐거움으로 삭일 수 있으나, 머물 집이 없어 길거리를 헤매야 하는 아내와 자식의 모습을 지켜보아야 하는 것은 인간으로서 견딜 수 없는 고역이었다.

너무 힘들어 『주역』을 열어보았다. 주역의 64괘 중 곤(困)괘가 나오지 않는가! 나무(木)가 울타리(口) 안에 갇혀 사방 어디로도 뻗을 수 없는 형국. 이런 때에는 무슨 일을 해도 되지 않는다는 괘인 것이다. 태양으로부터 빛도 받지 못하고 땅으로부터 양분도 얻지 못하니, 나무야, 나무야, 너무 고생스럽겠다, 그지? 이런 괘인 것이다. 그런데 지혜의 책『주역』은 이 시련의 때야말로 인간의 참된 가치가 나타난다며 초지(初志)를 버리지 말 것을 충고한다. "힘난함을 기꺼이 받아들이고 곤란과 고통 속에서도 발전의 길을 잃지 않는 사람이야말로 참된 군자인 것. 변함없이 초지를 관철하라."

바로 이 '초지'를 유물변증법으로 해석하면 변화의 내적 요소,

생명을 발아시키는 씨앗이 되는 셈이다. 이 씨앗이 움터 나올 수 있는 온도와 습기가 깃들 때가 올 것이다. 만일 이 씨앗이 너무 고통스럽다고 스스로 씨앗이길 포기해버린다면, 봄날 만산을 푸르고 싱싱하게 뒤덮는 수목의 싹은 움트지 못하는 것이다.

모든 생명체는 생성하여 성장하다가 쇠멸의 운명을 걷는다. 이 변증법적 코스로부터 자유로운 그 무엇이 있을까? 여기에서 우리는 모든 생명체의 탄생 과정에서 결정적 역할을 하는 '씨앗의 소중함'에 주목해야 한다. "중세의 농노로부터 초기 도시의 자유민이 생겨났고, 이 시민층으로부터 부르주아지의 초기 요소들이 발전하였다"라고 마르크스가 서술하고 있을 때, 다시 말해 이 부르주아 사회를 탄생시킨 최초의 씨앗, '초기 도시의 자유민'을 언급하고 있을 때, 마르크스는 오늘의 부르주아 사회를 유물변증법의 시각으로 그려내고 있는 것이다.

물론 씨앗만으로 생명체를 탄생시킬 수 없다는 것은 상식이다. 여기에 닭이 있다. 멍청한 닭이 돌멩이를 품고 있으면 병아리가 나올 리 없다. 변화를 위한 내적 요소, 달걀이 있어야 하는 것이다. 하지만 달걀을 끓는 물에 집어넣어버리면 병아리라는 새 생명체는 탄생하지 않는다. 어미 닭이 3주간 따스한 온기로 품어주어야 달걀은 병아리로 전화한다. '3주간의 따스한 온기', 이것이 달걀이 병아리로 변화하기 위해 필요한 외적 조건이다.

초기 도시의 자유민이 오늘의 부르주아지로 성장하기 위해서는 그에 걸맞은 외적 조건이 요구된다. 그것은 시장의 팽창이었다. "아메리카의 발견, 아프리카 회항로의 발견은 대두하는 부르주아지에게 신천지를 열어주었다. 동인도 시장과 중국 시장,

아메리카의 식민지화, 식민지들과의 교역, 교환수단 및 상품 일반의 증가는 상업·해운·공업에 전례 없는 활력을 안겨주었다"라는 문장이 갖는 의미는 바로 도시 자유민이 부르주아지로 전환하는 데 필요한 외적 조건을 설명하는 것이다.

자본주의 사회는 반드시 사라진다. 몰락하는 자본주의 사회의 징후들은 도처에서 나타나고 있다. 전쟁을 치르지 않으면 경제가 정상적으로 운용되지 않는 미국의 경제체제는 무엇인가? 자본주의가 제공하는 재화와 용역에서 더는 행복을 느끼지 못하겠다고 아우성치는 사람들의 수가 늘어나고 있다. 자본들이 상호 경쟁적으로 도입하고 있는 공장 자동화와 사무 자동화, 그리하여 노동자를 대거 구조조정할 수밖에 없는 현실은 또 무엇인가? "그럼으로써 붕괴되어가던 봉건 사회 내부의 혁명적 요소를 급격히 발전시켰다"는 마르크스의 표현대로, 붕괴하고 있는 자본주의 사회 내부에서 혁명적 요소를 급격히 발전시켜주는 외적 조건들은 도처에서 드러나고 있다.

오늘 우리가 돌아보아야 할 지점은 "오는 봄만 기다리지 말고 내 손으로 만들자"는 동요처럼 미래를 준비하고 앞당기는 '혁명적 요소'가 어디에 있는가이다. 과연 한국의 노동자들은 미래 사회를 준비하고 앞당기는 혁명적 요소로서 자기를 단련시키고 있는가?

다·섯·번·째·마·당
경멸당했던 부르주아지

 여기 황씨 김밥 공장이 있다. 이것은 순전히 내가 지어낸 이야기이니까 너무 심각하게 읽지 말았으면 좋겠다. 처음 황씨는 자기 집에서 아내와 아들과 딸을 데리고 김밥을 만들어 시장에 내다 팔았다. 아내가 쌀을 씻고 불을 때서 밥을 익히면, 황씨는 밥을 퍼 김밥을 만다. 말아진 김밥을 칼로 자르는 일은 아들의 몫이요, 김밥 부스러기를 먹어대는 일은 딸의 몫이다. 이렇게 하여 생산해낸 김밥 1천 개를 황씨는 시장에 내다 판다.
 그런데 2년마다 개최되는 국제 미술전인 비엔날레가 광주에 유치되면서 사태가 크게 바뀐다. 황씨네 김밥이 맛있다고 이곳저곳에서 주문이 폭주한다. 황씨는 싱글벙글 기쁜 마음으로 밤잠을 설치며 일을 하지만 쏟아지는 김밥 주문을 당해내지 못한다. 네 사람의 인력으로는 도저히 쇄도하는 주문을 따라갈 수 없다는 것을 확인하고, 황씨는 50평 규모의 작업장을 따로 설치하고 인력을 모은다.
 전봇대에 "일자리 있음, 숙식 제공, 건강한 청년 우대"라고 쓴 구인 광고지를 붙여놓았는데, 하도 거지들이 득실대어 밥만

주어도 일하겠다고 자원하는 사람들 40명을 하루 만에 모집할 수 있었다.

새로 모집한 노동자 40명은 황씨가 배정해주는 일만 담당한다. 개똥이는 쌀만 씻고 소똥이는 불만 땐다. 말똥이는 밥만 푸고 닭똥이는 김밥만 만다. 염소똥이는 김밥을 자르기만 하고 돼지똥이는 포장만 한다. 이런 식으로 예전에 네 명이 하던 노동과정을 40명에게 잘게 나누어주는 분업을 실행했는데, 놀라운 것은 생산성이 다섯 배로 뛰더라는 것이다. 전에는 네 명이 하루 일하여 1천 개를 만들었으나, 공정을 잘게 나누어 40명에게 맡겼더니 5만 개를 만들어내더라는 것이다. 여기서 주목해야 할 것은, 이 작업장에는 아직 기계가 없다는 사실이다. 오직 분업과 협업에 의거하여 생산성을 높인 작업장, 그것을 우리는 매뉴팩처(manufacture), 다른 말로 '공장제 수공업'이라 부른다.

"지금까지의 봉건적·길드적 공업 경영방식은 새로운 시장과 함께 증대된 수요를 더는 충족시킬 수 없었다. 매뉴팩처가 그것을 대신하였다. 길드의 장인들은 매뉴팩처 공업에 종사하는 중간계급에 의해 밀려났으며, 서로 다른 길드 사이의 분업은 개별 작업장 자체 내의 분업 앞에서 사라져버렸다"라고 마르크스가 서술하고 있는 상황이 바로 여기에 해당한다.

그런데 또다시 황씨 김밥 공장에 행운이 온다. 비엔날레를 구경하러 온 경향 각지의 사람들이 황씨 김밥이 맛있다고 주문장을 날린 것이다. 하루 5만 개를 생산해내는 김밥 공장으로는 밀물처럼 쇄도해 들어오는 주문을 따라갈 수가 없다. 특히 김밥을 자르는 염소똥이가 공정을 따라주질 못한다. 밤을 새워 잘라도 주문을 따라주지 못하는 안타까운 상황. 황씨의 고민은 깊어간다. 아무리 감시를 하고 아무리 욕을 해대도 인간의 근육으로는 쏟아지는 김밥 주문을 충당할 수 없음을 인정한 황씨는 다른 대안을 찾는다. '필요는 발명의 어머니'라고 황씨 메일에 '김밥 자르는 왕복 칼날 발명' 소식이 전해진다.

"그런데 시장은 계속 성장했고, 수요는 계속해서 늘어났다. 이제 매뉴팩처로도 수요를 충족시킬 수 없게 되었다. 그때 증기와 기계가 공업생산에 혁명을 일으켰다"라고 마르크스가 서술하고 있는 상황이 바로 여기에 해당한다.

영화 〈타이타닉〉 하면 사람들은 뱃머리 끝에 매달려 새가 나는 듯 두 팔을 벌린 두 남녀 주인공을 떠올린다. 〈타이타닉〉은 달콤한 러브스토리이지만 동시에 유럽 사회의 계급구조를 한 편의 영화 속에 그대로 담아놓은 작품이다. 1층은 귀족과 부르주아지의 전용. 지하 3층은 유럽 사회에서 오갈 데 없는 떨거지 인생들이 타는 곳. 배가 물속으로 가라앉자 지하 3층에서 나오는 출구를 폐쇄시켜버리는 장면은 무엇을 의미하는가. 우리는 두 남녀 주인공이 아름다운 사랑을 나누는 대목에 정신을 팔지만, 광산주 뚱뚱이 아줌마가 귀족 부인들의 질시를 받는 대목에도 눈을 줄 필요가 있다. 이 뚱뚱이 아줌마가 바로 부르주아지. 돈은 많으나 교양 없는 여자라고 눈총을 받는 장면이 바로 부르주아지를 대하는 유럽 귀족들의 일반적 태도였다.

"매뉴팩처의 자리를 현대적 대공업이 차지하고, 공업에 종사하는 중간계급의 자리를 공업 백만장자들, 대공업 군대의 우두

머리들, 현대적 부르주아들이 차지했다"라고 마르크스가 서술하고 있는 현대적 부르주아, 그것의 상징이 타이타닉호의 뚱뚱이 아줌마였던 것이다.

여·섯·번·째·마·당
긴 시간, 급한 마음

마르크스는 『정치경제학 비판 초고』에서 그의 유물론적 역사관을 이렇게 정식화하였다.

사회의 물질적 생산력이 일정한 발전 단계에 이를 경우, 이때의 생산력은 기존의 생산관계 및 그 법률적 표현에 불과한 소유관계와 모순되기에 이른다. 생산관계는 생산을 구속하는 질곡으로 변한다. 이리하여 하나의 사회혁명의 시기가 도래한다. 경제적 기초의 변화와 더불어 거대한 상부구조 전체가 다소간 급격하게 변혁된다.

내가 이 문장을 처음 접했던 대학 2학년 시절, 사회를 바라보던 나의 머리는 명료하게 정리되고, 심장은 맥동쳐 올랐던 기억이 새롭다. 그렇지, 인류 역사 전 과정을 거쳐 생산력은 서서히 혹은 급속하게 발전해왔지. 특정 시대의 생산관계는 그 시대의 생산력을 둘러싸는 겉옷과 같은 것. 생산력이 성장하면 마치 아이가 성장하여 어른이 되면서 옷을 바꿔 입듯 생산관계도 달라져야지. 하여 낡은 생산관계를 해체하고 새로운 생산관계가 들어서는 사회혁명의 도래는 필연이 아니겠는가.

나는 인간의 완벽함을 믿지 않는 편이다. 오히려 인간은 오류를 저지를 수밖에 없는 숙명을 안고 태어났으며, 오류를 저지를 수 있기에 인간의 역사가 흥미로운 것이 아닌가 생각한다. 돌이켜보면 전두환 독재정권과 투쟁하면서 우리는 사회혁명을 감행하고 있는 양 착각하였던 것 같다. 당시 우리는 독재정권을 무너뜨리는 민주화투쟁은 사회혁명만큼이나 장구할 것으로 내다보았고, 그만큼 우리의 투쟁은 비장하였다. 우리가 '발로 수행하고 있는 반독재민주화투쟁'을 '머리로 사회혁명'이라 착각하였던 것은 당시에는 아무 문제가 없었다. 오히려 사회혁명을 추진하고 있다는 사명감이 독재자에 대항하는 우리의 투쟁 의지를 배가시켜주었던 것 같다.

소련이 무너지면서, 우리는 긴 사상의 방황을 떠나야 했다. 당대의 혁명세력이 혁명에 성공하여 권력을 잡는다 하더라도, 그것이 곧바로 사회혁명을 의미하는 것은 아니구나. 사회혁명, 곧 새로운 사회체제의 도래는 이를 가능하게 하는 많은 주체적·객관적 조건들이 성숙되어야 하는구나. 아직까지 지구상에서 사회주의혁명이라 부를 수 있을 만한 사회혁명은 일어나지 않았다. 이것이 지난 10년 동안 내가 관찰한 20세기 혁명적 사건들에 대한 나의 결론이다. 1917년의 볼셰비키혁명은 사회주의자가 추진한 반봉건민주주의혁명이었을 뿐, 러시아 내부에서 심화된 자본주의적 모순의 극복 과정으로서 사회주의혁명은 결코 아니었다. 볼셰비키혁명은 장차 도래할 '사회주의혁명의 서곡'이었다기보다는 오히려 봉건적 모순으로 고통받던 러시아에서 이루어낸 '프랑스혁명의 후주곡'이었다고 보아야 할 것이다. 권력을 잡은 사회주의 혁명가들은 자신의 이상에 따라 사회를 개조하고자 분투했으나, 러시아의 낙후한 생산력은 러시아에 온전한 의미의 사회주의 사회를 허여하지 않았다. 자본주의를 대체할 새로운 생산양식이 낙후한 러시아에서 실현된다는 것은, 과학적 사회주의의 기본 원리를 부정하는 것이지 않겠는가.

대공업은 아메리카의 발견에 의해 준비되고 있던 세계시장을 만들어냈다. 세계시장은 상업과 해운, 육상교통에 거대한 발전을 가져왔다. 이러한 발전이 이번에는 거꾸로 공업의 확장에 영향을 미쳤다. 공업·상업·해운·철도가 확장되는 만큼 부르주아지도 발전해갔으며, 부르주아지는 자본을 증식시킴으로써 중세 때부터 내려오던 모든 계급을 뒷전으로 밀어내버렸다. 이리하여 우리는 현대 부르주아지 자체가 기나긴 발전 과정의 산물이며, 생산양식 및 교류양식에 있어서 일어난 일련의 변혁이 낳은 산물임을 알 수 있다.

"이리하여 우리는 현대 부르주아지 자체가 기나긴 발전 과정의 산물이며, 생산양식 및 교류양식에 있어서 일어난 일련의 변혁이 낳은 산물임을 알 수 있다"라고 마르크스가 서술하고 있을 때, 이 문장에서 내가 방점을 찍고 싶은 대목은 '기나긴'이다. 부르주아지가 봉건체제의 태내에서 태아로 머물렀던 시기, 즉 길드의 장인이나 상인으로 일하던 시기를 제외하더라도, 매뉴팩처의 조직자에서 산업혁명의 추동자로 등장하는 시기가 대략 2백여 년. 우리가 자본주의체제를 극복하고 새로운 사회체제를 실현하는 과정 역시 적지 않은 시간이 소요될 것이다.

 1848년 『공산당선언』이 공개된 이래 본격적인 사회주의운동이 시작되었다. 마르크스가 독일의 민주주의혁명을 기대하며 사회주의 사회를 꿈꾼 것이나, 레닌이 1917년 러시아의 민주주의혁명을 가지고 곧바로 사회주의 사회를 건설하려 한 것이나, '시간의 문제'에서 성급함을 드러냈던 것은 아닌지. 하지만 당대에 혁명을 성공시키고, 당대에 새로운 사회를 건설해버리려는 혁명가들의 급한 마음 또한 어찌할 수 없는 일이 아니겠는가.

일·곱·번·째·마·당
마침내 지배자가 된 부르주아지

부르주아지의 이러한 발전 단계들에 발맞추어 그에 상응하는 정치적 진전이 수반되었다. 부르주아지는 봉건영주의 지배하에서는 피억압자의 신분이었고, 중세의 도시(코뮌)에서는 무장을 갖춘 자치단체였다. 어떤 곳에서는 독립적인 도시공화국을 이루기도 하였고(이탈리아와 독일에서처럼), 어떤 곳에서는 납세의무를 진 군주국가의 제3신분이기도 하였다(프랑스에서처럼). 그러다가 매뉴팩처 시기에 오면 부르주아지는 귀족에 대항하는 세력으로서 신분제군주국가 혹은 절대군주국가에 봉사하면서 사실상 대군주 일반의 초석 역할을 하였다. 대공업과 세계시장이 형성된 이후 부르주아지는 현대 대의제국가에서 마침내 배타적인 정치적 지배권을 장악하였다. 현대의 국가권력은 부르주아계급 전체의 공동 업무를 관장하는 위원회에 불과하다.

마르크스의 글을 이해하려면 '프랑스대혁명'에 관한 교양이 필수적이다. 마르크스가 『공산당선언』을 작성한 시점이 1848년이고 '프랑스대혁명'이 일어난 해가 1789년이므로, 두 사건 사이의 시간적 격차는 59년. 얼핏 보면 매우 먼 두 개의 사건인 듯 보이지만, 『공산당선언』에 씌어진 모든 문장마다 '프랑스대혁명'의 메아리가 맴돌고 있다. 따지고 보면 '프랑스대혁명'의 마지막 주인공 나폴레옹이 세인트헬레나 섬에 유배되는 1812년과 소년 마르크스가 초등학교에 들어가 나폴레옹의 이름을 듣는 시점인 1824년과는 불과 12년 차이밖에 나지 않는다.

서양사 전공자들의 분석을 빌리자면, 유럽의 절대군주제는 몰락하는 귀족계급과 떠오르는 부르주아계급 간의 힘의 균형 상태에서 성립된 권력이라 한다. 두 계급 중 어느 계급도 정치적 헤게모니를 확고히 장악하지 못한 상태에서 절대군주제가 성립되었다는 것이다. 하지만 세월이 흐르면 흐를수록 귀족계급의 힘은 약화되어갔고 부르주아계급의 힘은 강화되어 나갔기 때문에, 두 계급의 힘의 관계가 한쪽으로 확연히 기울어지는 것은 역사의 필연이었다. 1789년 프랑스혁명이 일어난 시점은 부르주아계급이 귀족계급을 압도하고 있었던 시점이었고, 봉건귀족의 몰락과 함께 절대군주 루이 16세마저 역사의 저편으로 사라질 운명이었던 것이다. 이것이 '프랑스대혁명'에 관한 계급적 해석이다.

하지만 '프랑스대혁명'의 제1막을 연 세력은 부르주아지가 아니라 귀족이었다는 것이 재미있다. 왕실의 재정은 파탄 상태였다. 미국의 독립전쟁을 지원하는 과정에서 재정이 고갈되어버렸고, 호화 사치에 빠진 루이 16세와 왕비 마리 앙투아네트 때문에 왕실의 재정은 붕괴 일보 직전이었다. 왕은 재정 파탄을 막아볼 욕심으로 세금의 추가 징수를 인정받기 위해 '삼부회'를 소집하였다. 귀족들은 왕에 대한 자신들의 영향력을 강화할 욕심으로 삼부회의 소집에 응하였다. 프랑스에서 삼부회가 1614년에 소집된 이래 무려 1백70년 동안 소집되지 않았던 것은, 그 기간만큼 절대군주의 전횡이 지속되었다는 것을 의미한다. 마침내 1789년 5월 삼부회가 파리에서 개최되었을 때, 전국 방방곡곡에서 집결한 3대 신분의 대표자들로 파리는 축제 분위기였다. 두 달 후 지축을 흔든 프랑스대혁명이 일어날지 누가 예감이나 하였겠는가?

삼부회의 주도 세력은 귀족이었다. 제1신분인 성직자계급과 제2신분인 귀족계급은 봉건체제를 지켜온 형과 아우의 관계. 귀족의 큰아들이 아버지의 신분을 이어받으면, 귀족의 작은아들이 신학대학에 가 수도승의 길을 걸었던 것. 따라서 가재는 게 편이듯, 신부는 귀족의 정치적 이해를 보조했던 것이다. 그런데 삼부회의 표결방식은 신분별 집단표결방식을 따르고 있었다. 귀족이 한 표, 성직자가 한 표, 평민이 한 표를 행사하게 되어 있었던 만큼, 삼부회의 의사 결정자는 귀족이었을 것이다. 삼부회에 참여하는 부르주아지 대표자들은 먼 거리에서나마 왕의 얼굴을 뵙는 것을 영광으로 알고 돈이나 내는 들러리였던 것이다.

사건은 부르주아 대표자들이 표결방식의 부당성에 항의하여 농성투쟁에 돌입하는 데에서부터 터져나왔다. 그들은 집단표결방식을 개인표결방식으로 바꿀 것과 아울러 귀족 3백 표, 성직자 3백 표, 그리고 평민에게 6백 표를 달라고 요구하였다.

"계급투쟁이 결전의 시기에 가까워지면, 지배계급의 일부가 지배계급으로부터 떨어져 나와 미래를 자신의 수중에 움켜쥔 혁명적 계급에 가담하게 된다"는 『공산당선언』의 문구는 '프랑스혁명'의 이 순간을 옮겨 적은 것이다. 부르주아 대표자들이 제기한 정치적 요구의 진보성에 동의하여 한 무리의 성직자와 귀족들이 자기가 소속한 계급의 이익을 배신하고 부르주아 대표자들에게 합류하여버렸던 것이다. 비록 소수이긴 하지만 제1신분과 제2신분의 대표자들이 제3신분 쪽으로 가담해오자, 부르주아 대표자들은 자신들의 모임을 '국민회의'라 이름하여 마치 그 모임이 전 국민적 이익을 대변하는 양 행세하였다.

그들은 여기에서 멈추지 않았다. 떡 본 김에 제사까지 지낸다고 부르주아 대표자들은 '국민회의'의 이름으로 부르주아지의 정치적 권리를 문서화하는 '헌법'의 제정을 요구하였고, 이것을 들어주지 않으면 죽음도 불사하는 투쟁을 벌이겠노라고 큰소리를 쳤다. 귀족이 주도한 '삼부회'가 역사의 무대 뒤로 사라지고, 부르주아지가 주도하는 '국민회의'가 혁명의 제2막을 여는 순간이었다.

표결방식을 바꾸어주는 것은 별것 아니었지만, 헌법을 제정해달라는 요구는 왕에게는 심히 자존심 상하는 요구였다. "짐이 곧 국가이다"라고 말한 루이 14세, 그 시절 태양이나 다름없었던 절대군주의 권위가 이대로 사라질 수는 없는 노릇. 돈 많은 장사치들이 만들어놓은 법적 규제에 따라 움직이는 '종이 군주', 입헌군주로 전락하는 것을 루이 16세는 용인할 수 없었다. 왕의 군대가 파리를 향해 이동한다는 소식이 전해졌다.

부르주아지의 대표자들은 동요하였다. 자신의 목숨을 지키는 것이 중요하겠는가, 헌법을 제정하는 것이 중요하겠는가? 헌법을 위하여 자신의 목숨을 희생시킬 수는 없었던 것이 부르주아 대표자들이 가진 한계였다. 만일 여기에서 부르주아 대표자들이 왕의 군대에 체포되어 항복하였더라면, 프랑스혁명은 김옥균의 갑신정변 정도로 역사에 기술되고 말았을 것이다. 민중의 힘으로부터 지원받지 못하는 혁명은 그 어떤 것도 한 차례의 정치적 해프닝으로 끝나게 된다는 교훈을 남기면서 말이다.

프랑스혁명의 제1막은 '삼부회'를 주도한 귀족에 의해 열렸고, 혁명의 제2막은 '국민회의'를 주도한 부르주아지에 의해 열렸다면, 혁명의 제3막은 무장한 파리의 노동자에 의해 열렸다. 때는 1789년 7월 14일. 세계사를 갈라놓은 '프랑스대혁명'은 부르주아지가 아닌 파리의 노동자들에 의해 일어났다. 왕의 군대가 파리를 침공한다는 소식이 전해지자, 파리의 노동자들 사이에는 "시민군을 결성하자. 무장을 하자. 바스티유 감옥에 쳐들어가 무기를 들자"는 결의가 입에서 입으로 전해졌다. 1백여 명의 희생자를 치르고 점령한 바스티유 감옥에 정작 무기는 없었다. 하지만 최초의 '시민군'은 바스티유 감옥의 소장과 파리 시장의 목을 잘라, 자른 목을 깃대에 꽂아 흔들며 파리 시가지를 시위하였다. 왕의 군대는 차마 이 시민군을 진압할 수 없었다. 루이 16세는 여기에서 '헌법 제정 요구'에 굴복하였다.

마르크스가 『공산당선언』의 도처에서 '폭력적 타도'를 주저 없이 기록하였던 것은 이러한 혁명의 전개 과정을 있는 그대로 반영한 것에 다름 아니다. 백 번의 청원보다 한 번의 폭력적 대결이 역사를 과감하게 추진하더라는 것이다. 프랑스대혁명의 무대를 열어준 세력이 귀족이었고 이 무대의 주연 노릇을 한 세력이 부르주아지였다면, 이 부르주아지의 정치적 요구를 관철시킨 힘은 파리의 가난한 노동자들이 휘두른 조직화된 폭력이었던 것이다.

이제 혁명의 제4막으로 옮겨가자. 파리의 정치적 분위기가 뒤숭숭해지자, 시골의 귀족들은 이 핑계 저 핑계를 대며 시골을 떠난다. 비어 있는 귀족들의 저택을 관리하는 농노들은 오랜만에 자기들의 세상을 만난다. 모든 농민반란이 지주의 저택을 방화하는 데에서부터 시작되듯, 이때 프랑스의 농민들도 영주의 저택에 불을 지르기 시작하였다. 방화는 꼬리에 꼬리를 물고 프랑스 전역으로 퍼진다. 프랑스의 모든 하늘이 검은 연기로 뒤덮인다. 왕과 귀족들이 이 반란을 어떻게 진화할 것인가. 천 년 동안 지속되어온 농노들에 대한 봉건적 수탈, 이것을 폐지하지 않고서는 번지는 정치적 방화를 진화할 수 없었다.

루이 16세는 참 한심한 군주였다. 노동자들이 시민군을 조직하고 파리 시장의 모가지를 자르고 있는 그 상황에서도, 그가 하는 일이란 사냥이었다. 프랑스대혁명이 일어난 1789년 7월 4일의 일기에는 "오늘은 한 마리도 잡지 못했다"고 씌어 있다 한다. 역사적 대사건의 한가운데 있다 보면, 하루하루의 일이 어떤 역사적 의미를 갖는 것인지 자각하지 못할 때가 있다. 천 년의 봉건체제가 무너지고 있는 마당에도 사냥이나 하고 다니면서, "오늘은 한 마리도 잡지 못했다"고 투덜대는 이 군주의 한심한 나날을 우리는 어떻게 이해할 것인가.

1789년 8월 4일, 프랑스 귀족들은 마침내 '봉건적 특권의 폐지'를 선언한다. 아무리 군주가 '헌법 제정'에 합의하였다 하더라도, 귀족들이 자신들이 누려온 봉건적 특권을 포기하지 않는 한 헌법은 휴지 조각일 따름이다. 부르주아지가 요구한 헌법의 핵심은 '신분상의 차별 폐지'였다. 만일 8월 4일 프랑스의 귀족들이 스스로 자신의 특권을 포기하지 않았다면, 프랑스혁명은 '농민 대 귀족 간의 대규모 전쟁'을 치러야 할 판. 자연발생적인 농민들의 방화만으로 예정된 대규모 전쟁을 차단시킨 것은 다른 어느 나라에서도 보기 드문 프랑스 특유의 사건이었다.

그리하여 마침내 봉건적 특권을 폐지하는 '헌법'의 제정에 돌입하게 됨으로써 프랑스대혁명은 봉건체제를 종료시키고 근대 부르주아 사회를 열게 된 것이다. 이어 '프랑스대혁명'의 정신을 담은 '인권선언'이 작성된다. '인권선언'에 기입된 인권은 누구의 인권이었던가? 미국 독립선언문이 "모든 인간은 평등하게 태어난다"라는 평등사상을 선포하였을 때, 그 이상은 좋았다. 하지만 현실은 선언문을 조롱하고 있었다. 미국 독립선언문이 외쳤던 인간평등사상은 인간의 평등이 아니라, 백인이자 남성이면서 유산자인 특정 계급의 평등이었던 것이다. 마찬가지로 프랑스의 '인권선언' 제1절에서 "인간은 자유롭고 평등하게 태어난다"고 하였지만, 이 인간 역시 헌법 제정을 주도한 프랑스 부르주아지를 의미하는 것이었다. 1789년에 시작하여 1815년 나폴레옹의 유배로 매듭지어진 '프랑스대혁명'은 봉건신분체제 하에서 조롱당하고 멸시받아왔던 부르주아계급이 스스로를 해방한 혁명이었으며, 부르주아지의 필요에 따라 부르주아지의 이익을 보장해주는 새로운 국가, 즉 근대국가를 확립시킨 혁명이었던 것이다. 여기에서 마르크스는 "프랑스대혁명, 그것은 대군주국가 일반의 주요 토대였던 이들 부르주아지가 대공업과 세계시장이 형성된 이후에 현대 대의제국가에서 마침내 배타적인 정치적 지배권을 장악해 들어갔던 사건"이었고, "현대의 국가권력은 부르주아계급 전체의 공동 업무를 관장하는 위원회에 불과하다"라고 단언하였던 것이다.

프랑스의 부르주아계급이 오랜 세월 동안 성장시켜온 자신의 힘을 기반으로 마침내 1789년 혁명을 통하여 자신의 국가를 만들어나갔던 것에 비하여, 이곳 대한민국의 부르주아지는 스스로의 힘으로 국가를 만들기에는 너무 힘이 취약하였고, 그럴 의지도 없었다. 1945년 8월 15일을 우리는 광복절이라 부르는데, 일본 식민지 지배로부터 벗어난 날이라는 측면에서 이 명칭은 타당하나 이날부터 남한의 부르주아계급이 '자주적인 독립국가'를 건설하기 시작한 것으로 생각한다면, 이것은 큰 오산이다. 1945년 8월 15일 일본 제국주의가 물러가고 들어선 것은 미군정이었다. 대한민국은 이승만을 비롯한 독립투사들이 만든 나라가 아니라, 북한과 잘 싸우라고 이승만 일파에게 미국이 만들어준 국가였다. 대한민국은 미국이 쏟아부은 폭탄 속에서 태어난 나라이다.

대한민국이 만들어지자 남한 부르주아지는 자본을 모으는 데 열을 올렸다. 일본인이 자국으로 뜯어가지 못하고 남겨놓은 집과 공장이 모조리 이들의 차지였다. 미국은 남한을 소련에 맞서는 든든한 군사기지로 키워갔으며, 이 군사기지를 유지할 비용으로 옥수수와 밀을 제공했다. 옥수숫가루는 굶주리는 아이들의 배를 부르게 하는 데 사용되었고, 밀은 몇몇 재벌들의 치부 수단이 되었다. 1950년대 미국이 준 원조물자 포대에 한미간의 굳은 악수가 찍혀져 있었던 것은 미국과 남한의 종속적 동맹을 한눈에 볼 수 있도록 보여준 포스터였다.

남한 부르주아지의 본격적인 성장은 역시 박정희 군사 쿠데타 이후부터 진행되었다고 보아야 할 것이다. 군사 정권이 보증을 서고 들여오는 해외 차관은 재벌로 나아가는 밑돈이 되어주었다. 때마침 전개된 미국의 베트남 침공과 중동지역의 건설 붐은 성장하는 재벌들이 팽창할 수 있는 더할 나위 없이 좋은 시장을 제공하여 주었다.

1960~1970년대의 남한은 '쨍 하고 해 뜰 날'을 부르며 모두가 돈벌이에 눈을 뒤집은 그런 시대, 그러나 부의 축적이 진행되는 그 반대편에서는 빈곤과 중노동, 빈부 격차와 도덕적 타락이 창궐하는 시대였다. 정부는 마구 돈을 찍어내어 소수 자본가들의 뒤를 대주었고, 숨막히는 반공논리를 퍼뜨리며 노동자의 기본권마저 짓밟았던 자본가의 천국이요, 노동자의 지옥이었다. 한 마디로 말하여 박정희 정권은 남한 부르주아지의 성장을 군사적 정신으로 촉진시킨 정권이었고, 전두환 정권은 남한 부르주아지의 위기를 폭압과 강권으로 헤쳐나간 권력이었다. 전두환의 광주시민 학살은 남한 자본의 위기를 돌파하기 위한 독재의 노골적 표현이었다. 그러하기에 "경제발전을 위해서는 혁명적 독재가 요구되었다. 5공화국의 과오는 혁명적 독재에 자꾸 합법

의 외피를 씌우고자 했던 데 있었을 뿐이다"라고 전두환의 부하 허문도는 남한 부르주아지의 입장을 당당하게 말하였던 것이다.

여·덟·번·째·마·당
지금 우리는 어디로 가고 있을까

역사상 인간이 겪은 가장 거대한 혁명은 신석기혁명이라 한다. 나는 중학교 시절 이 이야기를 토인비의 『대화』를 통해 접한 적이 있었는데, 석기시대에 무슨 혁명이 일어났다고 하는 것인지 그때는 이해할 수 없는 이야기였다. 세계사 교과서에 씌어진 바에 의하면 기원전 8000년에서 기원전 4000년 사이에 인간의 생산활동 양식에 중대한 변화가 진행되었으니, 수렵생활에서 목축생활로, 채집생활에서 농경생활로 넘어가는 변화가 바로 그것이다.

지금은 사냥이 고급 취미생활의 하나로 되었지만, 사냥에 의존하여 연명한다고 생각하면 참 고난에 찬 생활의 연속이었을 것이다. 한 마리의 노루를 잡기 위해 몇 개의 산을 넘고 넘어야 할까? 노루를 잡기 위해 깊은 산속으로 들어갔는데 난데없는 폭설이 내리고 눈밭에서 빠져나오지 못하고 그대로 얼어죽는다면? 개와 닭, 소와 양을 기르면서부터 사냥의 불안정에서 벗어나 안정적인 단백질 공급원을 확보하게 되었던 것이다.

지금으로부터 1만 년 전, 메소포타미아 지역을 떠돌던 여인들에 의해 씨앗의 존재가 최초로 발견되었다고 한다. 수박을 먹고 '퉤!' 뱉은 씨들이 해가 바뀌고 와서 보니 커다란 수박으로 자라나 있더라는 것이다. 이 씨앗의 발견이 무슨 대단한 혁명적 변화를 가져다주었을까 의아해할 수도 있으나, 씨앗의 발견으로 인간은 떠돌이 채집생활을 마감하고 농경생활에 들어감으로써 채집과 비교가 되지 않는 많은 농작물을 확보할 수 있게 되었다. 농경생활은 정착생활을 가능하게 해주었고, 정착생활을 하면서 인류는 마을과 도시들을 만들어가게 된 것이다.

목축생활과 농경생활은 남녀의 관계에 중대한 변화를 몰고 온다. 수렵과 채집에 의하여 종족의 삶을 재생산하였던 신석기 혁명 이전의 시기, 남성은 별 볼 일 없는 존재였다. 노루나 토끼를 잡는 일에 종사하는 남성들의 수렵노동은 그 성과가 너무 불안정하여 그들의 노동에 의지해서는 종족의 삶이 유지되지 못하였다. 역시 여성들의 채집노동이 매우 확실한 성과를 가져다주었다. 여기에다가 종족을 번식하는 출산과 육아까지 여성이 담당하였으니, 그 시절, 1만 년 전의 구석기 시절, 여성의 목소리가 굵었을 것이라는 추정은 매우 자연스럽다. 구석기시대, 인류는 여성 중심의 씨족사회를 살았는데, 종족의 유지와 재생산 활동에서 여성이 중심적 역할을 하였고 남성은 부차적 역할을 담당하였던 것이다.

그런데 채집이 농경으로 바뀌고 수렵이 목축으로 바뀌면서, 남성의 노동력이 돋보이기 시작하였다. 힘들고 거친 농경과 목축을 남성이 담당하면서, 조금씩조금씩 남성과 여성 간의 존재 의의가 달라져갔던 것이다. 남성들은 자신의 노동으로 성취한 재산을 사유하기 시작하였다. 남성들은 자신의 사유재산을 아들에게 물려주고자 하였다. 아내에게서 낳은 자식이 자신의 아들임을 보장받기 위해 남성들은 이제 여성에게 다른 남성과의 교접 행위를 금기시켰다. 성경에 나오는 간통죄는 여성에게만 가해지는 형벌이다. 여성의 간통은 남성에게 도둑질과 마찬가지다. 남성의 입장에서 보았을 때 자신의 재산을 다른 남성의 아들에게 넘겨주는 것만큼 큰 도난이 또 있겠는가. 판도라의 상자처럼 이 사유재산의 상자에서 간통과 도둑이 나오고, 거짓과 살인이 나오고, 전쟁과 수탈이 나오게 된다. 기원전 8000년에서 기원전 4000년 사이에 진행된 신석기혁명의 끝에서 바로 오늘날 문명사회를 휘감고 있는 모든 악행의 못자리, 사유재산제와 가부장제가 터를 잡아가고 있었던 것이다.

나는 단군신화를 이런 맥락에서 읽는다. 환웅은 왜 곰과 호랑이에게 1백 일간 동굴 속에 머물러 있을 것을 요구하였겠는가? 단군신화에 나오는 곰과 호랑이는 곰 씨족의 여자와 호랑이 씨족의 여자였을 것이다. 모계 씨족사회에서 여성의 순결은 의미가 없었다. 그 시절 여성들은 자기의 씨족이 아닌 남성이라면 누구하고도 잠을 잘 수 있었던 것이다. 그래서 환웅은 여성의 순결을 확인하기 위하여 곰 씨족 처녀와 호랑이 씨족 처녀에게 1백 일 동안 동굴에 있을 것을 요구하였던 것이다. 비, 구름, 바람은 농경을 상징한다. 즉, 환웅은 아직 채집과 수렵으로 살아가는 곰 씨족과 호랑이 씨족에게 농경문화를 전파한 사람이다. 신석기혁명이 끝나가는 기원전 4000년 그 어느 시점에, 단군과 같은 선진 문물의 보유자가 곰 씨족과 같은 후진 문물의 씨족들을 통합하면서 조선족이 시작되었다고 보는 것은 나의 지나친 상상일까?

앨빈 토플러는 신석기혁명을 제1의 물결이요 산업혁명을 제2의 물결이라 한다면, 정보화혁명을 제3의 물결이라 규정하였다. 나는 이러한 토플러의 견해에 동의하지 않는다. 왜냐하면 정보화혁명은 산업혁명의 연장선에 있는 기술혁신일 따름이지 산업혁명 속에서 성장한 자본주의적 경제체제를 근본적으로 바꾸어 놓는 사회는 아니라고 생각하기 때문이다. 정보화사회는 굴뚝 공장에 토대한 산업사회와는 질적으로 다른 사회라고 앨빈 토플러는 주장한다. 정보화가 진행되면서 정말 눈코 뜰 새 없이 세상이 숨가쁘게 변하고 있음은 사실이다. 하지만 세상을 지배하고 있는 힘은 여전히 자본의 힘이 아닌가. 정보기술에 능통한 자들이 이 자본의 반열에 동참하여 변화가 발생하고 있는 것은 사실이지만, 노동자계급을 착취해야만 운동하는 자본의 본성이 바뀌지는 않았다. 정보혁명은 산업혁명의 한 연장 위에서 진행되는 기술혁신이지, 신석기혁명이나 산업혁명처럼 사회의 성격 자체를 전변시키는 혁명은 아니라고 생각한다.

그렇다면 신석기혁명과 산업혁명의 차이는 무엇일까 생각해보자. 신석기혁명이 정착생활을 가능하게 했다면, 산업혁명은 농촌을 파괴하고 인간을 도시로 내몰았다. 신석기혁명은 여성을 남성에게 종속시켰다면, 산업혁명은 여성을 경제활동의 무대로 다시 불러내었다. 신석기혁명이 사유재산 사회를 태동시켰다면, 산업혁명은 사유재산 사회를 완성하고 있다. 뭐, 이런 저런 차이를 열거할 수 있겠으나, 나는 무엇보다도 두 혁명의 차이를 시간의 길이에서 찾고 싶다. 신석기혁명은 기원전 8000년에서 기원전 4000년의 시기까지 무려 4천 년의 시간대에서 진행된 혁명이었다. 혁명이 진행되고 있음을 도저히 의식할 수 없는 미미한 변화들의 축적이 신석기혁명이었다면, 1760년 영국에서부터 시작된 산업혁명이 오늘까지 계속 진행되고 있다고 보았을 때 이 혁명의 기간은 대략 2백40년, 변화가 너무 격렬하여 우리의 삶을 매시각 뒤바꿔가고 있는 이 변화의 특질을 음미하기조차 힘들다.

문제는 이 혁명이 이곳 한국에서는 40년 만에 추진되어버렸다는 것이다. 나는 어려서 광주의 빈민촌에서 자랐다. 우리들의 놀이터는 광주를 에워싸고 있는 들판과 들판 사이를 흐르는 냇물이었다. 들판에서 메뚜기 잡고 냇가에서 미꾸라지 잡는 일이 우리들의 놀이였다. 1960년대의 한국이 그랬다. 1970년대, 어느 날 학교에서 돌아와보니 텔레비전이 우리 방에 들어앉아 있었다. 너무 신기하였다. 고등학교 때 냉장고라는 것을 처음 구경하였고, 대학교 때 컬러텔레비전이 집에 들어와 코리언 시리즈 삼성 대 해태 전을 보았다. 1980년대 중반, 결혼을 하고 먹고 살기 위해 번역을 하면서 볼펜으로 원고지에 끄적거렸다. 1990년대 초반까지 나는 대우전자에서 나온 르모를 고집하다가 마침내 386컴퓨터에 항복하고 말았다. 지금은 컴퓨터 없이 글을 쓴다는 것은 상상할 수도 없다.

지난 40년, 아마도 우리들만큼 '격변의 현실'을 경험한 세대도 드물 것이다. 전 인류사, 동양과 서양을 통틀어 비교해도 우리들만큼 '격동의 시대'를 산 세대를 찾아내기는 어려울 것이다. 우리들의 부모님은 '전근대적인 농촌사회'를 살았다. 한 세대가 바뀌어 우리는 '근대적인 도시 생활'을 하고 있다. 그런데 지금 우리의 아이들은 컴퓨터 속의 '가상공간'을 비집고 다닌다.

우리는 직접 한국전쟁을 겪지는 않았지만, 전후의 폐허와 빈곤, 굶주림을 겪으면서 유년기를 보냈다. 젊은 시절 독재정권에 항거하면서 '타는 목마름으로' 정의와 자유를 갈구하며 살아온 우리는 확실히 '근대적 인간'들이다. 나이 마흔을 넘겨 '근대'의 안정을 누리려 하는 찰나, 서태지가 나오고 HOT가 나오면서 알아듣기 힘든 대중가요가 우리의 귀를 시끄럽게 한다. 우리는 대문 앞에 떨어져 있는 한 통의 러브레터에 가슴 설레며 자랐는데, 요즘 아이들은 새벽 한시까지 침대에 벌렁 누워 핸드폰으로 사랑의 대화를 나눈다.

우리의 부모님이 전근대적 사회에서 살았고 우리가 근대적 세계에서 살아온 것은 분명한 사실이나, 과연 우리의 아이들이 어떤 세계를 살고 있는 것인지, 학자들이 말하는 이른바 '포스트모던의 세계'를 살아가고 있는 것인지 나는 모르겠다. 한 가지 분명한 것은, 지난 1960년대부터 오늘에 이르는 이 짧은 시간대 위에서 너무나 엄청난 변화가 격렬하게 진행되고 있다는 것이다. 지금 우리는 어디로 가고 있을까?

생산의 계속적인 변혁, 모든 사회관계의 끊임없는 교란, 항구적인 불안과 동요가 부르주아 시대를 그 이전의 모든 시대와 구별지어준다. 굳어지고 녹슬어버린 모든 관계는 오랜 세월 동안 존중되었던 편견이나 견해와 함께 사라지며, 새롭게 형성되는 모든 것들은 미처 골격을 갖추기도 전에 낡은 것이 되어버린다. 모든 신분적인 것, 모든 정체된 것은 증발되어버리고, 모든 신성한 것은 모욕당한다. 그리하여 사람들은 마침내 자기 삶의 실제적인 조건들, 타인과의 관계를 냉정한 눈으로 바라볼 수밖에 없게 된다.

아·홉·번·째·마·당
이기적 타산

어머님은 참으로 정이 많은 분이셨다. 내일 먹을 양식이 없어도 친지들이 방문하면 밥이며 김치며 다 내줘버려야 직성이 풀리시는 분이었다. 지나가는 연탄장수, 엿장수며 불쌍하게 보이는 분들이 있으면 집으로 모셔와 따뜻한 밥을 먹이셨고, 입다 남은 옷들을 모아다 그분들에게 입히셨다. 1970년대 광주에서의 일들이다. 가난했지만 서로 돕고 살았던 농촌의 소박한 공동체적 삶을 나는 어머니에게서 보았다.

사회적 존재가 인간의 의식을 규정한다고, 어머니의 소박한 농촌적 의식이 자본주의의 이기적 의식으로 대체되었던 것은 1970년 후반 서울의 신림동 시장통으로 이사온 후부터였다. 나는 어머님의 변질을 고통스럽게 지켜보았다. 어느 날인가부터 어머님은 나에게 "돈 없으면 서러운 것이여"를 타령조로 늘어놓기 시작하였다. "친구 집에 가더라도 수박 한 통 사들고 가야지, 빈손으로 가면 눈치 보인단다"라는 거래관계를 주입시키기 시작한 것도 그때부터였다. 그 소박했던 해남의 어머니가 모든 인간관계를 돈으로 계산하는 서울의 어머니로 변질되어버린 것이다. 그렇게 변질시켰던 것은 서울의 신림동, 그곳의 시장통 논리였음을 나는 주저 없이 말할 수 있다.

어머니와 나는 일요일이면 신림동의 교회에 나갔다. 내가 어머님께 드릴 수 있는 효도의 선물이 그것이었다. 덕택에 나는 성경 공부도 하게 되었고, 반도의 빈민들이 울부짖는 부흥회의 절망을 여러 차례 목격할 수 있었다. 대학에 들어간 지 한 달이나 되었을까? 그날도 어머니와 나는 평화롭게 교회에 갔다. 목사는 이렇게 설교하였다. "예수님이 주신 새 계명이 무엇입니까? 너의 몸과 마음을 다하여 하느님을 사랑하라고 말씀하셨습니다. 성도 여러분, 이 말씀을 믿습니까? (아멘!) 너의 몸과 마음을 다하여 하느님을 사랑하라고 예수님은 말씀하셨거늘 여러분은 오늘 어떻게 사랑하고 있습니까? 그렇습니다. 우리는 나약한 인간입니다. 그러하기에 우리의 몸을 바쳐 사랑할 수 없는 것입니다. 성도 여러분, 우리 몸 다음으로 소중한 것은 무엇입니까?"

그렇게 노골적으로 돈을 내라는 목사를 나는 처음 보았다. 나는 교회에 불을 질러버리고 싶었다. 20대 청년의 순결이 분노로 터져버린 것이다. 아무리 교회와 자본주의가 간통한다 하더라도 이렇게 무지몽매한 백성들을 우롱할 수 있단 말인가. 이후 오랫동안 나는 교회에 가지 못했다. 어머님은 이후로도 상당 세월을 교회의 품속에서 살았고, 그곳에서 정신의 안식을 누렸다. 1988년이던가. 어느 날 어머니는 자신의 목에 차고 다니던 십자가 목걸이를 벗으셨다. "엄니, 왜 십자가를 버린다요?" 나는 물었다. 어머니는 이렇게 대답하셨다. "교회가 너무 타락해부렀시

제1장 역사와 의식

야. 돈이 없으면 다닐 수가 없응께."

정말이지, 어머님은 충직한 신도였다. 새벽이면 일어나 부엌에서 홀로 기도를 올리셨고, 밥을 지으면서 찬송가를 부르셨고, 저녁이면 성경책에 빨간 줄을 그어가면서 공부하셨다. 신앙심 하나로 그 힘든 고난의 가시밭길을 걸어오신 분이 십자가를 내려놓기로 결심하신 순간, 어머님의 정신력, 어머님의 의식, 어머님의 삶은 가라앉아버렸던 것이다. "부르주아지는 종교적 광신, 기사적 열광, 속물적 감상 등의 성스러운 황홀경을 이기적 타산이라는 차디찬 얼음물 속에 집어넣어버렸다." 부르주아적 이기적 타산은 내 어머님의 종교적 열정의 숨통마저 조여갔던 것이다.

열·번·째·마·당
악랄한 세상

사회가 악랄해졌다. 언제부턴가 아이들을 밖에 내보내기가 두려워졌다. 우리 어렸을 때에야 밤이 깊도록 동네 아이들과 숨바꼭질을 하며 놀다 와도 부모님이 걱정하지 않았고, 여고생이 밤늦도록 도서관에서 공부를 하다 와도 그러려니 하며 살았는데, 언제부턴가 대낮에도 아이들을 밖에 내보내기가 두려워졌고, 어두워졌는데 딸아이가 집에 당도하지 않으면 어머니들은 불안에 떨게 되었다. 언제부터 우리 사회가 이렇게 험악하게 되었는지 꼭 집어 말한다는 것은 힘든 일이나, 나의 경험에 의하면 1984~1985년쯤이 아니었나 싶다.

한 여인이 남편을 죽여주면 여관을 팔아 1억 원을 주겠다는 조건으로 청부 살인극을 벌인 사건이 있었던 것은 1984년 3월이었을 것이다. 보험금을 노린 아내가 자동차 사고로 병원에 누워 있는 남편을 죽인 사건도 이즈음의 일이었을 것이다. 이 독부(毒婦)는 어린 아들과 짜고서 남편을 죽인 것이다. 아들이 준 우유에 청산가리가 들어 있을 줄 누가 상상이나 했겠는가? 사람을 죽여서라도 돈을 벌어야 한다는 생각, 이 생각이 뭐가 잘못이냐

따져 물을 때 특별히 분노하지 못할 만큼 우리의 의식은 급격히 마비되어버렸다. 어린아이들이 먹는 과자에 독극물을 넣고 기업주에게 협박전화를 하여 돈을 뜯어내는 사건들이 이어졌고, 동네에서 놀고 있는 아이들을 잡아다가 금품을 요구하는 유괴사건 역시 이즈음에 본격화되었던 것 같다. 그래서 "모르는 아저씨가 과자를 주면 먹지 마라"는 훈계를 어린아이들에게 하기 시작한 것도 바로 이즈음부터였다.

전국의 온 동네에 여관이며 모텔이 들어서기 시작한 것도 1984~1985년도의 일이다. 서울의 이발소 절반이 퇴폐이발소로 뒤바뀌고, 예쁜 아가씨가 없으면 술장사를 할 수 없게 된 것도 이즈음의 일이다. 전두환 정권하에서 대한민국은 한편으로 성장의 가도를 달리면서 한편으로 향락과 부패의 늪으로 빠져들고 있었다. 한 명당 40만 원씩 받고 5백여 명의 소녀들을 팔아먹은 인신매매단이 검찰에 붙들린 사건도 1984년 1월의 일. 10대 소녀들이 윤락가에 등장하기 시작했고, 그리하여 여고생 인신매매단이 활개를 친 것도 이때의 일이다. '밤길 걷기가 무서운 시대'가 시작된 것이다.

범죄 행위는 흉포해졌다. 포항에서는 20대 살인강도가 데이트를 즐기던 남녀를 붙들어 여자는 집단 폭행하고 남자는 산 채로 연못에 던져 죽였다. 맨주먹으로 싸우거나 몽둥이를 휘두르던 깡패들이 이제 일본에서 수입한 사시미칼로 상대를 난도질하는 싸움을 벌여나갔던 것도 이때. 골목마다 불량청소년들이 득실거려 학교에서 돌아오는 학생들을 붙들고선 돈을 빼앗는 것이 비일비재하게 되었다. "엄마, 학교 가기가 무서워요" 하며 초등학생들마저 불안에 떨게 되었다.

　1970년대만 하더라도 친지들의 집을 방문하는 것이 우리네 삶의 한 즐거움이었으나, 지금은 친구 집을 방문하는 것이 찾아가서는 안 될 집에 억지로 들어가는 기분이다. 아파트가 보급되면서 사람들은 잠금장치 하나로도 불안하여 잠금장치를 두 개 세 개씩 장착하기 시작하였다. 친지의 집에 가면 아파트 입구에서 수위가 "어디 가요?" 물으며, 신원을 확인하는 것도 이때 생긴 일. 주인은 인터폰으로 상대방의 목소리를 확인하고서야 문을 열어주는 세상이 되었다. 전 국민의 아파트화. 우리의 아름다운 인간관계는 갈기갈기 찢겨나갔고, 관계를 차단당한 우리들은 저마다 10평, 20평짜리 시멘트 굴속으로 유폐되어갔다. 여인들이 이 시멘트 굴속을 나와 은행에서 돈이라도 찾아올라치면 앞뒤를 부지런히 살피고, 접근자는 일단 도둑으로 의심하는 세상이 되었다.

열·한·번·째·마·당
성장주의의 죄악

1980년대에 들어와 대한민국은 본격적인 성장의 가도를 달렸다. 권력자들은 재벌 육성의 역사적 사명에 충실하였다. 재벌들에게 시중 금리의 절반도 되지 않는 저리의 특혜 금융을 물 푸듯 퍼주었다. 재벌들은 한편으로는 값싼 노동력을 이용하여 달러를 벌어들였고, 다른 한편으로는 부동산 투기를 하여 떼돈을 벌었다. 관료들과 짜고서 정부의 개발청사진을 먼저 입수하여 땅을 매점하면, 하루아침에 열 배 백 배의 이득을 거머쥘 수 있었던 것이 지난 1980년대였다. 1980년을 전후로 땅값과 집값이 열 배로 뛰었고, 1988년을 전후로 다시 부동산 값이 열 배로 뛰었던 것으로 기억된다. 이러하니 노동자들과 서민들은 죽어라 일을 하여 돈을 모아도 치솟는 집값을 따라잡기 힘들었다. 1990년대 들어오면 우리나라 민유지의 65퍼센트를 단 1퍼센트의 졸부들이 독점하게 된다.

지난 40년 동안 자본주의는 모든 재화를 상품화하였다. 예전엔 자식들의 옷을 어머니가 밤새워 만들어 입혔다. 틈나는 대로 뜨개질을 하여 겨울 스웨터를 짜 입혔던 것이 엊그제의 일만 같다. 자본주의는 이 자급자족 경제를 무자비하게 파괴해 나갔다. 그리하여 이제 우리는 여인의 따뜻한 손길이 묻은 옷을 입을 수 없게 되었다. 모든 재화가 상품화되어버렸기 때문에 '돈이 없으면' 한 발도 움직일 수 없는 세상, 돈이 없으면 죽어 장례도 치르지 못하는 살벌한 세상이 되어버렸다.

비극적인 일은 인간이 돈에 팔려간다는 것이다. 우리는 지금 인간이 돈에 팔려나가는 현실 속에 살면서 이것이 얼마나 끔찍한 비극인지 느끼지도 못하면서 살고 있다. 1백억대에 팔리는 박찬호와 박세리를 부러운 눈으로 선전하는 매스컴의 공세 앞에서 우리는 그렇게 높은 값으로 팔리지 못하는 자신의 무능을 탓하며 살 따름이다. 남자들은 돈의 전쟁터에 나가 전공을 올려야 한다. 할 수만 있다면 사기를 쳐야 한다. 할 수만 있다면 친구의 돈을 뜯어내 떼어먹는 것이 능력이요, 할 수만 있다면 형제들의 돈마저도 갖다 쓰고 갚지 않는 것이 능력인 세상이 되어버렸다.

대통령이란 자가 수천억 원의 비자금을 숨겨두고 있고, 재벌이란 자가 수조 원의 돈을 은행에서 빼다 쓰고 배 째라고 버티는 세상인데, 법은 왜 지켜? 대통령이 부정축재의 왕발인데, 청와대 직원들아, 여의도 의원님들아, 군바리들아, 할 수만 있으면 공금을 **빼먹어야지**. 윗것들이 사재 축재하는 데 눈이 벌게 있는데, 밑에 있는 공무원, 국장 과장들도 가만있을 수 있나. 세무원은 탈세를 눈감아주는 대가로 한 재산 챙기고, 경찰들은 포주와 짜고 놀고, 제약회사들은 의사와 주고받고, 교장은 학교 공금 빼먹는 일이 일상의 일이 되어버렸다.

검은돈은 검게 쓰인다. 재벌들이 권력자들을 모시고 청평 빌라, 북한강 비밀 요정에서 예쁜 여자 끼고 마시며 노는데, 아랫것들도 가만히 있을 수 있나. 도시의 주요 빌딩에 룸살롱이 불야성을 이루고, 이곳에서 공권력을 다루는 자들과 사업을 하는 자들이 함께 모여 "형님 좋고 매부 좋고, 건배!"를 외치며 놀아나는 것이다. 룸살롱만 놀이터냐, 단란주점이 주택가를 파고들고, 단란주점만 놀이터냐, 이제는 노래방마저 밤의 환락을 즐기는 곳이 되어버렸다.

먹고살기 위해서는 자신의 몸을 팔아야 하는 이 자본주의 사회에서 설거지와 청소하는 기능밖에 할 줄 아는 것이 없는 여인들이 생계를 위하여 자신의 몸을 파는 일은 부끄러운 일이 아니다. 식당에 나가 하루 열두 시간 일해도 월급 1백만 원 받기 힘든데 술집에 나가 두 시간만 미소를 팔아도 팁으로 5만 원을 벌고, 2차로 나가 손님과 짧은 잠을 자주면 20만 원을 버는 세상. 3백만 명이 넘는 여성들이 몸을 파는 이 세상은 미쳐도 단단히 미친 세상이다.

그리하여 1988년, 10년의 감옥생활을 마치고 더 큰 감옥으로 나온 김남주 시인 앞에 널린 대한민국은 '토악의 세계'였다. "그것은 유방에서 벗겨진 브래지어였고, 그것은 발정한 성기에서 빠져나간 콘돔이었다. 그것은 그것은 내가 인간이라는 사실에 구역질이 나는 토악의 세계였다." 내가 인간이라는 사실 자체가 견디기 힘든, 구역질 나는 세상이라면, 어떻게 이 시인이 숨을 쉬고 살 수 있겠나? 그래, 가셔야지. 감옥에서 나와보니, 대한민국 사람들 모두가 돈에 환장한 사람이 되어버렸음을 시인은 고통스러워했던 것이다. 작가들은 출판사에서 나오는 고료 몇 푼에 환장해버렸고, 미술가들은 그림 한 점 더 팔아먹으려고 환장해버렸고, 교수들도 연구비 한 푼 더 얻어 쓰려고 환장해버렸다. 이런 세상에서 합법적인 집회에 나가 말이나 팔아먹고 합법적인 잡지에 글이나 팔아먹는 자신의 40대가 너무나 추잡스러웠던 것이다. 그래 이 사회의 환부가 시인의 몸속으로 들어와 암이 되어 자랐던 것이다.

돈에 미쳐버린 나라, 대한민국. 시인은 이렇게 기록하였다. "돈 앞에서 흘리지 않는 웃음 없고, 걷어올리지 않는 치마 없지요. 우리나라 좋은 나라지요. 돈 앞에서 굽히지 않는 허리 없고, 꿇지 않는 무릎 없지요. 우리나라 좋은 나라지요. 돈이면 다지요. 자본주의 사회에서는 시장에서는 섹스도 인격도 사고 팔지요."

서양에서 3백 년 동안 진행된 자본주의를 단 30년 만에 수입해버린 대단한 나라 한국, 그 한국 경제의 성장 과정은 전 세계인의 이목을 집중시킬 정도로 놀라운 신장세를 보여주었지만, 사람들은 그 화려한 성장 과정의 이면에 '인간이 죽어가고 있는 현실'을 굳이 외면해왔다. 인간은 인간관계이다. 내가 너를 만나 믿고 기뻐할 수 있을 때, 너와 나는 행복하다. 내가 너를 생각할 때마다 의심하고 배신감에 치를 떨 때 너와 나는 불행하다. 좋은 사람 만나는 것이 천당이요, 미운 사람 만나는 것이 지옥인 것이다. 물질의 팽만을 위하여 돌격하고 있는 그 순간, 한국인들은 그들 스스로 맺어왔던 아름다운 인간관계들을 하나 둘씩 잃어가고 있었다.

부르주아지는 사람의 인격적 가치를 교환가치로 해체시켰으며, 특허장에 의해 보장되거나 투쟁을 통해 얻어진 수많은 자유 대신에 단 하나의 파렴치한 자유, 상거래의 자유를 내세웠다. 한마디로 부르주아지는 종교적·정치적 환상에 의하여 은폐되어 있던 착취를 공공연하고 파렴치하며 직접적이고 잔인한 착취로 바꾸어놓았던 것이다.

열·두·번·째·마·당
잃어버린 자연, 파괴된 너와 나의 관계

부르주아지는 사람들을 타고난 상하관계에 묶어놓았던 온갖 봉건적 속박들을 가차없이 토막내버렸으며, 그리하여 사람과 사람 사이에 노골적인 이해관계, 냉혹한 '현금 계산' 이외에는 어떠한 관계도 남겨놓지 않았다.

"백인들의 도시에는 조용한 곳이라고는 없다. 아무 데서도 봄바람에 흔들리는 나뭇잎 소리며 벌레들이 날아다니는 소리를 들을 수 없다. 아마 내가 야만인이어서 이해를 못하기 때문이겠지만 소음은 내 귀를 상하게 한다. 만일 사람이 쏙독새의 아름다운 울음소리나 밤의 연못가에서 개구리의 울음소리를 듣지 못한다면 인생에 남는 것이 무엇이 있겠는가?"

시애틀 추장이 남긴 마지막 연설문이다. 늘 다시 읽어도 시애틀 추장의 목소리가 나의 가슴에 울림을 주는 까닭은 그의 예고가 우리들의 삶의 가장 깊은 고뇌를 건드리고 있기 때문일 것이다. 작게는 1천만 명, 많게는 5천만 명의 인디언들이, 아니 정확히 말하여 아메리카 대륙의 원주민들이 한 세기 만에 태평양 건

제1장 역사와 의식   93

너 아메리카에서 사라져갔다. 세계무역센터가 두 대의 비행기에 의해 허물어져 내린 그때, "비겁한 자들이 우리의 자유를 침탈하였다"고 말한 조지 부시의 오만함 그대로 지금은 백인들이 자신의 소유인 것으로 주장하지만, 그 아메리카 대륙은 사실 백인의 소유가 아니라 아메리카 원주민의 소유였던 것이다.

우리들은 백인들의 인디언 침탈을 아주 먼 옛이야기로 생각하기 쉽다. 한 5백 년 전의 일이었을까? 그렇고 그런 한 미개 종족을 유럽의 문명인들이 정복한, 역사의 저 구석에서 일어난 소소한 사건으로 생각하기 쉽다. 그러나 이 일은 유럽의 열강들이 동양을 침탈해 들어오던 19세기 중반에 벌어진, 이른바 제국주의의 아시아 침략과 동시대에 벌어진 최근세의 일이다. 그러니까 일본놈들이 동학농민군을 죽이고 전봉준을 잡아다 죽이던 바로 그 무렵, 지구의 저편에서는 아메리카의 이로쿼이족, 수족들이 사라져가고 있었던 것이다.

5천 년 동안 아메리카 대륙에서 평화롭게 살아온 한 부족이 사라지면서, 그 부족의 추장이었던 시애틀은 무어라 말하였던가? 쏙독새의 아름다운 울음소리를 듣지 못한다면 인생에 남는 것이 무엇인가? 나의 소유가 아닌 이 땅을 팔 권리가 우리에게 없거니와 도대체 땅을 어떻게 매매할 수 있단 말인가? 그는 말한다. "향기 나는 꽃은 우리의 자매요, 곰과 사슴과 큰 독수리는 우리의 형제요, 바위며 수풀의 이슬이며 조랑말의 체온 이 모든 것이 한 가족이다. 시내와 강을 흘러내리는 반짝이는 물은 우리 조상의 피요, 졸졸 흐르는 물소리는 내 아버지의 아버지의 목소리. 그리고 강은 우리의 형제다."

나는 서울이 싫다. 철없이 보따리 하나 메고 서울에 올라왔던 1975년. 서울 인사동 거리의 독서실에서 고독한 날들을 보내던 시절만 하더라도, 서울에는 그래도 약간의 낭만이 어른거리고 있었다. 신림동에서 서울대학교로 이어지는 너른 들판에는 벼가 자라고 있었고, 관악산에서는 향기로운 바람이 불어대고 있었다. 지금은 이 자리가 탐욕의 마을로 변해 있다. 대학교 때 '강 건너 술집'에서 주모가 날라준 막걸리에는 인정이 넘쳐흘렀지만, 지금 신림동의 술집에는 이욕만이 창궐하고 있다. 신림동에서 술을 마시면 술을 마시는 것이 아니라 흡사 구정물을 흡취하는 것 같다. 그래 나는 서울이 싫다. 온통 건물과 도로로 도배질된 서울의 회색빛. 서울에서 자라나는 나무들은 잎마저 잿빛이다.

서울이 싫어 고향인 광주로 내려왔건만, 몇 년이 지나지 않아 광주도 서울이 되어갔다. 1995년도인가. 조그만 도시 광주를 에두르는 순환도로를 놓는다며 광주와 무등산을 잇는 산자락을 파헤쳐버렸다. 광주는 무등을 보며 사는 도시인데, 언제부턴가 광주에서 무등산이 보이질 않고, 이제는 무등을 쳐다보아도 감흥이 일지 않는다. 산자락을 잘라내고 산속으로 지하터널을 뚫어 도로를 만들었으니, 이 지대를 삶의 터로 삼았던 새들이며 곤충들이 다 어디로 갔겠는가?

가만히 생각하여 보면 우리 세대야말로 가장 거대한 범죄를 저질러온 범죄집단인지도 모른다. 근대화와 성장제일주의를 부르짖으며 풍요와 편리를 추구해온 1970년대에서 2000년을 살아온 우리 세대야말로 선조들과 후대들에게 돌이킬 수 없는 범죄를 저질러버린 것이 아닌가. 한 세대의 편리를 위하여 어떻게 산을 잘라버리고 뚫어버릴 수 있는 것인지. 미국의 백인들이 인디언들을 청소하기 위하여 대륙의 들소 떼를 살육했던 것처럼 우리 역시 이 땅에 거처하는 생명체들에게 똑같은 범죄를 자행하고 있는 것이 아닌가? 개구리는 어디로 갔는가? 봄날의 제비며 꾀꼬리는 어디로 갔는가? 그 맑던 시냇물은 어디로 갔는가?

서울이 싫어 광주로 내려온 나는 다시 광주를 버렸다. 지금 내가 거하고 있는 곳은 지리산의 계곡물이 흘러와 닿는 남원의 한 촌구석. 봄이면 뻐꾸기의 울음소리가 처량하게 울려퍼지고, 여름이면 살구 열매가 하늘을 덮을 정도로 무성히 열리며, 가을이면 갈대의 잎사귀들이 외로움을 달래주는 곳, 겨울엔 폭설에 싸여 고립을 즐겨야 하는 이곳에 와 잠시 영혼의 안식을 누리고 있다.

우리는 지난 30년, 유럽에서 3백 년 동안 진행되어온 자본주의 문명을 단숨에 수입해버렸다. 성장제일주의의 깃발을 앞세우고 새마을노래를 부르며 근대화를 향해 달려온 지난 30년, 그리하여 물질만능주의니 황금만능주의의 폐해를 지적하는 것이 오히려 진부한 언어가 되어버린 지금, 우리가 안고 있는 고통의 중심이 어디에 있는지 냉정하게 보아야 한다고 나는 생각한다.

나는 자연을 아끼고 생명을 존중하는 모든 분들의 마음을 존중한다. 우리가 작은 풍요와 서푼어치의 편리를 위하여 얼마나 거대한 자원을 낭비하고 있으며 얼마나 끔찍한 범죄를 저지르고 있는지 몸으로 깨닫는 데에는 한 시간의 명상도 필요하지 않다. 걸어가도 되고 버스를 타고 가도 되는 것을 우리는 너나 할 것 없이 자가용을 몰고 다닌다. "옛날에는 부르주아지의 상징이었던 자가용을 요즘에는 백수나 거지나 개나 소나 다 몰고 다닌다"는 것이 나의 술안주 타령감의 하나인데, 생각하면 할수록 우리는 너무 많은 소비를 즐기고 있다.

그렇게 하여 자연환경을 얼마나 훼손하고 있는지를 설명하는 일은 아이들에게 맡기자. 내가 꼭 주장하고 싶은 것은, 성장제일주의의 깃발 아래 30년의 개발투쟁을 한 이래 우리가 파괴한 것은 산이며 강이며 하늘이며 땅만이 아니라는 것이다. 지난 30년 성장제일주의를 부르짖으며 물질의 풍요만을 향해 달려온 오늘, 우리가 반성해야 할 것은 '잃어버린 자연'만이 아니라 '파괴된 너와 나의 관계'가 아닌지. 신영복 선생이 화두처럼 강조하는 너와 나의 관계가 황폐화되어버린 이 지점이야말로 오늘 우리가 안고 있는 고통의 중심이 아닐지.

열·세·번·째·마·당
불안

나는 『공산당선언』을 대할 때마다 마르크스의 통찰 속에서 소름끼치는 섬뜩함을 느낀다. 부르주아적 생산력이 본질적으로 안고 있는 특성의 하나로서 '불안'에 관한 지적이 그 하나이다.

펜촉으로 글을 쓰던 마르크스가 컴퓨터로 글을 쓰고 있는 오늘의 시대에 살았더라면, 이 문장을 어떻게 정정할까. "불안, 그것은 현대 자본주의 사회의 보편적인 특질이요, 모든 병적 양상의 원천이다?" 삐삐의 사용법을 익히기도 전에 핸드폰이 나오고, 냉장고 같은 핸드폰이 무전기 같은 핸드폰으로, 무전기 같은 핸드폰이 여자들 스타킹에 집어넣을 만큼 작은 핸드폰으로 바뀌는 세상이다. 새로운 것을 가지고 낡은 것을 파괴하는 이 무제한적 전쟁에서 살아남으려면, 이건희의 구호대로 마누라와 성만 놓아두고 모든 것을 바꾸어야 한다나. 하지만 언제까지 자본의 명령대로 생존하기 위해 바꾸면서 살 것인가?

변화시키는 것은 좋은 일이다. 그런데 죽지 않기 위해 변화한다는 것은 이상한 변화이지 않은가? 우리는 세상의 모순을 변화시켜 나가기를 원하는 진보적 인사들이다. 그런데 아무리 좋은 변화라 할지라도, 무엇 때문에 변화시키며 어디로 가고 있는지도 모르면서 변화하지 않으면 죽는다고 엄포를 놓는 것은 맹목적인 변화요, 달밤에 체조하는 것과 같은 소외된 자기 운동이지 않겠는가? 어디로 가고 있는지 그 방향을 모르는 맹목적 운동이 바로 자본운동의 본질인바, 이 운동의 맹목성에 붙들린 현대인의 심리가 곧 '불안'인 것이다.

사업을 하는 친구들을 만나보면, 하루빨리 이놈의 장사 때려치우고 마음 편하게 살고 싶다고들 한다. 자본의 규모와 상관없이 모든 부르주아지는 내일 오는 어음을 막지 못하면 '사형 선고'를 당하는 것 같은 불안에 떨며 살고 있다. 그 부르주아지 밑에서 호구를 연명하는 노동자들 역시 존재의 불안 속에서 산다. 직장 상사에게 잘 보이기 위해 아부하고 아첨하는 까닭은 바로 직장의 불안 때문이다. 노동자의 아내들이 안 입고 안 쓰고 안 먹고 저축하는 것은 남편의 미래가 불안하기 때문이 아닌가? 그 부모들이 자식으로 하여금 공부 열심히 해야 한다, 좋은 대학에 가야 한다, 경쟁의 사다리 맨 위를 향하여 나아가라고 자식들에게 강제하는 것 역시 자식의 미래가 불안하기 때문이다.

우리는 불안에서 일어나 불안을 잊기 위해 잠들고 있는 것은 아닌지. 불안하게 잠에서 깨어, 불안한 차를 타고 직장에 가며, 언제 누구와 다툴지 모르는 불안 속에서 일하다가, 퇴근하면 이 불안을 잊기 위해 술 속으로 빠져들다, 불안 덩어리의 몸을 이끌고, 불안한 고층아파트로 올라가, 도둑에 대한 불안 때문에 걸어놓은 문 앞에서, 불안한 표정을 감추고 있는 부인이 열어주는 집 안으로 들어와, 불안한 말들을 주고받다, 불안을 잊기 위해 잠에 떨어지는 것은 아닌지.

이러한 현대인의 삶 속에 내재한 불안을 실존주의 문학가들은 '불안이 현대인의 본질'이라고 간파한바, 그 실존주의 문학가들이 마르크스에게 배워야 할 것은 현대인의 불안은 인간의 타고난 운명이 아니라 바로 부르주아적 생산양식이 강제하는 역사적이고도 경제적인 힘에 토대하고 있다는 것이다. 불안과 동요를 끝없이 강제하는 시대의 맹목성에 언제까지 인간이 끌려다녀야 한단 말인가.

생산의 계속적인 변혁, 모든 사회관계의 끊임없는 교란, 항구적인 불안과 동요가 부르주아 시대를 그 이전의 모든 시대와 구별지어준다.

열·네·번·째·마·당
세계화인가 미국화인가

부르주아지는 세계시장을 이용하여
모든 나라의 생산과 소비를 범세계적인 것으로 만들었다.

1995년 성수대교가 무너지던 날, 김영삼이 호주에서 "갱민 여러분, 이제 세계화의 시대입니다"라고 외치면서 세계화니 지구촌화니 하는 낱말들이 우리를 협박하기 시작했다. "근대화는 늦었어도 정보화는 늦을 수 없다"는 구호들이 우리의 귀를 따갑게 하면서 어디를 향해 가는 길인지 모르지만 더욱 빨리빨리 가야 한다고 재촉하며 위기감을 고조시켰다. 따지고 보면 김영삼이 외친 세계화란 소련이 무너진 이래 전 세계를 자본의 지배 아래 두려고 한 미국의 세계지배 전략을 남한 땅에서 대변한 것에 지나지 않는다. 마르크스가 1백50년 전에 밝혀놓은 '자본의 세계적 운동'을 무슨 위대한 것이라도 발견한 양 떠들어대었던 김영삼의 세계화 구호야말로 이 땅의 지도적 인사들이 얼마나 세계사의 흐름에 무지한 것인가를 반증하는 것 같아 씁쓸할 따름이다.

부르주아지는 모든 생산도구의 급속한 개선과 한없이 편리해진 교통수단에 의하여 모든 민족들, 심지어는 가장 미개한 민족들까지도 문명화시킨다. 저렴한 상품의 가격은 모든 만리장성을 무너뜨리고, 외국인에 대한 야만인들의 집요한 증오심까지도 여지없이 굴복시키는 부르주아지의 중포(重砲)이다. 부르주아지는 모든 민족에게 망하고 싶지 않거든 자신들의 생산양식을 도입하라고 강요한다. 그들은 소위 문명을 도입하라고, 즉 부르주아가 되라고 강요한다. 한마디로 부르주아지는 자신의 모습대로 세계를 창조하는 것이다.

나는 『공산당선언』이 남긴 세계화의 법칙을 대하노라면 늘 미국의 역사가 한 편의 영화처럼 떠오른다. 영국인들이 대서양 해변에 도착하여 식민지를 개척한 이래 미국의 역사는 '끝없는 정복과 팽창의 역사'였다. 뒤집어보면 더는 정복할 대상을 찾지 못하는 순간부터, 그러니까 팽창의 운동이 멈추는 순간부터 미국의 역사는 자기 파멸의 코스로 나아갈 수밖에 없지 않나 하는 생각을 한다.

1776년 영국으로부터 독립한 미국은 독립전쟁에서 승리한 그날 밤 애팔래치아 산맥 서쪽에 살고 있던 인디언 5대 부족을 섬멸시킨다. 애팔래치아 산맥의 동쪽은 백인들이 점유하고 서쪽은 인디언이 산다는 약속을 하룻밤에 짓밟아버렸던 것이다. '정직'의 대명사 워싱턴 대통령이.

1812년 미국은 프랑스로부터 미시시피 강 유역의 대평원인 루이지애나를 매입한다. 루이지애나를 프랑스에게서 매입했다는 것도 인디언의 입장에서 보면 기가 막힐 일이다. 미국은 유럽정복전쟁으로 인하여 재정 곤란에 빠진 나폴레옹으로부터 아주 싼 값에 루이지애나를 매입하면서 이곳의 독점적 지배권을 인디언에게 강요했다. 인디언 부족들 중 가장 높은 수준의 문명을 자랑하던 이로쿼이족이 미국인들의 강압에 못 이겨 3천 킬로미터가 넘는 이주 길에 오른다.

1830년 미국은 멕시코를 침공한다. 멕시코 수도를 침공하여 미국은 강제로 텍사스 일대를 빼앗는 데 성공한다. 그러니까 텍사스와 로스앤젤레스로 이루어진 광대한 땅이 사실은 멕시코 땅이었던 것이다. 지금 멕시코인들이 이 지역으로 몰래 들어오면 미국인들은 불법이주민들이라며 체포하여 감옥에 집어넣고 있는데, 알고 보면 도둑이 주인 행세 하는 꼴이다.

1848년은 골드러시의 해. "넓고 넓은 바닷가에 오막살이 집한 채, 늙은 아비 혼자 두고 영영 어디 갔느냐"로 불리고 있는 〈클레멘타인〉은 사실 번역을 완전히 잘못한 것. 〈클레멘타인〉은 캘리포니아 일대의 산에서 거대한 금광이 발견되었다는 소식이 미국의 동부로 전해지자 일확천금을 꿈꾸는 동부의 밑바닥 인생들이 서부로 서부로 몰려와 끝내는 금을 만지지 못하고 폐인이 되어 산속에 갇혀 사는 슬픈 이야기를 노래로 만든 것이다. 따라서 "넓고 넓은 바닷가"가 아니라 "깊고 깊은 산속에"라고 노래해야 할 것이다.

이렇게 하여 1600년 초부터 개척되기 시작한 미 대륙의 프런티어가 1848년도에 이르러 태평양 연안까지 도달한 것. 이제 동부에서 서부까지 이을 대륙횡단철도의 건설이 미국 사회의 주된 과제로 떠오르는데, 횡단철도의 노선 결정을 놓고 남부 주들과 북부 주들 간에 이해 대립이 팽팽하게 전개된다. 미국의 남북전쟁은 노예를 해방시켜주기 위해 벌인 링컨의 성전(聖戰)이 아니었던 것. 미국의 남북전쟁은 남부 주들과 북부 주들 간의 패권다툼이었던 것이요, 진시황의 천하통일 전쟁처럼 주정부에 대한 연방정부의 헤게모니 확립 전쟁이었던 것이다. 오늘날의 '미합중국'은 1865년 남북전쟁을 통하여 비로소 확립되었다고 보아야 할 것이다. 이후 미국은 본격적인 산업화에 돌입하는데, 카네기나 록펠러와 같은 대재벌들이 남북전쟁 속에서 횡재를 하였다고 한다.

한편 1868년 미국은 러시아로부터 알래스카를 매입한다. 눈과 얼음뿐인 알래스카의 지하에 천연자원이 그득 들었을 줄 누가 알았으리요. 러시아는 이 천연자원의 보고를 헐값에 넘긴 것이다. 미국인들은 아메리카 대륙의 중앙에만 만족하지 않고 그 대륙의 북쪽 한 덩어리를 먹은 것이다.

1898년은 미국이 스페인과 한판 붙은 해. 스페인은 당시 중남아메리카를 호령하는 실력자였고, 멀리 필리핀까지 지배하고 있었다. 스페인을 누른 미국은 이제 중앙아메리카 쪽으로 정복의 발길을 옮기기 시작하였고, 멀리 아시아의 필리핀까지 먹게 되었다. 1904년 일본과 가쓰라 – 태프트 밀약을 맺을 때, 미국은 일본의 조선 강점을 인정하는 대신 미국의 필리핀 지배를 인정받는 분할협정을 맺었다 한다.

제2차 세계대전에서 원자폭탄을 터뜨린 나라는 미국. 우리는 원자폭탄의 사용을 너무 당연한 공격 행위로 배웠으나, 가만히 생각해보면 원자폭탄 사용처럼 야만적인 살육 행위는 인류 역사에서 찾아볼 수 없다. 티엔티 4만 톤 분량의 위력을 발휘하는 원자폭탄 한 방으로 히로시마 주민 12만 명이 목숨을 잃은 것은, '평화와 민주주의'를 수호한다는 전쟁의 명분과 너무 극적으로 대비된다. 전쟁이란 무장한 군인이 무장한 군인과 수행하는 살육 행위이다. 무장한 군인이 백기를 든 군인을 죽이는 것도 비인도적 처사다. 하물며 민간인을 죽이는 것은 반인륜적 야만행위. 미국은 히로시마의 민간인들을 죽여버린 것이다. 원자폭탄의 피해자는 일본만이 아니라 조선이기도 하다. 당시 히로시마에 거주하고 있었던 조선인들은 원자폭탄의 피폭 피해를 아직도 겪고 있다.

1950년 한국전쟁에서 미국인이 쏟아부은 폭탄의 양은 제2차 세계대전에서 쏟아부은 폭탄의 양과 맞먹는다고 한다. 북한 땅으로 날아간 미군 비행기가 폭격할 대상을 찾지 못하고 돌아왔다는 것은 유명한 이야기이다. 북한은 미군의 폭격으로 2층짜리 건물 하나 없는 석기시대의 땅으로 돌변한 것이다.

1965년 미국은 프랑스가 지배하던 베트남을 침공한다. 닉슨 대통령이 주도한 하노이 폭격은 끔찍했다. 베트남의 정글지대를 아예 없애버리기 위해 고엽제를 살포하였고, 아직도 베트남 참전용사들은 고엽제의 후유증을 앓고 있다.

"자신의 생산물의 판로를 끊임없이 확장하려는 욕구는 부르주아지로 하여금 지구의 구석구석을 누비게 한다. 부르주아지는 가는 곳마다 정착하여야 하고, 가는 곳마다 뿌리를 내려야 하며, 가는 곳마다 연고를 맺어야 한다"는 마르크스의 지적은 너무 탁월한 지적이기는 하나, 약소국의 입장에서 보았을 때 부르주아지의 탐욕의 손길이 얼마나 가혹한 것인가를 마르크스는 생략하였다. 아프가니스탄을 초토화하고 이라크를 집어삼키고 있는 미국의 침략성이 다음에는 어디로 뻗을 것인지, 강자의 이 야만적인 폭거 아래 인류는 떨고 있다.

　세계화는 자본운동의 보편적 법칙이다. 세계화 속에서 민족 상호간의 의존이 심화되어 나가는 시대적 추세를 우리는 간과해서는 안 되겠지만, 세계화가 미국의 야만적 행위를 정당화시키는 논리로 이해되어서는 곤란할 것이다.

열·다·섯·번·째·마·당
최후의 농민반란

부르주아지는 농촌을 도시의 지배에 종속시켰다. 부르주아지는 거대한 도시를 만들고, 농촌 인구에 비해 비교가 되지 않을 만큼 거대한 도시 인구를 만들어냄으로써 인구의 대부분을 우매한 농촌생활로부터 건져냈다. 부르주아지는 농촌을 도시에 종속시킨 것과 마찬가지로 야만적 또는 반(半)야만적 나라들을 문명국에, 농업 민족을 부르주아 민족에, 동양을 서양에 종속시켰다.

서울에서 광주로 내려오는 고속버스를 탔는데, 고속버스 기사님이 흥분한 목소리로 "지금 논산 쪽이 다 막혔어. 농민들 시위 차량이 도로를 점거해버렸어"라 말한다. 고속버스에 타기가 무섭게 잠에 떨어지는 나는 이 소란에 눈을 떠 차창 밖을 내다보았다. 농민들이 탄 전세버스가 아주 더딘 속도로 서울을 향해 진격하고 있었다. 어쩌면 지금 우리 농민들은 최후의 반란을 벌이고 있는지 모른다는 생각이 들었다. 1894년 동학농민군들이 일본놈들에게 쫓기고 쫓기다 전라남도 장흥에서 최후의 전투를 벌였듯. 그 무렵 미국의 인디언들이 양키들의 학살에 최후의 저항을 하였듯.

소련이 무너지면서 한순간 세계는 미국의 손아귀에 빨려 들어갔다. 미국의 횡포 앞에 "안 돼요!"라고 따질 수 있는 나라가 없어진 것이다. 미국이 1990년대 이래 우루과이라운드다, WTO다, 약소국의 무역규제권한을 폭력적으로 강탈해 나갔던 것도 다 이런 국제적 역학관계의 전변에서 비롯되었던 것이다. 문제는 강대국의 협박에 대응하는 민족의 주체적 태도 여부에 있다. 프랑스는 아직까지 영화시장만큼은 미국에게 개방하지 않는다고 하지 않는가? 민족의 혼도 배알도 없는 한국의 지배세력은 미국의 충견이 되어, 한마디 거부의사도 밝히지 못하고 질질 끌려만 갔다. 노태우도 김영삼도 김대중도 다 마찬가지였다. 그렇게 하여 재벌들의 부는 늘어가겠지만, 쏟아지는 미국의 농산물 밑에 깔려 죽는 농민들의 원성이 지금 대한민국 고속도로를 뒤덮고 있는 것이다.

3천 년 동안 한민족을 먹여살려온 농민들이, 지금 상여에 실려 북망산에 묻히고 있다. 농촌에서는 아이의 울음소리가 더는 들리지 않는다. 농민들이 사라지면 다시는 농촌은 돌아오지 않을 것이고, 농촌이 사라지면 우리의 어머니 아버지가 뛰놀았던 그 자연은 다시 볼 수 없게 될 것이다.

열·여·섯·번·째·마·당
놀라운 생산력, 그것의 변증법

부르주아지는 백 년도 채 못 되는 지배 기간에 과거의 모든 세대가 만들어낸 것을 다 합친 것보다 더 많고 더 거대한 생산력을 만들어내었다. 자연력의 정복, 기계 장치, 공업 및 농업에서의 화학의 응용, 기선, 철도, 전신, 세계 각지의 개간, 운하의 건설, 마치 땅 밑에서 솟아난 듯한 방대한 인구, 이와 같은 생산력이 사회적 노동의 태내에서 잠자고 있었다는 것을 과거의 어느 세기에 예감이나 할 수 있었으랴!

마르크스가 꿰뚫어본 자본주의 문명비판의 한 가지 핵심은 '자본주의가 만들어내는 놀라운 생산력'이다. 1848년의 조선 땅이야 아직 근대적인 세계로 개편되기 이전이기 때문에 당시의 생산력과 오늘날의 생산력을 비교하는 것 자체가 우스운 일이나, 1848년의 유럽이 마르크스가 놀라듯이 그렇게도 경탄할 만한 생산력을 과시하고 있었던 시절이었는가 반문해볼 필요가 있다. 1848년은 산업혁명이 본격적인 궤도에 오른 지 불과 1백 년이 되지 않은 시기이다. 영국에서는 방직공장이 돌아가고, 이

방직공장을 위하여 약간의 석탄과 약간의 철광석을 기계적 방식으로 생산하던 시절이었고, 프랑스는 이제 갓 공업화의 초기 단계에 진입해 들어갔던 시절이요, 독일은 공업화에 들어갈 준비 상태에 있었고, 미국은 카우보이들이 아메리카 원주민들을 살육하면서 서쪽으로 서쪽으로 뻗어나가던 농업국가의 시절이었다.

증기기관차 몇 대가 요란한 소리를 내며 런던과 맨체스터를 오고 갔을 터이나 인구의 태반은 여전히 농업노동에 종사하고 있던, 자본주의 발전이 유치한 상태에 머물러 있던 그 시절에, "그러한 생산력이 사회적 노동의 품속에 잠자고 있으리라고 예감이나마 할 수 있었겠는가?"라며 '부르주아의 생산력'에 놀라는 마르크스의 경탄에 우리는 놀라지 않을 수 없다. '현대자동차 공장에서 1년에 1백만 대의 자동차를 뽑아내고, 비행기를 타면 하루 만에 태평양을 건너며, 인터넷을 통해 전 세계의 정보가 빛의 속도로 이동하는 오늘'의 시대에 살았다면 마르크스는 '부르주아 생산력의 놀라움' 앞에서 기절하지 않았을지.

'부르주아지의 놀라운 생산력'은 마르크스가 발견한 것이 아니다. 그것은 정치경제학의 시조 애덤 스미스의 발견물이다. 애덤 스미스는 농업이나 상업과는 달리 제조업이 놀라운 부를 증대시키고 있는 현실을 경제학적 용어로 표현하였다. 핀 공장의 분업노동은 이전의 가내수공업에 비해 열 배의 생산성을 가능케 하고 있음을 스미스는 발견하였던 것이다. 그리하여 애덤 스미스는 공장에서 이루어지는 이 분업노동이야말로 국부를 증진시키는 원동력이기 때문에 공장을 운영하는 부르주아지들에게 가능한 많이 축적할 기회를 보장해주어야 하고, 축재하고자 하는 그들의 이기적 욕구가 사회를 발전시키기 때문에 그 모든 정부의 규제를 타파하고 시장의 논리에 경제를 맡길 것을 주창하였던 것이다.

스미스와 마르크스의 차이는 '놀라운 생산력'에 있지 않다. 둘의 차이는 생산력에 대한 태도에 있다. 스미스가 공장의 분업노동이 가져오는 긍정적 효과만을 관찰하였다면, 마르크스는 '부르주아적 생산력이 역사 속에서 연출한 혁명적 역할과 동시에 그것의 자기 부정적 운동'을 이른바 변증법적으로 파악하였던 것이다. 마르크스가 폐지하길 고대하였던 것은 '부르주아적 소유'였다. 그리고 이 부르주아적 소유가 자신이 키운 생산력을 더는 감당하지 못할 그 어느 시점에서, 과거의 모든 소유관계가 그러했듯이, 부르주아적 소유 역시 마침내 역사 속에서 사라지지 않겠는가, 이렇게 내다보았던 것이다.

부르주아적 생산관계와 교환관계, 부르주아적 소유관계, 마치 마술이라도 부린 듯 그렇게도 강력한 생산수단과 교환수단을 만들어낸 현대 부르주아 사회는 자기가 주문으로 불러낸 저승사자의 힘을 더는 감당할 수 없게 된 마술사와도 같다.

"자기가 주문으로 불러낸 저승사자의 힘을 더는 감당할 수 없게 된 마술사", 이 얼마나 멋진 표현인가! 바로 이곳이 마르크스의 변증법적 사고의 백미가 드러나는 대목이다. "칼로 일어서는 자, 칼로 망하리라"고 했던 예수의 예언처럼, 생산력으로 봉건적 소유관계를 타파한 부르주아들은 그 생산력 때문에 망할 것이라는 얘기다.

마르크스가 "부르주아지는 역사에서 극히 혁명적인 역할을 수행하였다"고 부르주아지의 역사적 역할을 매우 긍정적으로 평가할 수 있었던 것은, 그것의 변증법적 자기 부정의 과정을 예리한 눈으로 통찰하고 있었기 때문에 가능한 것이었다. "부르주아지는 백 년도 채 못 되는 지배 기간에 과거의 모든 세대가 만들어낸 것을 다 합친 것보다 더 많고 더 거대한 생산력을 만들어내었다"고 칭찬하였던 것이나, "이와 같은 생산력이 사회적 노동의 태내에서 잠자고 있었다는 것을 과거의 어느 세기에 예감이나 할 수 있었으랴" 하고 감탄할 수 있었던 것 역시 그러한 생산력의 발전이 새로운 사회를 앞당기는 물질적 토대를 준비한다고 보았기 때문에 가능한 일이었다.

자본주의의 발전 과정은 생산력의 사회화 과정이다. 그런데 소유는 독점화 과정을 밟는다. 생산력이 사회화되면 소유 역시 사회화되어야 마땅하다. 이것이 마르크스의 통찰이요, 내가 사회주의를 옹호하는 가장 간단한 원리이다. 가내수공업으로 생산된 김밥을 황씨네 가족이 소유하는 것은 정당하다. 하지만 김밥 공장에서 40명이 함께 일하여 생산된 김밥을 모두 황씨가 소유하는 것은 부당하다. 이것이 모순이다. 하물며 4천 명, 아니 4만 명이 일하여 얻은 성과를 한두 명의 부르주아지가 독점하는 이 현실을 어떻게 용인할 수 있다는 말인가? 모순은 자기 부정을 통하여 지양되어야 하고 지양될 수밖에 없다. 어떻게?

지난 수십 년에 걸친 공업과 상업의 역사는 현대의 생산관계에 대한, 즉 부르주아지의 존립과 지배의 조건인 현대적 소유관계에 대한 현대적 생산력의 반역의 역사에 지나지 않는다. 이에 대해서는 주기적으로 되풀이되면서 전체 부르주아 사회의 존립을 더욱더 위협하고 있는 상업공황을 언급하는 것만으로도 충분할 것이다. 공황시에는 제조된 생산물뿐만 아니라 이미 이룩된 생산력의 상당 부분도 주기적으로 파괴된다. 공황시에는 일종의 사회적 전염병, 이전의 모든 시기에는 터무니없는 일로만 여겨졌을 과잉생산이라는 전염병이 만연하게 된다. 사회는 갑자기 야만의 상태로 돌아가 마치 기근이나 전면적 파괴전이 사회에서 모든 생활수단을 쓸어간 것처럼 보인다. 공업과 상업이 전멸된 것같이 보인다. 무슨 까닭인가? 그것은 사회가 너무 큰 문명, 너무 많은 생활수단, 너무나 큰 공업과 상업을 가지고 있기 때문이다. 이제 사회가 가지고 있는 생산력은 부르주아적 소유관계의 발전에 봉사하지 않는다. 오히려 생산력은 소유관계에 비하여 너무 방대해져서, 이제는 부르주아적 소유관계가 생산력의 발전을 억제하게 된다. 그리고 생산력이 이 질곡을 극복하기 시작하면 생산력은 부르주아 사회 전체를 혼란상태에 빠뜨려버리며, 부르주아적 소유의 존립 자체를 위태롭게 한다.

지난 시절 경제적 재생산의 파괴는 결핍에서 비롯되었다. 흉년이 들어 굶어 죽는다든지, 전쟁이 일어나 농민들이 생산활동에 종사하지 못하여 농토가 황폐화된다거나, 혹은 흑사병과 같은 무서운 전염병이 발생하여 인구의 3분의 1이 죽어가는 상황에서 경제적 재생산이 파국 상태에 빠지는 경우가 있었다. 모두가 물자의 결핍이라는 점에서 공통된다. 그런데 자본주의 경제 하에서 일어나는 공황, 즉 경제적 재생산의 파국은 희한하게도 너무 물자가 많아 발생한다. 광부가 너무 많은 석탄을 캐놓는 바람에 석탄값이 똥값이 되고, 광산회사가 부도가 나고, 광부는 해고가 되어 추운 겨울날 불이 들어오지 않는 냉방에서 떨며 자야 하는 역설적인 현상이 이곳 자본주의 경제체제하에서 발생하는 것이다. 그러면 어떻게 되는가?

부르주아지는 공황을 어떻게 극복하는가? 마르크스는 두 가지 답을 제시하였다. 하나는 전쟁이다. 전쟁을 일으켜 대량의 생산력을 파괴함으로써 부르주아지는 자본주의의 과잉생산력을 해소하는 것이다. 이는 제1차, 제2차 세계대전이 웅변한다. 1929년 미국의 월가에서부터 번지기 시작한 대공황은 케인스의 유효수요 창출 정책에 의하여 극복된 것이 아니라, 1939년에서 1945년에 이르는 제2차 세계대전의 혹독한 파괴에 의하여 극복된 것이다. 다른 하나는 새로운 시장을 정복하고 기존의 시장을 더욱 철저히 착취함으로써 공황을 극복한다고 마르크스는 제시하였다. 소련이 무너지고 WTO를 앞세워 전 세계를 자본의 지배하에 흡수해가는 것이 전자라면, IMF를 앞세워 약소국의 경제를 철저히 수탈해가는 것이 후자일 것이다.

문제는, 그렇게 전쟁을 일으키고 새로운 시장을 정복하고 기존의 시장을 더욱 철저히 착취하면 할수록 자본주의의 모순은 극복되는 것이 아니라 더욱 심화된다는 데 있다. 이제 남은 것은 역사의 주체 문제이다. 누가 세계사의 파국을 막고 인류 모두가 공영할 수 있는 곳으로 이끌 것인가? 이에 대해 마르크스는 이런 대답을 준비했다.

부르주아지가 봉건제도를 무너뜨릴 때 사용한 무기는 이제 부르주아지 자신에게 겨누어진다. 그런데 부르주아지는 자신에게 죽음을 가져올 무기들을 벼려냈을 뿐만 아니라, 이 무기를 자신에게 겨눌 사람들, 즉 프롤레타리아트라는 현대의 노동자들도 만들어냈다.

인간 사회의 역사는 계급투쟁의 역사라는 것, 자본주의 사회의 역사는 부르주아지와 프롤레타리아트 간의 투쟁의 역사라는 것, 따라서 자본주의 사회의 모순을 타파하고 새로운 사회를 열어나갈 역사적 사명이 프롤레타리아트에게 걸려 있다는 것, 마지막으로 자본주의 사회를 인간다운 사회로 전변시키느냐 못하느냐는 오직 프롤레타리아트의 혁명적 단결력에 달려 있다는 것, 이것이 마르크스가 말하고자 하는 핵심일 것이다.

제 2 장   노 동 자 의   길

첫번째 마당__다시 읽는 전태일

두번째 마당__노동현장으로 가는 머나먼 길

세번째 마당__분업노동의 소멸을 위하여

네번째 마당__몸을 불사르는 노동자들

다섯번째 마당__6월항쟁의 역사적 의미

여섯번째 마당__마침내 역사의 무대에 올라온 노동자

일곱번째 마당__진보정당의 전사

여덟번째 마당__혁명가

아홉번째 마당__가난한 아빠, 마르크스의 위대한 꿈

열번째 마당__'노동의 종말'이냐 '노동의 해방'이냐

열한번째 마당__구체와 추상의 변증법

열두번째 마당__다가오는 사회주의

첫·번·째·마·당
다시 읽는 전태일

부르주아지는 자신에게 죽음을 가져올 무기들을 벼려냈을 뿐만 아니라, 이 무기들을 자신에게 겨눌 사람들, 즉 프롤레타리아트라는 현대의 노동자들도 만들어냈다.

큰 산은 다가서 있는 지점에 따라 다른 모습을 보여준다. 광주의 무등산은 가까이서 보면 봉우리와 능선으로 이루어진 보통의 산이지만, 조금 멀리서 보면 큰바위얼굴처럼 그 잘생긴 모습을 드러내다가, 아주 멀리서 보면 주변의 작은 산들을 치맛자락처럼 거느리며 저 혼자 하늘 높이 치솟아 그 전모를 드러내준다. 훌륭한 책 역시 읽는 사람의 세상살이에 비례하여 독자에게 펼쳐 보여주는 넓이를 달리하는 것인가. 불혹의 나이에 접한 전태일 일기는 스무 살 때 읽었던 일기와도 다르고 서른 살 때 읽었던 일기와도 또 다른 모습을 보여주었다.

내가 전태일의 일기를 처음 접한 것은 대학 1학년이었던 1977년 가을 어느 날이었다. 선배가 비밀리에 입수해온 전태일 일기의 복사본. 학회의 소모임에서 누군가의 독송을 들으면서 희미한 글자들을 따라 읽어나갔던 전태일의 일기는 우리에게 큰 충격이었다.

학회에 남아 공부하는 것은 언젠가는 선배의 길을 따라 데모를 하고 감옥에 가는 것을 의미하였다. 그러한 속내를 누가 말하지 않아도 잘 알았던 우리 1학년들은 학회에 남느냐, 무슨 핑계라도 대고 떠나느냐를 속없이 고민하던 터. 자신의 몸을 불사른 한 노동자의 일기는 그 자체가 우리에게 경악이었다. 우리는 신음하였다. '대학은 졸업하면 안 되는 것이고, 감옥을 나와 노동현장에 들어가는 것'이 비밀서클의 불문율이었던 까닭에 전태일 일기는 '나도 그렇게 살 수 있을까?'라는, 우리에게 무거운 중압감을 주었던 것 같다.

그러니까 스무 살 나이의 대학 1학년생에게 전태일 일기는 소화불량의 문건이었다. 후배들의 안이한 생활태도를 꾸짖고, 나아가서는 대한민국의 현실에 대한 비판적 의식을 고취하기 위해 선배들이 욕심내어 선택한 것은 아니었는지.

하지만 이후 우리는 이른바 '프티부르주아지적 성향'을 극복하기 위해, 그리고 '민중과 더불어' 살기 위해 무던히 노력하였다. 1977년 한겨울 투쟁 중인 동일방직 노동조합의 누이들을 만나기도 하였고, 가구공장에 취업해 직접 힘든 노동도 해보았고, 1980년에는 사북에 가 광부들의 폭동을 취재하기도 하였고, 그리고 청계피복 노동조합에 들러 형들과 라면을 먹으며 노동현실을 배워나갔다.

내가 전태일 일기를 두번째 만난 것은 1980년대 중반, 돌베개

출판사에서 출간된 『전태일 평전』을 통해서였다. 인천의 경동산업에 취업함으로써 그 오랜, 그 힘든 '노동현장 속으로의 진입'에 성공한 나는 현장에서 벌어지는 일들을 어떻게 글로 옮길 것인가 고민하던 차였고, '전태일 일기'에 기록된 모든 문자들은 살아 일어나 노동자의 비애를 샅샅이 드러내고 있었다.

이 밀폐된 닭장 속에 갇혀서, 끊임없는 재봉틀의 소음 속에서 그녀는 하루 종일 햇빛 한 번 보지 못하고 아침 8시부터 밤 11시까지 노동을 한다. 작업 도중에 일어나 변소 한 번 가려고 해도 주인 아저씨와 미싱사 언니들의 눈치를 보아야 한다. 그녀가 하는 일 중에서 가장 고된 것은 다리미질이다. 겨우 열서너 살짜리 소녀가 고사리 같은 손으로 열을 훅훅 뿜어내는 그 무거운 다리미를 들고 눌지 않도록 온 신경을 써가면서 다리미질을 하는 것이다. 그것도 한 번이나 두 번 하고 그만두는 것이 아니라 온종일 끝도 없이 되풀이하는 것이다. 그뿐인가? 하루에도 수십 번씩 그 위험한 사다리를 타고 다락방을 오르내리며 공장 안의 크고 작은 온갖 심부름을 해야 한다.

이러한 노동현장의 열악한 근로조건에 대한 폭로를 넘어, 전태일은 남한의 자본주의가 안고 있는 모순을 극명하게 규탄하고 있었던 점이 나는 참 마음에 들었다. "인간을 물질화하는 세대, 인간의 개성과 참 인간적 본능의 충족을 무시당하고 희망의 가지를 잘린 채, 존재하기 위한 대가로 물질적 가치로 전락한 인간상을 증오한다." 정말 그렇다. 이 분노는 식자들이 흔히 말하는, 책상 위의 분노가 아니었다. 그것은 끝없는 '소외된 노동'에서 우러나오는 분노였다.

어지럽게 들려오는 쇠금속 소리, 짜증 섞인 미싱사들의 언성, 무엇이 현재의 실재인지를 분간 못하면서 그 속에서 나도 부지런히 그들과 같이 해나갔다. 무의미하게, 내가 아는 방법 그대로 지금 내가 하고 있는 일 이외에는 무아지경이다. 아니 내가 하고 있는 일 자체도 순서대로, 지금 이 순간에 해야 될 행동만이 질서정연하게 자동적으로 행하여지고 있는 것이다. 실재의 나는 일의 방관자나 다름없다. 내 육신이 일을 하고, 누가 시키는 것이 아니라, 이때까지의 육감과 이 소란스런 분위기가 몇 인치, 몇 푼을 가리키는 것이다. 다 긋고 나라시가 되고, 다 되면 또 재단기계를 잡고 그은 금대로 자르는 것이다. 누가 잘랐을까? 이렇게 생각이 갈 때에는 역시 내가 잘랐다. 왜 이렇게 의욕이 없는 일을 하고 있는지 나 자신도 모르겠다. 그러나 어렴풋이 생각이 확실해질 때는 퇴근시간이 다 될 때이다.

하루 열두 시간 똑같은 일을 반복적으로 해본 노동자들은 누구나 겪는 체험이자, 노동자의 가장 근본적인 불행이기도 하다. 그런데 전태일이 소외된 노동을 표현하는 수준을 넘어, 소외된 노동이 어떻게 인간의 삶 전체를 소외시키는지까지 밝혀내는 대목에서 우리는 혀를 내둘렀다. 어떻게 마르크스의 사상을 듣지도 보지도 못한 젊은 노동자가 이렇게 '소외된 노동'의 개념을 정확히 서술할 수 있단 말인가? 전태일은 저주받을 소외된 노동자의 삶을 이렇게 시적 언어로 묘사하였다.

얼굴은 일을 할 때나 쉴 때나 꼭 마도로스가 지평선을 바라보는 그런 표정일세. 그저 무의미하게 사물을 판단하지 않고 사는 사람 같았네. 삽질을 하나 점심을 먹으나 시종 무표정일세. 만약에 그 기름에 절은 운전수 모자를 벗겨버린다면 그 사람은 그 자리에서 쓰러져 바보가 되지 않으면 죽어버릴 것 같네. 그만큼 그 모자는 그 사람을, 그 돌부처 같은, 어떻게 표현할 수 없는 그런 얼굴을 하고 있는 그 사람 전체를 육체의 맨 꼭대기인 머리 위에 서서 감독하면서 그를 속세의 사람과 같이 만들어버리고 있었네. 지금 현재 삽질을 하고 있으니 말일세. 사실 그 사람이 삽질을 하고 있는 것이 아닐세. 그 때에 절은 모자가 하고 있는 걸세. 얼마나 불쌍한 나의 전체의 일부냐! 얼마나 몸서리치는 사회의 한 색깔이냐! 그렇다! 저주받아야 할 불합리한 현실이 쓰다 버린 쪽박이다! 쪽박을 쓰기 시작했으면 끝까지 부서지지 않게 잘 쓰든지 아니면 아예 쓰지를 말든지, 이것도 아니고 저것도 아니고 그저 무자비하게 사회는 자기 하나를 위해 이 어질고 착한, 반항하지 못하는, 마도로스 모자를 쓴 한 인간을, 아니 저희들의 전체의 일부를 메마른 길바닥 위에다 아무렇게나 내던져버렸다.

돌이켜보면 30대의 내가 주로 전태일의 일기에 대해 관심을 가졌던 대목은, 자본주의의 잔혹성을 드러내는 구절이었던 것

같다. 자본주의 경제에서의 빈부 격차, 노동자의 노예화, 열악한 노동조건, 소외된 노동 등등 말이다. 그런데 나이 사십을 넘겨 전태일 일기를 다시 읽노라니 내 체험으로는 이해할 수 없는 한 가지 의문이 새롭게 떠올랐다. 전에는 전태일을 열사요, 선배요, 스승으로 바라보았다면, 이참에는 '스무 살의 앳된 청년 전태일'을 있는 그대로 보았기 때문이다.

전태일에게는 선배도 스승도 없었다. 우리는 누구에게나 현재의 삶을 끌어오기까지 우리를 이끌어준 선배나 존경하는 스승이 있다. 그런데 가난한 전태일에게는 운동권 대학생도 없었고, 그에게 '의식'을 고취시키는 책도 없었다. 따라서 자신을 분신하게 되기까지 자신을 반성하고 자신에게 가혹한 채찍질을 해나가는 전태일의 정신을, 도대체 무엇으로 해명해야 하느냐 하는 의문이 발생한다. 예수도 십자가의 죽음을 선택하게 되기까지 깊은 고뇌에 젖은 것으로 안다. 허나 그의 나이 서른세 살이었다. 서른세 살이면 인생에 대해 결단을 내릴 수 있는 나이이다. 그런데 스물두 살이란, 너무나 어리고 너무나 앳된 나이가 아닌가? 나이 스물두 살은 이제 인생에 대해 갓 눈을 뜨는 시기요, 수많은 낭만적인 꿈을 갖고 열정적으로 인생을 열어나가야 할 때 아닌가! 얼마나 고뇌가 치열하였기에, 얼마나 자기에 대한 학대가 끔찍했기에 자신의 몸을 불사르지 않으면 안 되는 상황까지 도달하였을까?

이참에 다시 읽는 '전태일 일기'에서 내가 품었던 의문은 바로 이것이었다. 그리고 이 의문을 풀기 위해 일기장 이곳저곳을 뒤적여보았다. 전태일의 분신은 그의 거칠고 가난한 환경 때문이었을까? 길거리에서 잠을 자야 했고, 밥이 없어 굶주려야 했고, 한 끼 식사를 해결하기 위해 신문을 팔아야 했고, 남대문시장에서 리어카 뒤를 밀어야 했던 전태일의 어린 시절은, 임에게는 죄송하지만, 전태일만의 고난이 아니었던 것으로 나는 안다. 아버지가 사업하다 사기꾼에게 잘못 걸려 패가망신하고, 술주정꾼으로 타락하고, 어머니는 식모로 나가고, 쌀 한 톨 없는 어두운 집구석에서 동생들과 궁핍의 세월을 견뎌야 했던 경우가 어찌 전태일뿐이었던가?

대개의 경우 모진 삶은 사람의 마음을 모질게 만든다. 1960년대에서 2000년대에 이르는 시기의 대한민국이라고 하는 이 악독한 사회는, 오히려 악독한 인간형을 대량으로 만들지 않았는가? 자기 것을 챙기지 않으면 굶주려야 하는 사회, 오직 자기만을 위해 몸부림쳐야 겨우 생존의 조건들을 손에 쥐는 사회, 강자에게는 온갖 굴종과 아첨을 떨고 약자에게는 오만과 폭력으로 대하는 것이 처세술로 통용되는 이 사회, 친구의 피를 뽑아 팔아먹은 깡패녀석들이 이후 떼부자가 되는 이 사회, 부모형제 친인척의 돈은 물론 은행의 공금을 모조리 긁어다 훔쳐먹어야 성공하는 사장님으로 떵떵거리며 사는 사회에서 우리는 대체로 '인간의 순결한 마음'을 잊은 지 오래다.

그런데 전태일은 특이하다. 남아 있는 일기장을 뒤적여보면 모질게도 고생만 해온 전태일의 마음은 순결하기 그지없다. "나는 언제부터인지는 모르지만 감정에는 약한 편입니다. 조금만 불쌍한 사람을 보아도 마음이 언짢아, 그날 기분은 우울한 편입니다. 내 자신이 너무 그러한 환경들을 속속들이 알고 있기 때문인 것 같습니다." 어려운 이웃이 겪는 고통을 함께 아파하는 마음. 어려운 이웃의 고통을 자신의 고통으로 맞이하는 전태일. 이 마음이 전태일의 신화를 만든 동력이 아니겠는가?

1960년대와 2000년대를 비교하자면 가장 극명한 차이는 일인당 GNP의 차이일 것이다. 일인당 GNP가 3백 달러가 되지 않던 1960년대와 일인당 GNP가 1만 달러를 넘긴 2000년대의 차이는 물질의 소비량일 것이다. 그 시대를 겪어본 이는 알겠지만, 1960년대에는 끼니를 굶는 날이 밥 먹는 날보다 많았다. 적어도 도시빈민들에게는. 하지만 요즈음 밥 굶는 사람은 보기 힘들다. 1960년대에 승용차를 굴리는 자는 모두 부르주아지였다. 요즈음은 직장인이나 백수들이나 너나없이 승용차를 몰고 다닌다. 이 물질의 풍요를 구가하는 과정에서 잃어버린 것이 있다면, 자연환경의 파괴보다 더 안타까운 우리의 상실은, 바로 '인간의 마음'이 아닐지. 조금만 불쌍한 사람을 보아도 언짢아했던 전태일의 순수를 우리는 잊은 지 오래이지 않은가?

오다 파출소에서 자고 왔어요. 어머니가 나 집 나올 때 차비 30원을 주잖아요. 시다들이 밤잠을 제대로 못 자서 낮이면 꾸벅꾸벅 졸고, 일은 해야 하는데 점심까지 쫄쫄 굶길래 보다 못해 그 돈으로 풀빵 30개를 사서 여섯 사람한테 나눠주었더니 한 시간 반쯤은 견디고 일해요. 그래서 집에 올 때 걸어왔더니 오다가 시간이 늦어서 파출소에 붙잡혔어요.

청량리에서 도봉산 수유리까지 얼마나 먼 길인지, 시골 사람들은 잘 모를 것이다. 족히 세 시간은 걸어야 되는 이 먼 길을 어린 시다들의 고픈 배를 달래주기 위해 버스비를 털어 풀빵을 사주었다는 전태일의 행적이야말로, 평전을 읽을 때마다 우리를 부끄럽게 한다. 누가 보아주는 일도 아니었다. 누가 시킨 일도 아니었다. 주머니가 풍족해서도 아니었다. 자신 역시 피곤한 몸을 이끌고 무려 세 시간을 걸어야 함에도, 굶주린 어린 여공들의 핏기 없는 얼굴을 보노라면 그냥 버스비를 털 수밖에 없었던 전태일. 수유리 판잣집에 살면서 실직자인 아버지를 대신하여 집안을 이끌었던 전태일 역시 돈문제로부터 초연할 수는 없었을 것이다. 그의 일기장에는 이런 대목이 나온다.

"28일까지 방을 비우라니, 정말 바람 앞에 등불 같은 운명이다. 이제 겨우 정신 좀 차리려고 하니까 또 고난이 온다. ……오늘도 예나 다름없이 이불 속은 차갑구나." 방값이 없어 쪼들리고, 연탄 땔 돈이 없어 늘 겨울을 찬방에서 떨며 지내야 했던 전태일. 왜 돈의 처절함을 몰랐을 것인가?

"2백 원을 가지고 벌써 80원을 썼으니 아무리 절약을 해도 19일까지밖에 못 가겠구나. 20일 인덕상회 98호집에 작업복 일을 임시 하러 가기로 했지만 민생고 해결 때문에 고민이구나. 일을 하러 가려고 했지만 먹을 게 있어야 하지." 호주머니에 딸랑거리는 동전 몇 푼밖에 없을 때, 사람은 쓸쓸해진다. 누구에게 하소연을 해야 하나. 자존심을 팔 것인가, 굶주릴 것인가 사이에서 번민해본 이들은 돈의 소중함보다 돈이 얼마나 처절한 것인지 안다. 전태일도 마찬가지였다. 그리하여 그는 이런 일기를 남긴 적도 있다.

제2장 노동자의 길

"내가 직장생활 근 3년 고생해서 얻은 건, 인격과 경제는 반비례한다는 것이다. 3년 동안의 고생과 14년 동안의 고역이 나를 경제문제 계산기로 만든 것이다. 언제나 식생활문제로 골치를 앓아온 소년 시절이 아니던가?" 그렇게 고생을 하며 살아온 그가 어린 여공들의 핏기 없는 얼굴을 보며 자신의 버스비를 털어 풀빵을 사주었다고 하는 비밀은, 지금 우리가 배워야 할 가장 고귀한 가르침이 아닌가 한다.

전태일의 일기를 읽노라면 참 이상한 대목이 나온다. 3년 동안 고생해서 올라간 '재단사'의 지위에 대해 전태일은 끔찍하게 자학하였던 것 같다. 밖에서 보자면 다 똑같은 공돌이들인데, 모두 다 먼지 풀풀 나는 작업장에서 하루 열네 시간씩 장시간 노동을 하는 노동자들인데, 월급 좀 많이 받는 재단사가 된 후 전태일은 자기보다 더 낮은 곳에서 일을 하는 미싱공이며 시다들에 대해 깊은 연민을 넘어, 자신의 고급스런 지위에 대해 끝없는 자학을 하였던 것 같다. 친구 원섭에게 보낸 편지를 읽어 보자.

종업원 대부분이 여자로서 평균 연령 19~20세 정도가 미싱을 하는 사람들이고, 14~18세가 시다를 하는 삶들일세. 보통 아침 출근은 8시 반 정도. 퇴근은 오후 10시부터 11시 반 사이일세. 어떤가? 너무 지루하다고 생각하지 않나. 여기에 문제가 있네. 시간을 따져보세. 하루에 몇 시간인가? 1일 14시간일세. 어떻게 어린 시다공들이 이런 장시간을 견뎌내겠는가? 연령이 많은 미싱공들도 마찬가지일세. 남자들보다 신체적으로나 정신적으로 약한 여공들이, 더구나 재봉일이라면 모든 노동 중에서 제일 고된 노동일세. 정신과 육체를 조금이라도 분리시키면 작업이 안 되네. 공사판 인부들은 육체적 힘을 요구하고 사무원은 정신적 노동을 요구하지만 재봉사들은 양자를 요구하거든. 그 많은 먼지 속에서 하루 14시간의 작업을 마치고 집으로 돌아가는 노동자들의 모습은 너무나 애처롭네. 부잣집 자녀들 같으면 집에서 아버지 어머니 앞에서 한창 재롱이나 떨 나이에 생존경쟁이라는 없어도 될 악마는 이 어린 동심에게 너무나 가혹한 매질을 하고 있네.

자신도 노동자이면서 어린 시다들과 미싱공들의 힘든 노동조건에 대해 이토록 깊은 연민의 눈으로 보고 있다는 것은, 그만큼 자신의 지위에 대한 자학이 깊었기 때문이었던 것이다. 하여 전태일은 대통령에게 보내는 탄원서에 이렇게 쓰는 것이다.

대통령에게
이 사회는 착하고 깨끗한 동심에게 너무나 모질고 메마른 면만을 보입니다. 저는 여기에서 각하께 간구하지 않을 수 없습니다. 저 착하디 착한 깨끗한 동심을 좀더 상하기 전에 보호하십시오. 근로기준법에서는 동심들의 보호를 성문화하였지만 왜 지키지 못합니까? 이 동심들이 자라면 사회는 과연 어떻게 되겠습니까? 저는 피 끓는 청년으로서 이런 현실에 종사하는 재단사로서 도저히 이 참혹한 현실을 받아들이지 못

합니다.

별로 높은 지위도 아닌 재단사의 위치에서 끊임없이 자기보다 더 낮은 곳에 있는 노동자들을 향해 나아가고 고민하는 전태일. 노동조합위원장이 된 뒤로는 현장의 힘든 사정을 잊어버리기 쉬운 오늘 우리들의 세태, 같은 현장에서 힘든 일을 도맡아 하는 비정규직 노동형제들에 대해 그들의 어려운 근로조건에 대해 냉담한 마음으로 바라보는 우리들의 세태를 바라볼 때, 겨우 재단사의 지위에 올라서조차 자신의 고급스런 지위를 자학하는 전태일의 마음은 오늘을 반성케 하는 거울임이 분명하다.

전태일의 일기를 읽는 우리들이 가장 충격을 받는 장면은 역시 분신으로 가는 장면이다. 그런데 이 충격의 소리가 너무 커서 우리가 듣지 못하는 전태일의 외침이 있다. 그것은 이 사회가 인간을 소모품으로 취급하고 있다는 것, 인간을 노예로 만들고 있다는 것, 인간을 일하는 도구로 전락시키고 있다는 것, 인간의 인간됨을 죽이고 있다는 그의 고발이다. 바로 이것, 전태일을 근본적으로 괴롭힌 것은 바로 노동자를 철저히 쓰레기 취급하는 자본주의의 모습이었다. 이후 30년이 지난 지금 전태일이 그렇게도 거부한 이 '소외된 노동의 본질'이 조금이라도 바뀌었는가?

나는 돌아가야 한다. 꼭 돌아가야 한다. 불쌍한 내 형제의 곁으로, 내 마음의 고향으로, 내 이상의 전부인 평화시장의 어린 동심 곁으로, 생을 두고 맹세한 그 많은 시간과 공상 속에서 내가 돌보지 않으면 아니 될 나약한 생명체들. 나를 버리고 나를 죽이고 가마. 조금만 참고 견디어라. 너희들의 곁을 떠나지 않기 위하여 나약한 나를 다 바치마. 너희들은 내 마음의 고향이로다.

두·번·째·마·당
노동현장으로 가는 머나먼 길

'영등포 청소년직업훈련학교'에서 선반기술을 배우고 대망의 취업에 나선 것은 1983년 겨울이었다. 10년 정도 수련을 쌓아야 자유자재로 다룰 수 있는 선반을 겨우 6개월, 그것도 나사 깎기 정도의 서푼어치 기술을 가지고 구로동의 어느 마찌꼬바에 들어가면서 경력 2년이라 속였지만, 입사 첫날에 나의 어설픈 기술은 들통이 나고 바로 막노동 일꾼으로 전락하였다.

그저 공장에 다니게 해주는 것만도 고마운지라, 작업반장이 시키는 일이면 정말 성심성의껏 씩씩대며 온 힘 바쳐 일했다. 하루는 점심을 일찍 먹고 남들 족구 차고 있을 시간에 용접 일을 배워본다며 바가지에 얼굴을 묻고 용접봉을 지져대었다. 그런데 난데없는 워커발이 나의 면상을 후려갈기는 것이었다. "야 이 새끼야, 시키는 일이나 잘해." 지나가는 길에 반장은 장난 삼아 나의 얼굴을 걷어찬 것이었으나, 얻어맞고 쓰러져 다시 일어나는 나의 몸은 비참하였다. 반장은 권력이었다. 만지면 무슨 물건이나 만들어내는 반장이 얼마나 부러웠는지 모른다. 어느 날은 반장이 나를 조용히 부르는 것이었다.

"너 학교 어디까지 나왔어?"

"예, 중학교 나왔어라우."

"인마, 일이라는 것은 힘으로 하는 게 아니야, 머리로 하는 것이야, 머리. 짜샤."

현장으로 가는 길이 그렇게도 멀 줄이야. 그날 밤 자취방으로 돌아온 나는, 함께 현장 준비를 해왔던 동료들하고 소주를 마시며 아무래도 '선 기술습득, 후 현장취업' 노선을 포기해야 할 것 같다고 우리의 현장취업 노선에 대해 회의적인 견해를 표시하였다. 나 같은 놈이 무슨 기술을 배워. 돈 주고 선반학원을 다녀도 안 돼, 직업훈련 학교를 6개월씩이나 다녀도 안 돼, 직접 마찌꼬바에 들어가도 안 돼, 어쩌자는 것인가. 그때 기능을 가진 노동자들, 대공장에서 일하는 노동자들이 그렇게 부러울 수가 없었다.

그렇게 하여 우리는 인천의 5공단 주안역 뒤를 뒤지기로 결정하였다. 전봇대란 전봇대는 다 뒤지고, 게시판이란 게시판은 다 뒤져도 우리가 취업할 수 있는 현장은 보이지 않았다. 그런데 저쪽에서 키가 껑충한 한 사내가 우리를 부르는 것이었다. "일하려면 따라와봐." 그날 밤 다시 자취방에서 만난 우리들은 그렇게 신날 수가 없었다. 기술 필요 없지, 무슨 복잡한 서류 필요 없지, 공장은 대공장이지, 노동자는 3천 명이 넘지. 이런 공장이 우리를 부르다니. 바로 이 공장이 1988년에 네 명의 노동자의 목숨을 분신으로 앗아간 그 악명 높은 '경동산업'이었다.

세 명이 함께 취업을 하였다. 점심시간 때마다 우리는 만나, 서로가 서로를 바라보며 깔깔, 껄껄, 웃지 않을 수 없었다. 서로의 눈에 보인 동료들의 얼굴이 완전히 깜둥이 그 자체였기 때문이었다. 얼굴이 검을수록 이가 그렇게 희게 부시는 줄 처음 알았다. 빵잽이 경력이 있는 우리가 그렇게 쉽게 입사할 수 있었던 데에는 다 이유가 있었다. 일주일을 견디지 못하고 한 동지가 중도하차하였다. 연마 부서의 일이 사람 죽이는 일이었던 것이다. 또 일주일을 견디지 못하고 다른 동지가 그만 퇴사하였다. 학교에서 잘리고 감옥 가고 다시 나와 기어이 노동현장에 들어가겠다는 20대의 '철의 의지'를 경동산업 현장이 박살낸 것이었다. 나는 '포장' 부서에서 일을 하였기 때문에 그나마 견딜 수 있었으나, '연마' 부서에 들어간 두 동지는 도저히 견뎌낼 수 없었던 것이다. 1분 간격으로 12킬로그램이 넘는 연마 자루를 넣었다, 연마했다, 뺐다, 옆으로 넘겨줬다, 이 짓을 온종일 하다보면 남는 것은 몸살이요, 드는 것은 절망이었을 것이다.

경동산업은 산업재해 사고로도 유명한 공장이었다. 일 년에 잘려나가는 손가락이 바께쓰로 하나가 된다는 소문이 자자하였다. 철판을 재단하는 부서에서 특히 많이 잘려나갔다. 육중한 프레스 밑으로 철판을 집어넣고 스위치를 밟고 '철커덩' 소리와 함께 다시 철판을 빼내고 새 철판을 집어넣고, 이 짓을 하루종일 하다 보면, 내가 일하는지 프레스가 일하는지 구분이 되지 않는 것이다. 위험한 순간은 철야작업의 마지막 새벽 다섯시. 일 끝나면 누구하고 소주 한잔 걸치나, 생각하다 그만 사고를 치는 것이었다.

나는 잠을 자면서 일하는 아주머니들을 많이 보았다. 밤 열두시가 넘으면, 컨베이어 벨트는 동일한 속도로 움직이나 아주머니들의 손놀림은 느려지고, 왜 이렇게 물건이 나오지 않나 아주머니 쪽을 바라보면, 아주머니들은 자면서 손을 놀리는 것이었다. 이때 작업반장이 하는 일은 〈소양강 처녀〉나 〈오동잎〉 따위의 대중가요를 합창하게 하는 것이다. 쉬는 시간이 오면 모두들 컨베이어 벨트 위에 그대로 쓰러져 눕고, 다시 작업시간이 오면 눈을 감은 채 그릇을 닦는 아주머니들. 이 아주머니들 중 두 분이 1986년 1월에 죽어서 공장을 나갔다. 한 달 임금이 12만 원. 고등학교 다니는 자식 학비 댄다고 잔업에 철야를 밥 먹듯이 하다가 자신의 몸이 죽어가는 줄도 몰랐던 것이다. 갈색빛에 검은 기운이 온 얼굴을 덮고 있었던 그 아주머니 노동자들을 나는 잊지 못한다. 한마디로 경동산업 노동자들은 사람이 아니었다. 회장 최경환의 부를 증식시키기 위해 갖다 쓴 물건들이었다.

20대 한창때의 나이에 입사한 나에게 고통스러웠던 것은 '노동의 강도'가 아니었다. 중학교 3학년 때 시골로 들어간 형님을 따라 살면서 추운 겨울 새벽에 일어나 삽질을 하고 흙을 퍼 나르며 밭을 개간한 적도 있었지만, 일은 힘들어도 보람이 있었다. 그때 나는 노동의 주인이었다. 그런데 경동산업에서 나는 기계의 부속품이었다. 컨베이어 벨트의 속도에 따라 나사 죄는 속도를 달리 하며 온종일 냄비에 나사만 박는 노동자는, 확실히 인간이 아니라 기계의 일부였다.

기계의 광범위한 활용과 분업으로 말미암아 프롤레타리아의 노동은 자립적 성격을 모두 상실했으며, 이와 더불어 노동자가 누릴 수 있는 온갖 매력을 상실하였

제2장 노동자의 길

다. 노동자는 기계의 단순한 부속품이 되고, 그에게 요구되는 것은 가장 단순하고 단조로우며 가장 배우기 쉬운 동작뿐이다. ……기계의 사용과 노동의 분업이 증대하면 할수록 노동시간이 증대되고, 주어진 시간 내에 해야 할 노동의 양이 증대되며, 기계의 운전속도가 빨라지기 때문에 그만큼 노동의 고통 또한 증대된다.

세 · 번 · 째 · 마 · 당
분업노동의 소멸을 위하여

앞에서 살펴본 "기계의 광범위한 활용과 분업으로 말미암아"라는 대목에 대해 몇 마디 더 나누고 싶다. 우리말로 번역되는 '분업'은 '일을 나누고 배분하는'이라는 의미로 전달되는데, 영어로 읽으면 느낌이 달라진다. 'Division of Labour'라. 마치 사람을 토막내어 죽이듯 '잘게 분할한 노동'이라는 뜻이다. 우리말로 번역되는 분업은, 예컨대 너는 밥 하고 나는 김치 담그고 하는 정도의 일의 분담을 의미하는데, 원어로 씌어 있는 '노동의 분할'은 갑은 파만 썰고 을은 배추만 씻고 병은 소금만 뿌리고 정은 젓갈만 손질하는 것처럼, 하나의 통일된 노동 과정을 미세한 기능으로 분리 분할하는 것을 의미하고 있다. 그래서 나는 최근 '분업노동'을 비판적 맥락에서 접근할 때, '노동의 분할'이라고 쓰곤 한다. '기계의 광범위한 활용과 분업'이 아니라, '기계의 광범위한 활용과 그로 인한 노동의 분할'이라고 번역하고 싶다는 얘기다.

토인비는 그의 『역사의 연구』 어디에선가, 서구 문명이 세계를 지배하게 된 두 가지 비결을 '정치적 민주주의'와 '경제상의 분업'이라고 요해한 바 있다. 서구 문명이 지구상의 수많은 문명을 제압할 수 있는 힘이 민주정치와 분업에서 나왔다고 하는 그의 견해는, 독창적인 것은 아니나 나름대로 주목할 가치가 있다고 생각한다.

만일 민주정치가 대중적으로 확산되지 않았더라면 자본주의는 진작에 혁명으로 전복되었을 것이다. 중요한 것은 분업이다. 앞 장에서도 언급하였듯이, 분업이야말로 생산력 발전의 기제였고 이를 최초로 정식화한 이가 애덤 스미스였다. 금과 은의 축장이 국부의 원천이라고 보았던 중상주의적 견해를 뒤집어엎고 제조업 분야에서 급속히 확대되어가고 있던 분업이야말로 국부 증진의 원천이라고 보았던 애덤 스미스의 견해는, 당대의 제조업자들 이른바 부르주아지의 경제활동을 이론적으로 엄호해준 막강 화력이었다.

"부르주아지들이 돈을 벌어 어디다 쓰든, 그들의 탐욕이 하늘을 찌르든 말든, 그들의 생산활동에 무한대의 자유를 보장하라. 제조업자들이 공장을 많이 짓고, 그 공장 속에서 노동의 분할이 확대될수록 영국 경제는 강성해지는 것이다. 나머지 모든 문제는 시장에 맡겨둬라. 시장이 다 알아서 처리할 것이다." 이런 게 애덤 스미스가 『국부론』에서 하고 있는 주장이었다.

그렇게 하여 자본주의는 선대의 그 누구도 상상할 수 없는 '생산력의 혁명적 발전'을 가져왔는데, 이제 우리가 주목해 보아야 할 것은 부르주아의 생산력 발전을 위해 그 밑에서 희생되었던 수많은 노동자, 희생되고 있는 헤아릴 수 없이 많은 노동자, 그리고 앞으로도 수억 명의 노동자가 치러야 할 희생인 것이다.

나는 백화점 지하 주차장 입구에서 하루 종일 손을 흔들며 웃는 여성 노동자를 볼 때마다 가슴이 미어진다. 어린것이 돈 몇 푼 때문에 저 짓을 해야만 하나. 택시를 탈 때마다, 사납금을 제대로 벌었나 만 원짜리 몇 장, 천 원짜리 몇 장 세어보는 택시 노동자의 돈 세는 장면을 볼 때마다 언제나 이 소외된 노동이 사라지려나 가슴을 친다. 목구멍이 포도청이라고 하루 종일 운전대에 매여 있어야 하는 것은 누가 내린 저주의 운명인가. 대학 식당에서 밥을 사먹을 때마다 배식대 뒤쪽에서 온종일 설거지만 하고 있는 하얀 옷을 입은 아주머니 노동자들을 볼 때마다 숨이 막힌다.

저게 산업화고 저게 자본주의라면, 저런 산업화, 저런 자본주의가 인간에게 그 무슨 위대한 선물을 가져다준다 할지라도, 이런 삶의 양식은 부정되어야 한다. 인간은 노동을 통하여 자아실현을 하고 그 가운데에서 참된 행복을 영위해야 하는 것인데, 그 노동이 상품으로 팔려 기계의 일부가 되어 의미 없는 짓들을 반복하게 만드는 것이 자본주의라면, 자본주의는 부정되어야 한다.

노동을 분할하여 생산성을 높이는 자본주의, 하지만 노동을 잘라 죽이고 그렇게 하여 노동자의 생명을 죽이는 자본주의는 사라져야 한다. 그것은 창조적 노동과 사회 봉사 속에서 노동이 기쁨의 원천이 되는 생산양식으로 대체되어야 한다.

네 · 번 · 째 · 마 · 당
몸을 불사르는 노동자들

현대 공업은 가부장적인 장인의 조그만 작업장을 산업자본가의 대공장으로 바꾸어놓았다. 공장에 집결된 노동자 대중은 군대식으로 편성된다. 산업군대의 병사인 노동자 대중은 수많은 장교 및 하사관들로 이루어진 완벽한 위계질서의 감시하에 놓인다. 그들은 부르주아계급, 부르주아 국가의 노예일 뿐만 아니라 매일 매시간 기계와 감독자에 의해, 그리고 무엇보다도 부르주아 공장주에 의해 노예화된다. 이 전제(專制)제도가 자신의 목표와 목적이 영리에 있음을 더욱더 노골적으로 선언하면 할수록 전제는 더욱더 인색하고 증오스러우며 잔인하게 된다.

한 권의 고전 속에 담긴 사상의 모든 것을 젊은 시절 일독하여 단번에 소화한다는 것은 불가능한 일이다. 왜냐하면 고전이란 수백 년의 세월에 걸쳐 인류의 선현들이 발견해놓은 사상들을 총화하고 있기 때문이다. 고전은 읽는 이의 경륜이 깊어갈수록 새로운 경지를 열어 보여준다는 말이 있듯이, 『공산당선언』

역시 읽을 때마다 '이렇게 정확하게 우리의 현실을 표현해놓을 수가!' 하는 경탄을 자아내면서 나에게 새로운 사고의 지평을 열어준다.

'자본주의의 모순을 극복'하기 위해 싸우는 사람이라면 '나는 왜 자본주의와 싸우는가?' 하는 물음 앞에 '자기 나름의 답변'을 갖고 있어야 한다. 지난 1980년대 많은 운동가들은 '자본주의의 몰락과 사회주의 사회의 도래는 역사의 필연'이기 때문에 자본주의체제와 투쟁한다고 답변하였다. 이러한 생각이 잘못된 것은 아니나 충분하지는 않음을 나는 이후 소련의 몰락을 보며 절감하였다.

전태일 선배였더라면 아마도 다르게 대답하였을 것이다. 어린 소녀의 가슴에서 피를 토하게 만드는 현실을 인정할 수 없어 분신하지 않았던가? '자기 나름의 답변'은 가능한 한 다양한 것이 좋다고 나는 생각한다. 생명은 다양하다. 지리산 천왕봉은 하나이지만 천왕봉에 오르는 길은 백무동 코스도 있고 노고단 코스도 있고 뱀사골 코스도 있듯이, '자본주의에 반대하는 정치적 견해'는 하나이지만 '왜 자본주의에 반대하는가?'에 대한 답변은 다양할수록 좋은 것이라고 나는 생각한다.

내가 20대에 자본주의를 반대한 주된 이유는 부자들에 대한 경멸이었다. 아니, 좀더 정확히 말하자면 빈부 격차에 대한 분개였다. 일하는 사람들은 온종일 **뼈빠지게** 일을 해도 생계 걱정에서 벗어나지 못하는데, 돈 많은 사람들은 일하지 않으면서 온갖 호화를 누리는 것이 나에게는 주된 분노의 대상이었다. 없는 사람은 서울의 산동네에서 비닐로 지붕을 덮어 살고 있는데, 가진 자들은 2백 평이 넘는 호화주택에서 사는 현실. 파출부 아주머니는 지하실에서 하루 종일 빨래하고 설거지하는데, 주인집 딸들은 권태의 나날을 보내고 있는 이런 현실에 나는 분개하였다.

그러다가 내가 공장 일을 해보면서 진저리치게 된 것은 '소외된 노동' 때문이었다. 경동산업 현장에 들어가 체험을 통해 깨달았던 것은 '소외된 노동은 지옥의 삶'이라는 것이었다. 한 달 월급이 20만 원도 되지 않는 저임금도 문제였고, 하루 열네 시간 공장에 붙들려 있는 장시간 노동도 문제였지만, 내가 몸서리치게 싫었던 것은 '소외된 노동'이었다. 그래서 나는 경동산업 현장을 내가 체험한 대한민국의 7대 지옥 중 가장 악독한 지옥이라고 말한다.

경찰서 유치장은 지루한 지옥이고, 교도소는 답답한 지옥이다. 논산훈련소는 사람 병신 만드는 지옥이고, 보안대 취조실은 공포의 지옥이다. 헌병대 유치장은 김일성 눈깔 빼기 기합받는 지옥이고, 군대 감옥은 뜬구름만 부러운 눈으로 쳐다보는 절망의 지옥이다. 하지만, 이 모든 지옥보다 더 악독한 지옥은 경동산업 현장이었다. 하루 종일 기계와 똑같이 움직이는 나, 아니 기계의 부속품이 되어버린 몸만큼 나에게 고통스러운 현실은 없었다.

육체노동에 필요한 기술과 힘이 점점 줄어들수록, 즉 현대 공업이 발전할수록 남성의 노동은 여성의 노동에 의하여 더욱더 밀려난다. 성별과 연령의 차이는 노동자계급에게 이제는 아무런 사회적 의의도 갖지 못한다. 연령과 성별에 따라 드는 비용이 다소 다를 뿐, 모두가 똑같은 노동의 도구이다.

경동산업에 다니면서 나는 『공산당선언』에 씌어져 있는 글의 많은 대목을 몸으로 배우게 되었다. 현장에서는 나이의 차이나 성별의 차이가 거의 의미가 없었다. 나이가 열 살 많아도 "어이, 김 씨"라고 부르는 게 관례였다. 또 처녀든 아주머니이든 총각들이 짓궂은 농담이나 장난을 걸어도 모두들 킥킥 웃으면서 자연스럽게 장난을 받아주곤 하였다. 눈뭉치를 여자들의 브래지어에 집어넣어도, "이 오살할 놈아!" 소리를 꽥꽥 지르지만 현장의 권태를 달래는 재미있는 장난에 불과하였다.

어느 날 회장 최경환이가 현장을 방문하였다. 부장, 차장, 과장들이 줄줄이 따라다니면서 현장에 대해 설명을 하였다. 그런데 냄비를 운반하던 한 노동자가 냄비를 회장 앞에서 떨어뜨려 버렸다. 당황하다 보면 사고를 치는 법. 회장 최경환은 만인이 보는 앞에서 떨어진 냄비로 그 노동자의 머리를 강타하였다.

                              이 전제제도가 자신의 목표와 목적이 영리에 있음을 더욱더 노골적으로 선언하면 할수록 전제는 더욱더 인색하고 증오스럽고 잔인하게 된다.

경동산업에 다니면서 누렸던 우리들의 유일한 낙은, 퇴근 후 모여 마시게 되는 소주 한잔이었다. 대여섯 명이 모여 매운탕에 라면을 넣고 술 한잔 걸치면, 일인당 비용이 1천~2천 원 떨어진다. 이른바 '가부시키'다. 함께 먹고 함께 똑같이 분할하고, 쌓인 외상값을 월급날 갚는 방식. 한 달 월급이 12만여 원인데 월급날 2만~3만 원이 까져버리면 무척 서운하였다.

노동자에 대한 공장주의 착취가 끝나고 드디어 노동자가 임금을 현금으로 받게 되면, 이번에는 부르주아지의 다른 부분들인 집주인, 상점주, 전당포 주인 등이 노동자에게 달려든다.

위와 같은 『공산당선언』의 대목은 가부시키 술집에 목을 매달았던 우리들을 설명하고 있는 것인데, 이 대목은 마르크스가 좀 심했던 것 같다. 포장마차 술집 주인을 부르주아지의 일부라고 부른다는 것은 좀 지나치지 않은가? 요즘 같아서는 카드를 손에 쥐여주고 고리의 이자를 뜯어먹는 독점재벌의 카드사를 비난해야 할 대목인 듯하다.

그때 인천에는 유난히 빈민촌이 발달하였다. 인천제철 주위로 사방이 빈민가였고, 가좌동 일대까지 모두 빈민촌이었다. 시골에서 농사짓다 도망쳐 온 집, 딸은 다방에 나가 일하고 아버지는 술꾼으로 타락한 집, 남동생은 깡패조직에서 일하고 어머니는 폐병에 시달리는 집, 사우디에 가서 한밑천 벌어와 노름판에서 다 잃어버리고 정신병에 걸린 형과 그래도 열심히 살아보겠다고 중소기업에 나가 일하는 여동생을 둔 집, 집과 집을 잇는 처마도 없고 변소도 없는, 이들 빈민촌에서 경동산업 노동자들은 배출되고 있었다.

소매상인, 상점주, 은퇴한 상인, 그리고 수공업자와 농민들로 이루어진 중간계급의 하층은 점차 프롤레타리아트로 전락한다. 왜냐하면 한편으로는 그들의 영세 자본이 현대 공업의 경영규모를 감당해낼 수 없어 대자본가와의 경쟁을 이겨내지 못하기 때문이며, 다른 한편으로는 그들의 숙련 기술이 새로운 생산방식의 출현으로 쓸모없게 되어버리기 때문이다. 이리하여 프롤레타리아트는 주민의 모든 계급에서 충원된다.

우리 같은 얼치기 노동운동가들이 나서서 노동자를 조직하는 것은 참으로 힘든 일이었다. 노동조합은커녕 친목모임 하나, 축구대회 한 번 열기가 그렇게도 힘들 줄이야. 그렇게 매일 일이 끝나면 술집으로 모이기 석 달, 참으로 어렵게 인천 앞바다 낚시모임을 가질 수 있게 되었다. 여섯 명이 아침녘부터 해질녘까지 소주 됫병을 여덟 병이나 부어댔으니……. 인천제철 앞바다에 조각배 띄워놓고 미친 듯 술을 마시며 의기투합하여 끌어낸 실천적 결론은 D공장과 B공장이 축구시합을 벌이는 것이었다.

마침내 인천대학 축구장에서 축구대회가 열리고 노동자를 조직하기 위한 우리의 운동이 한 발 한 발 진전되는데, 아뿔싸, 결정적으로 중요한 축구대회의 뒤풀이 자리를 회사측 조반장들이 와서 독식해버리는 것이었다. 자기들이 통막걸리를 사서 나누어주며 판을 정리해버리는 것이었다. 그해 겨울 어렵게 30여 명이 연락 조직되어 노동조합을 결성하려 했으나, 우리들의 정체가 들통나고, 해고되고, 잡혀가고 하면서 1984년의 한 해는 저물어갔다.

프롤레타리아트는 여러 발전 단계를 거친다. 부르주아지에 대항하는 그들의 투쟁은 그들의 존재와 함께 시작된다. 처음에는 개별 노동자가, 그다음에는 한 공장의 노동자들이, 또 그다음에는 한 지역에 있는 같은 부문의 노동자들이 그들을 직접 착취하는 부르주아 개개인에 대항하여 투쟁한다.

1985년 인천에서 해고된 많은 노동자들이 그렇게 투쟁하였다. 나에게는 지금도 보고 싶은 얼굴, 해고 노동자의 얼굴이 있다. 이름은 모른다. 별명이 독사였던가. 인천 조폭 출신이요, 영창악기 해고 노동자라는 것만 나의 뇌에 아로새겨져 있다. 한번은 서울에서 열리는 모 연극집회에 가기 위해 부평역 앞에서 만났다. 부평역 앞에 늘어서 있는 어느 가판대의 포도송이를 보면서 그 친구가, "어, 먹고 싶다"고 낮은 목소리로 중얼거리는 것을 들었다. 서울에서 돌아오는 길에 우리는 포도 한 송이를 사서 나누어 먹었는데, 그 후 해고투쟁에 앞장서다가 그 친구는 감옥을 갔고 나는 수배의 몸이 되면서, 아직까지 어디서 무얼 하며 사는지 모른다.

노동자들은 부르주아적 생산관계를 공격하는 것이 아니라, 생산 도구 자체를 공격한다. 그들은 자신의 노동과 경쟁하는 외국 상품을 파괴하고, 기계를 박살내며, 공장을 불태움으로써, 몰락해버린 중세 노동자의 지위를 폭력으로 되찾으려 한다.

'러드'라는 영국의 노동자가 일군의 노동자들을 데리고 복면을 쓰고 공장의 기계를 파괴해 나갔던, 영국 노동운동의 전설 '러다이트운동' 즉 '기계파괴운동'을 서술하고 있는 것이다. 아무런 희망이 보이지 않는 초기 노동운동의 시대를 겪어본 사람은 알 것이다. 속에서 끓는 것은 분노요, 잡히는 것은 벽돌뿐임을. 그런데 이 벽돌도 몇 백 명의 대오로 우리를 압박하는 전투경찰 앞에서는 무력해진다. 그리하여 영국의 '기계파괴운동'은 한국에서 '노동자의 몸을 불사르는 운동'으로 표출되었다.

'전태일의 분신투쟁'은 1980년대 내내 전국 각지의 현장에서 동일하게 반복되었으며, 급기야 1988년 가을 경동산업에서는 네 명의 노동자들이 집단 분신하는 상황이 벌어졌다. 옥상으로 밀린 노동자들이 온몸에 시너를 붓고서 형사들을 향해 "더 가까이 오면 불질러"라고 최후의 안타까운 방어를 하는데, 형사들은 "죽지도 못할 놈이 염병하네"라고 조롱하였던 것이다. 순간, 누군가의 손에 쥐여 있던 '불티나'에서 불꽃이 번쩍였다.

다·섯·번·째·마·당
6월항쟁의 역사적 의미

> 한 나라의 대통령이란 자가
> 외적의 앞잡이고
> 수천 동포의 학살자일 때
> 살아남은 사람들이 있어야 할 곳
> 그곳은 어디인가
> 전선이다 감옥이다 무덤이다
> 도대체
> 동포의 살해 앞에서 저항하지 않고
> 누가 있어 한낮의 태양 아래서 자유로울 수 있단 말인가
> ―김남주, 「살아남은 자들이 있어야 할 곳」 중에서

이렇게 선언한 김남주 시인의 포고처럼, 지난 1980년대 초반 전두환 군사독재정권과 맞서 싸우면서 잘리고 투옥되고, 다시 현장에 들어가서 조직하고 또 잘리고 투쟁하던 사람들의 가슴 속에 들어 있었던 것은 '승리에 대한 확신'이 아니라, 살아남은 자의 가슴을 치는 '양심의 명령'이었다. 정말 그때, 그 어두웠던

죽음의 시절 우리가 싸워 전두환을 몰아낼 수 있으리라는 구체적인 확신을 갖고 투쟁의 대열에 몸을 던진 이가 있으면 나와보라고 말하고 싶다.

1986년 인천 5·3사태에서 당대의 모든 민족민주운동진영과 노동운동진영이 10만 군중과 함께 '미국 반대, 파쇼 타도'를 외치면서도, 그것은 이루어지지 않을 운동권의 구호이지, 그 목소리들이 쌓이고 쌓여 역사의 수레바퀴가 한 걸음 한 걸음 나아가고 있었던 것을 의식한 이는 내가 알기로는 없었던 것 같다.

1986년 5월 3일, 그날 우리는 하루 종일 화염병으로 최루탄과 맞서 싸웠다. 어거지로 끝까지 싸우다 그냥 털레털레 자취방에 돌아왔을 따름이다. 누군가는 전경들로부터 탈취한 곤봉을 쥐고, 누군가는 터지지 않은 최루탄 통을 들고, 희희낙락하며 돌아왔던 것이 이전 투쟁과의 차이였다면 차이랄까. 그렇게 우리는 막걸리를 앞에 두고 그날의 무용담을 늘어놓으며 하루를 마감하면서도 그렇게 역사는 한 발 전진하였던 것을 몰랐다.

우리의 눈에 오히려 사태는 더 악화되었다. 전두환은 인천 5·3사태를 주모한 이들을 '소요죄'로 수배하였고, 언론을 동원하여 불순세력들의 반국가 전복 음모라고 지면을 도배질하였다. 사태가 불리하면 언제나 김대중은 민중과 잡았던 손을 먼저 놓았듯이, 그때도 3비, 즉 '비반미, 비용공, 비폭력'을 먼저 외치면서 미국과 보수세력의 치마품에 안겼다. 친미면 친미지 무슨 얼어죽을 비반미?

인천 5·3사태를 경유하면서 민중운동진영은 더욱 고립되었다. 많은 이들의 수배사진이 전봇대에 나붙기 시작하였다. 들려오는 소문에 의하면 여성 노동자들이 경찰서에 끌려가 거시기 고문을 당한다는 이야기가 쉬쉬하며 돌기 시작하였다. 우리들이 거주하는 자취방은 형사들에게 완전 무방비로 짓밟혀갔다. 지금은 아무 데에나 꽂혀 있는 북한 관련 서적 한 권만 보관하고 있어도 줄줄이 국가보안법의 사냥감이 되어갔다. 1986년 가을은 권인숙 양 성고문사건으로 세상이 떠들썩했건만, 우리들은 그렇게 무감각하게 술만 마시며 살았다.

1987년 1월 14일 아침, 신문을 사들고 방에 들어온 한 녀석이 "큰일났다"고 비명을 질렀다. 신문 1면 저 한구석에 서울대생 박종철 군이 고문 중에 죽어간 기사가 실린 것이다. 우리는 가슴이 미어졌다. 이대로 자취방에 처박혀 있을 수 없다는 어떤 확고한 결의가 동시에 모두의 가슴에서 이루어졌던 것 같다. 그렇게 해서 '살인, 강간, 고문 정권 타도 투쟁위원회'를 결성하고, 우리는 다시 거리로 달려나갔다. 운동권이 흔히 좋아하는 '정세 분석과 투쟁 방향' 같은 것은 우리의 안중에 없었다. 광주에서 대학살을 범하고도 모자라, 성고문을 하고, 이제는 고문으로 젊은이를 죽이는 이 군사정권에 대해서는 '타도, 타도, 타도'를 부르짖는 것 이외에 아무것도 없었다.

'호헌철폐, 독재타도'의 구호가 서울의 명동에서 종로를, 광화문에서 남대문상가를 휩쓸게 될지, 정말 우리는 몰랐다. 전두환 군사독재정권에 대항한 6월의 대항쟁에 전국의 시민들 5백만 명이 동참할지 우리는 정말 몰랐다. 나를 잡으려는 형사대들이 처의 친족들을 휩쓸고 지나갔다는 소식이 전해지면서, 아내와 나는 악몽에 시달리기 시작했다. 수배 중이었던 나는 당시 서울의 망원동 지하방에서 살고 있었는데, 아침이면 집 앞에 형사가 나타난다고 아내는 헛소리를 뱉기 시작하였다.

밤이 깊을수록 새벽은 가까이 온다던가. 저주스런 압제가 언제 끝날는지 절망하지 않을 수 없었던 그때, 대통령직선제 실시를 약속한 '6·29선언'이 나오고, 다방에서는 차를, 술집에서는 술을 공짜로 내놓으면서 서울 시민들은 '오늘같이 좋은 날'을 자축하였다.

우리들 삼십 대의 열정을 송두리째 바친 6월대항쟁, 민중의 땀과 힘으로 일군 6월대항쟁은 그 모든 성과를 노태우와 김영삼과 김대중과 그리고 어서 빨리 없어져야 하는데 없어지지 않고 지금도 노망을 떨고 있는 김종필, 이따위 보수정객들에게 다 넘겨주었다. 민중은 다시 개털이 되었다. 우리는 몸을 바쳤다. 그런데 역사는 비정하게도 우리의 뺨을 때리고 보수정객들에게 무대를 열어주었다. 왜 그랬던가? 역사의 무대에서 자신의 발언권을 가지고 자기의 역할을 하려면 아주 기본적인 요건인 자신의 정치조직을 갖추었어야 하는데, 우리는 민중을 대표할 정치조직을 만들지 못하였던 것이다. 오히려 이 대목을 과학적으로 이해하는 데에는 『공산당선언』의 다음과 같은 문구가 더욱 적합할 것이다.

이 단계의 노동자들은 전국에 산재하여, 상호간의 경쟁으로 갈라진, 분열된 대중에 머문다. 설혹 노동자들이 긴밀한 결속을 이룬다 해도, 그것은 그들 자신의 적극적인 단결의 결과가 아니라 부르주아지의 단결이 초래한 결과에 지나지 않는다. 부르주아지는 자신의 정치적 목적을 달성하기 위하여 프롤레타리아트 전체를 동원하지 않을 수 없으며, 당분간은 그렇게 할 수 있는 힘도 가지고 있다. 따라서 이 단계에서 프롤레타리아트는 자신의 적과 싸우는 것이 아니라 자신의 적의 적, 즉 절대군주제의 잔재인 지주, 비(非)산업 부르주아, 소부르주아들과 싸운다. 그리하여 역사적 운동 전체가 부르주아지의 손에 집중되고, 이렇게 얻어진 모든 승리는 부르주아지의 승리가 된다.

6월항쟁과 그로 인한 6·29선언은 지배세력 대 민중진영 간의 일대 타협이었다. 따라서 6·29선언은 이중적인 성격을 지닌다. 대통령직선제의 도입으로 정착된 부르주아 민주주의는 민중투쟁의 전취물임에 분명하다. 동시에 그것은 민중투쟁의 혁명적 진출을 가로막기 위한 유화책인 것이다. 1987년에 맺은 민중과 지배세력 간의 이 타협이 언제 깨질지, 그것은 아무도 모른다. 민중이 자신의 힘으로 집권에 도전하게 되는 그 어느 시점, 혹은 민중의 자주적 민주정부가 수립되는 그 어느 시점, 혹은 민중의 권력이 과거의 지배세력을 강타해가는 그 어느 시점에서 협약은 파탄날 것이다. 중요한 것은 부르주아 민주주의 제도가 이 나라의 지배적인 정치제도로 자리잡게 되었음에도 불구하고, 그 제도를 전취한 주체인 민중과 민중운동진영은 초상집의 개마냥 '보수정치의 마당'에서 철저히 홀대를 당해왔다는 역설을 어떻게 해석할 것인가 하는 것이다.

여·섯·번·째·마·당
마침내 역사의 무대에 올라온 노동자

그러나 공업의 발전이 프롤레타리아트의 숫자만을 증가시키는 것은 아니다. 그들은 보다 거대한 집단으로 한데 뭉쳐 성장하며, 점차 자신의 힘을 자각하게 된다. ……개별적인 노동자와 개별적인 부르주아 사이의 충돌은 점점 더 두 계급 간의 충돌 양상을 띠게 된다. 노동자들은 부르주아에 대항하여 결사체(노동조합)를 조직하기 시작한다. 그들은 자신들의 임금 수준을 유지하기 위하여 뭉친다. 그들은 장차 일어날 충돌에 대비하기 위하여 상설 단체까지 만든다. 여기저기에서 투쟁은 폭동으로 터져나온다.

6월 민주대항쟁 이후의 역사는 철저히 민중을 기만하였지만, 이를 위해 역사는 새로운 주인공을 불러내었으니, 다름 아닌 1987년 7·8월 대파업이다. 1987년 7·8월 노동자 대투쟁은 한국 사회의 공업화, 자본주의화가 본격적으로 진행된 이래 노동자계급이 사회변혁의 주체로 등장한, 최초의 대규모적이고 폭발적인 진출이었다.

전 산업에 걸쳐 전국적으로 확산된 이 투쟁은 2개월 동안 발생 건수가 약 3천여 건에 이르고, 투쟁의 질적인 측면에서도 그 깊이와 다양함에서 유례없는 모습을 보여주었다. 전체적으로 경제적 요구가 중심이었음에도 단순히 임금인상만이 아닌 조직건설의 요구, 인간적인 대우에의 요구가 대단히 큰 부분을 차지했으며, 많은 경우 투쟁이 장기간에 걸쳐 완강하게 진행되었고, 파업농성을 조직적으로 이끄는 모습에서도 현저히 발전된 양상을 나타내었다. 『공산당선언』은 프롤레타리아의 성장에 대해 이렇게 말한다.

노동자들은 때때로 승리하지만, 그 승리는 일시적일 뿐이다. 투쟁의 진정한 성과는 직접적인 결과에 있는 것이 아니라 계속되는 노동자들의 단결이 확대되는 데에 있다. 대공업이 만들어낸 개선된 교통수단은 여러 지역의 노동자들을 서로 연결시켜줌으로써 노동자들의 단결은 더욱 촉진된다. 이러한 연결이 이루어지기만 하면, 어디서나 동일한 성격을 띤 수많은 지역적 투쟁이 하나의 전국적 투쟁, 즉 계급투쟁으로 집중된다. 그런데 모든 계급투쟁은 정치투쟁이다. 빈약한 도로망을 가졌던 중세의 도시민들이 수세기에 걸쳐 달성한 그 단결을 현대 프롤레타리아는 철도의 덕택으로 수년 안에 달성하고 있다.

1987년 노동자 대파업은 1988년 대파업으로 다시 분출하였고, 그해 11월 12일 전국의 선진 노동자들은 최초로 연세대에 집결하여 노동계급의 연대를 과시하였다. 이 장면을 찾기 위해 묻혀 있던 옛 잡지 『노동자의 길』을 펴 들어보니, 당시의 감동적인 장면을 이렇게 기록하고 있다.

1988년 11월 12일 밤, 연세대는 노동자의 대열과 함성으로 가득 차기 시작했다. 각 지역의 선봉대들이 속속 도착하고 '전태일노동자상 시상식', '전태일 정신 계승 및 노동법 개정 웅변대회'에 이르러서는 이미 그 수가 3만~4만 명에 이르렀다. 거제 대우조선 노동자들의 입장과 더불어 시작된 웅변대회에서 노동자들은 한결같이 노동자 스스로 단결하여 노동법 개정, 더 나아가 민주쟁취를 위해 싸워야 한다며 열변을 토했다. 뒤이어 선봉대 결단식과 화형식이 끝날 무렵은 이내 새벽 3시가 넘었는데, 그때 마산·창원지역 본대 8백여 명의 노동자들이 구호를 외치며 올라왔다. 차가운 새벽공기를 가르며 전국의 노동자들이 투쟁의 열기를 모아오고 있는 것이다. 아침 7시, 다시 현대중공업 노동자 6백여 명이 '제3자 개입, 복수 노조, 정치활동 보장'이라는 플래카드를 앞세우고 진입로를 구보해 들어왔다. 이후 노동자들의 발길과 함성이 끊이질 않았다.

11월 13일 오후 2시에 이르러서는 이미 2만여 명을 수용할 수 있는 연세대 노천극장이 의기충천한 노동자들로 가득 메워졌다. 마산·창원 노동조합총연합, 진주 민주노조연합, 거제도의 대우조선, 울산의 현대중공업, 서울지역 노조협의회, 성남 노조협의회 등의 노동자들이 차례로 들어와 앉으며 자리가 꽉 차버렸다. 인천지역, 경기남부지역, 부산지역, 대구·구미·포항지역, 현대엔진 등의 수많은 노동자와 민중운동단체 회원, 학생들이 줄줄이 늘어서 기다리고 있는데……. 노동자들은 일어서서 자리를 좁혀보았으나 헛일, 서울지역 노동자들은 서슴없이 일어나 산등성이를 오르기 시작했다. 이렇게 한 시간여에 걸쳐 진행된 입장식은 참여한 모든 사람들을 감동시켰으며, 노동자 부대는 노천극장과 그 위 산등성이를 가득 덮어버렸다. 이들의 연합된 목소리, "노동악법 철폐하여 노동해방 앞당기자"는 외침은 건너 산마루까지 뒤흔드는 감동의 함성이었다.(『노동자의 길』 33호, 1988. 11)

마르크스는 『공산당선언』에서 노동자들의 단결을 촉진시켜주는 요소로 "대공업에 의해 더욱더 발전해가는 교통 및 통신수단"을 지적하는데, 자가용이 노동자들에게까지 보급되고 핸드폰과 인터넷이 전 인민에 의해 활용되는 오늘의 시대를 예견이나 하고 그런 글을 썼을까? 아무튼 "이러한 연결이 이루어지기만 하면, 어디서나 동일한 성격을 띤 수많은 지역적 투쟁이 하나의 전국적 투쟁, 즉 계급투쟁으로 집중된다"고 썼는데, 1987년과 1988년 두 해에 터져나온 전국 노동자들의 자생적 투쟁들은 불과 두 해도 넘기지 않은 1988년 11월 자신의 정치적 구호를 앞세우고 여의도로 여의도로 밀려갔다.

"가자! 여의도로."

이 물밀듯 밀려나가는 힘을 누가 막을쏘냐. 3만, 4만, 여의도로 행하는 노동자의 대열은 끝이 보이지 않았다. 혈서로 쓴 '노동해방'이라는 플래카드를 든 의장단을 선두로, 검푸른 작업복에 붉은 띠를 맨 선봉대, 마창노련, 울산지역 순으로 이어진 노동자의 대열은 질서 있는 힘으로 가득 찼다. 가로변의 시민들이 노동자의 대행진에 감탄과 찬사를 보냈으며 전경들과 백골단의 눈빛은 위력에 압도당한 그것이었다. '노동계급의 영웅적 투쟁만세', 길목 언덕배기 서강대학교 수위실에 서 있는 이 열두 개의 대형 글자는 이날 노동법 개정을 위해 나아가는 대행진의 기세를 그대로 압축한 것이었다. 노동자들은 행진하며 "노동해방", "악법철폐", "해체 전경련, 타도 민정당", "악법철폐, 민주쟁취", "노동운동 탄압하는 군부독재 끝장내자", "부정축재 환수하여 서민주택 건설하자" 등의 구호를 힘차게 외쳤다.

한국의 노동자계급이 역사와 정치의 주역으로 등장하고 있는 순간이었다. "모든 계급투쟁은 정치투쟁이다"라 하였던 마르크스의 『공산당선언』 그대로 한국 노동계급의 계급투쟁이 정치투쟁으로 전화해 나갔던 최초의 순간이었던 것이다.

1987년과 1988년 그 뜨거웠던 여름날, 노동계급의 역사를 일구는 데 동참하였다가 지금은 생활인으로 돌아가 있는 전국의 수많은 노동형제들을 떠올리며, 그때 먼저 가신 거제 옥포조선소의 이석규 동지에 관한 자작시 한 편을 소개하고자 한다.

농성 17일째.
얼굴은 꺼멓게 타고 끼니도 제대로 못 때웠는데
사장은 호텔에서 계속 배짱만 튕기고 있었다.

제2장 노동자의 길

"호텔로 가자!"
누가 먼저랄 것 없이 모두가 선봉에 섰다.
삽시간에 옥포관광호텔을 에워쌌다.
전경이 출동하였고,
경찰서장은 이상한 명령을 내렸다.

"사장을 만나게 해줄 테니 오리걸음으로 올라오라."

오리걸음이라니!
노동자가 죄인인가!
노동자들은 귀를 손으로 잡고 가파른 비탈길을 오르기 시작했다.
산다는 게 굴욕인가?

그때,
전경들은 노동자들의 이마를 향해 최루탄을 내리꽂았다.
한맺힌
21세의 청춘
일천구백팔십칠년 팔월 이십일일
우리의 형제 이석규, 이렇게 전사하다.

—「오리걸음으로 올라오라」

일·곱·번·째·마·당
진보정당의 전사

요즈음 여러 노동조합들로부터 강연 요청을 받는다. 노동조합 하나 만드는 것이 소원이었던 젊은 날의 기억을 잊을 수가 없기에, 나는 노동자 형제들이 부르면 때와 장소를 불문하고 달려간다. 이렇게 쓰면 거짓말 말라고 욕할 형제들이 있겠지만, 불가피한 사정이 없는 한, 몇 명이 모이든 나는 달려간다. 한 명의 노동자를 위하여 몇 달을 만나 술을 마시고, 학습모임에 나오지 않으면 새벽 두시에도 자취방에 찾아가 대화를 나누었던 기억을 잊을 수가 없기에 노동자가 부르면 나는 달려간다. 지난 봄이었던가. 구미의 모 노동조합에서는 아침 여섯시부터 밤 열두시까지 네 차례의 교육 프로그램을 잡아놓았다. 노동자들은 하루 내내 현장에서 일하는데 이까짓 것 못하랴, 달려갔다. 좀 힘들었다. 하지만 즐거웠다.

나는 강연 주제에 별 구애를 받지 않는다. 오히려 대부분의 노동조합 정치강좌가 '노동자의 정치세력화' 일색인 것이 싫다. 정치적인 문제만이 아니라, 사상과 철학, 종교와 역사 등 폭넓은 교육을 해드리고 싶은 것이 나의 욕심이다. 하지만 하기 싫은 주제가 딱 하나 있다. '진보정당의 전사'가 바로 그것이다. 정말이지 이 주제만큼은 나는 말하고 싶지 않다. 일전에 인터넷 신문인 『자보』 편집진에서 또 이 주제에 관한 글을 써달라기에 나는 이렇게 술회한 적이 있다.

진보정당의 전사를 설명해달라는 『자보』 측의 요청을 받았지만, 나는 이 요구에 성실한 답변을 줄 수 없습니다. 정말 고통스런 주문입니다. 진보정당의 전사는 시간의 길이로 20년. 이 20년 동안 우리가 겪어야 했던 도전과 좌절, 분열과 상처, 모험과 절망, 비방과 비애를 왜 다시 꺼내야 한단 말입니까. 가슴에 주홍글씨를 새기고 살아온 딤스데일과 헤스터 프린의 비애보다 더 깊은 상처를, 지금 옷을 벗어 드러내 보이는 일이 나에겐 영 내키지 않습니다.

내가 읽은 『공산당선언』의 수많은 구절 중 가장 성질을 돋우는 대목을 들라 하면 노동자의 정당 건설에 관한 마르크스의 불성실한 언급을 들겠다.

프롤레타리아들이 이처럼 하나의 계급으로, 나아가 하나의 정당으로 조직되는 일은 노동자들 사이에서 일어나는 경쟁으로 말미암아 끊임없이 파괴된다. 그러나 이 일은 새롭게 다시 일어나며, 그때마다 더욱 강해지고 더욱 견고해지고 더욱 위력적인 것이 된다.

자, 1988년 한국의 노동자계급은 최초로 전국적 규모의 투쟁을 전개하였으며, "악법철폐"라고 하는 정치적 슬로건을 내건 정치투쟁을 감행하였다. 1990년대 중반에 노동조합운동을 시작하여 곧바로 민주노총의 일원이 된 동지들은 잘 모를 것이다. 이 민주노총을 조직하기까지 얼마나 커다란 산고를 치러야 했는지를. 민주노총의 전신이라 할 수 있는 '전국노동조합협의회' 소속의 동지들이 얼마나 피나는 싸움을 벌여왔는지 알고 있는 조합원이 몇이나 될까? 그리고 이 전노협을 결성하기 위해 또 얼마나 심각한 논쟁을 벌여야 했는지 기억하는 이들이 몇이나 될까? 민주노총은 무슨 민주노총, 되지도 않을 민주노총 꿈일랑 빨리 접고 제도적으로 보장되어 있는 한국노총 속으로 들어가 한국노총 민주화나 하자는 모씨의 주장이 당시에 얼마나 설득력 있게 전개되었던가. 그런데 마르크스는 노동자가 하나의 계급으로 조직되는 이 피나는 과정을 단 몇 단어로 끄적거리고 있으니, 남한 노동계급의 역사를 만들기 위해 피와 땀을 흘린 이들이여, 피도 눈물도 없는 마르크스의 이 객관주의에 침을 뱉어라.

정말 분통이 터지는 대목은 다음 구절이다. "하나의 정당으로 조직되는 일은 노동자들 사이에서 일어나는 경쟁으로 말미암아 끊임없이 파괴되는데요, 실망할 것 없어요, 이 일은 거듭 일어나구요, 그때마다 더욱 강하고 견고하고 위력적인 것이 되지요. 뭘 걱정해요?"

정말 노동자의 정당을 만들기 위해 가진 것 모두 바쳐가면서 투옥되고 깨지고 좌절하고 인내하고 다시 일어서서 만들게 되는, 그 지난한 노동자 정당의 결성 과정을 어떻게 문장 하나로 처리할 수 있단 말인가! 예끼 여보슈, 젊은 마르크스 양반, 겪어 보지도 않은 일들을 그렇게 쉽게 예단하다니.

돌이켜보면 역사처럼 냉정한 것이 없다. 우리는 보통 역사적 사명의식을 (내가!) 갖고, 역사를 발전시키기 위해 (내가!) 결단한 것으로 생각하지만, 사실은 정반대이다. 역사가 당신을 불러 임무를 맡기는 것이며, 당신이 그 임무를 수행하지 못할 것 같으면 역사는 가서 쉬라고 역사의 무대에서 당신을 내보내는 것이다. 늘 자기중심성의 울타리를 벗어나지 못하는 우리들은, 역사가 나를 버릴 때 나를 돌아보지 아니하고, 동료를 비난하고, 조직을 헐뜯고, 역사를 탓하기까지 한다. 역사가 당신에게 휴식의 기회를 준 것을 모르고 말이다.

여·덟·번·째·마·당
혁명가

계급투쟁이 결전의 시기에 가까워지면 지배계급의 내부에서 진행되는 해체 과정이, 좀더 분명히 말하여 사실상 낡은 사회의 전 영역에 걸친 해체 과정이 매우 격렬하고 날카롭게 진행되며, 그에 따라 지배계급의 일부가 지배계급으로부터 떨어져나와 미래를 자신의 수중에 움켜쥔 혁명적 계급에 가담하게 된다. 그리하여 과거에 귀족의 일부가 부르주아지에게로 넘어간 것처럼, 지금 부르주아지의 일부가, 특히 역사의 전개 과정 전반을 이론적으로 이해하게 된 부르주아 이데올로그들의 일부가 프롤레타리아트에게로 넘어오게 된다.

이 말을 다시 쉽게 풀어보자.

"걱정할 것 없어요. 부르주아들이요, 귀족들과 싸우는 과정에서, 혹은 부르주아들 지네들끼리 싸우는 과정에서, 혹은 외국 부르주아들과 싸우는 과정에서 부르주아들은 늘 자신이 고용하고 있는 노동자들의 지원을 끌어낼 수밖에 없구요, 그런 과정에서 정치가 무엇인지, 권력이 무엇인지, 노동자들에게 실물교육을 시켜주지요. 뿐인가요? 역사는 늘 자기 계급의 이익을 배신하여 진보적 계급의 편에 가담하는 엉뚱이들을 배출하는데, 나 같은 교육받은 지식인들, 역사적 운동 전반을 이론적으로 꿰뚫는 혁명적 지식인들을 노동자 훈련교관으로 파견하여주잖아요. 뭐가 걱정돼요?"

프롤레타리아트에게로 넘어온 부르주아 이데올로그들이라……. 마르크스의 이러한 예견이 미래의 어느 날에 우리 땅에서도 이루어질지 알 수 없는 일이나, 지난 30여 년 이 땅에서 벌어진 일들에 그대로 대입하기는 아무래도 석연치 않다. 마르크스와 레닌이 부르주아 이데올로그였는지, 카스트로와 게바라가 부르주아 출신이었는지는 나도 잘 모르겠다. 하지만 이 땅에서 노동운동에 투신한 수많은 학생운동 출신자들의 경우 부르주아도 아니었고, 부르주아 이데올로그도 아니었다. 엄밀히 보면 학생운동 출신자들을 지식인이라고 규정하는 것도 사리에 맞지 않다. 개중에는 유복한 중산계급 출신자들도 있었으나, 대다수는 가난한 농민이나 도시빈민의 아들 딸들이었다.

노동운동에 뛰어든 후로 나를 가장 고통스럽게 했던 것은 노동자 형제들이 대학생 출신 노동운동가들을 본능적으로 의심하는 대목이었다. "너희들은 결국 우리를 이용해 먹으려고 현장에 들어온 것이 아니냐" 혹은 "너희들은 언젠가 너희의 좋은 학벌을 가지고 편안한 삶을 살게 될 것이다" 따위의 비아냥거림처럼 나를 힘들게 하는 말은 없었다. 물론 이런 지적이 전혀 근거 없는 말은 아니라는 것을 잘 안다. 진실은 무덤에 묻히고 나서야 판결날 것이다. 마지막 죽는 순간까지 민중의 해방을 위해 분투하다 간 혁명가들이 우리의 역사에는 밤하늘의 별만큼이나 많았다는 것을 깊이 새겨야 할 것이다.

> 오늘밤
> 또 하나의 별이
> 인간의 대지 위에 떨어졌다
> 그는 알고 있었다 해방투쟁의 과정에서
> 자기 또한 죽어갈 것이라는 것을
> 그는 알고 있었다
> 자기의 죽음이 헛되이 끝나지는 않을 것이라는 것을
> 그렇다, 그가 흘린 피 한 방울 한 방울은
> 어머니인 대지에 스며들어 언젠가
> 어느 날엔가
> 자유의 나무는 결실을 맺게 될 것이며
> 해방된 미래의 자식들은 그 열매를 따먹으면서
> 그가 흘린 피에 대해서 눈물에 대해서 이야기할 것이다
> 자랑스럽게 이야기할 것이다
> 마치 우리들이 갑오농민에 대해서 이야기하듯
> 마치 우리들이 한말의병에 대해서 이야기하듯
> ―김남주, 「전사 2」 중에서

아·홉·번·째·마·당
가난한 아빠, 마르크스의 위대한 꿈

책상 앞에 걸어놓은 체 게바라 브로마이드에 "인간은 꿈의 세계에서 내려온다"는 말이 매력적으로 씌어져 있다. 나는 이 말의 재미를 좀 안다. 사람이 어떻게 꿈의 세계에서 내려오겠는가? 현실 속에서, 이 저주스런 고뇌의 현실 속에서 몸부림치며 아우성치며 하나의 아름다운 꿈을 잉태하게 되는 것이지. 그럼에도 불구하고 인간은 꿈의 세계에서 내려온다. 왜냐하면 꿈을 가질 때, 비로소 인간은 색깔을 띠는 한 인간이 되기 때문이다.

어찌 보면 마르크스야말로 가장 위대한 꿈을 꾼 사람인지 모른다. 왜냐하면 마르크스야말로 인간이 가장 풀기 힘든 과제를 이루려고 덤볐기 때문이다. 과연 인간이라는 더러운 종자들이 그 과제를 극복할 수 있겠는지, 살아가면 살아갈수록, 현실을 알면 알수록, 사람을 사귀면 사귈수록, 우리를 절망케 하는 과제, '사유재산을 폐지하는 일'을 붙들었기 때문이다.

5천 년이 넘는 사유재산제의 역사에 의해, 그리고 자본주의에 의해 타락할 대로 타락해버린 이 더러운 인간의 손으로 어떻게 사유재산이 없는, 어린아이의 눈매보다 더 순결한 사회를 달성할 수 있다고 마르크스는 감히 장담하였던가. 현실의 더러운 삶에 몸담은 연륜이 깊어갈수록 과학적 사회주의를 주창한 마르크스야말로 진정한 공상가가 아닌가, 의혹이 든다.

지나가는 김에 말하자면 사유재산을 부정한 죄로 마르크스를 과격한 불순분자라고 비난하는 사람이 있다면, 나는 그 사람에게 "당신의 종교는 무엇이오?"라고 묻고 싶다. 그가 기독교도라고 답한다면, 부자에게 천당행 차표를 주지 않았던 예수도 사유재산을 부정한 사람이요, 그가 불교도라고 말한다면, 재산은 모으면 모을수록 갈증을 일으키는 바닷물과도 같다며 일체의 재산에 대한 집착을 경계한 석가도 사유재산을 부정한 사람이기에, 마르크스가 불순한 사상가라면 예수나 석가도 똑같이 불순한 사상가라고 매도해야 한다며 일침을 놓고 싶다.

다른 것은 무엇인가? 석가와 예수가 사유재산을 정신적으로 극복하고자 하였다면, 마르크스는 물질적으로 극복하고자 하였다는 데에 있을 따름이다. 석가는 '무명(無明)'이라고 하는 마음의 때를 벗겨내는 수련을 통하여, 예수는 신의 사랑에 힘입어 정신적 자유와 해방에 도달할 수 있다고 본 것인데, 이러한 정신적 자유와 해방의 길이 거꾸로 사유재산제를 강화하는 데 복무하였다는 비판 앞에 할말을 잃는다. 사람을 탐욕의 노예로 만드는 사유재산제, 사람을 갈가리 찢어놓아 의심하고 싸우도록 강제하는 이 더러운 사유재산제의 현실에 정면으로 부딪친 이는 역시 정직한 마르크스였던 것이다.

나는 마르크스에게 묻는다. 도대체 당신은 무슨 똥배짱으로 사유재산제를 극복할 수 있다고 장담한 것이오? 마르크스는 너

제2장 노동자의 길

무 쉽게 답한다. 허, 부르주아가 인민의 사유재산을 폐지해 나가지 않는가? 사람이 생존하려면 노동을 해야 하고, 노동을 하려면 생산수단이 있어야 하는데, 자본주의만큼 근로대중으로부터 생산수단을 철저히 분리시킨 경제체제가 있느냐 말이야. 근로대중이 공유해야 할 일체의 생산수단을 부르주아가 사유하고 있으므로 이제 남은 것은 부르주아의 사적 소유만 폐지하면 되는 것이지.

인간이 사유재산에 대해 갖는 집착이 얼마나 강고한 것인지 마르크스가 몰랐던 것은 아닐 게다. 농민이 자기가 일군 논에 대해 갖는 집착, 자영업자가 평생 일군 가게에 대해 갖는 집착, 직장인이 모아가는 퇴직금에 대해 갖는 집착이 얼마나 강렬한 것인지 모르지 않았을 게다. 그런데 마르크스에 의하면 소시민들의 사유재산을 폐지하는 이 힘든 운동을 고맙게도 부르주아들이 전개해주고 있다는 것이다. 생산비도 나오지 않는 쌀 수매조차도 거부하고 있는 정부, 가게의 임대료를 둘러싸고 오만 가지 횡포를 부리는 건물주, 직장인들의 퇴직금제도 자체를 없애버리고 있는 자본가, 이렇게 근로대중의 사유재산을 부정하는 운동을 부르주아가 저지르고 있다는 것이다.

나는 마르크스에게 묻는다. 그러면 부르주아의 저 거대한 사유재산을 어떻게 무슨 힘으로 폐지할 수 있다고 장담하는 것이오? 마르크스는 답한다. 부르주아의 사유재산이 늘어나면 늘어날수록 무산자 또한 늘어나는 것이니만큼, 이 무산자 혹은 임금노동자 혹은 프롤레타리아트 혹은 현대판 노예들이 늘어나면 늘어날수록 부르주아의 무덤을 파는 묘혈꾼의 수는 늘어나게 되어 있다는 것이 아닌가. 남는 일은 부정의 부정. 소시민의 사유재산을 부정한 부르주아의 사유재산을 이제 프롤레타리아트가 부정하면 된다는 것이다.

그렇기 때문에 프롤레타리아트에 대한 마르크스의 애정은 남달랐던 것이다. 플라톤이 이상사회를 실현하기 위해 찾은 해결사가 '부인을 공유하는 일단의 철인정치 그룹'이었다면, 마르크스가 그의 코뮌을 이루기 위해 찾은 해결사가 바로 '재산이 없는 프롤레타리아트'였던 것이다.

사유재산제의 폐지라고 하는 세계사적 사명을 담지하는 자가 프롤레타리아트라고 보았기 때문에 노동계급이 아닌 여타의 근로대중을 향한 마르크스의 시선은 매우 냉정하였다. 농민과의 동맹이 아니고는 러시아의 단 한 조각도 움직일 수 없다고 보았던 레닌의 농민관과 마르크스의 그것이 얼마나 대극적인지, 왜 이런 차이를 보이는지, 음미해볼 일이다.

플라톤이 철인정치를 구현하기 위해 나이 50세까지 철인 육성 교육과정을 기획하였다면 마르크스는 이 프롤레타리아트의 훈련과정을 어떻게 기획하였던가? 타고난 낙관론자, 아이들이 굶주려 죽는 참혹한 궁핍 속에서도 『자본』의 집필에 매달렸던 이 '가난한 아빠' 마르크스는 자신의 처지가 주는 암담함과 정반대되는 '사유재산의 폐지'라고 하는 위대한 꿈에 매달려 있었던 것이다.

오늘날 부르주아지에 대립하고 있는 모든 계급들 중 오직 프롤레타리아트만이 진정으로 혁명적인 계급이다. 다른 모든 계급들은 대공업의 발전과 함께 몰락하여 소멸하지만, 프롤레타리아트는 대공업 자체의 산물이다.

이전의 모든 지배계급들은 지배권을 장악한 후, 사회 전반을 자신의 전유(專有) 조건 아래 종속시킴으로써 이미 획득한 자신의 지위를 공고히 하고자 하였다. 하지만 프롤레타리아는 자기 자신이 속해 있던 기존의 전유양식을 폐지하고, 나아가 지금까지 존재한 다른 모든 전유양식을 폐지함으로써만 사회적 생산력을 장악할 수 있다. 프롤레타리아는 보호하고 강화할 그 무엇을 가지고 있지 않다. 그들의 사명은 지금까지 사적 소유를 보호하고 보장해온 일체의 것을 파괴하는 것이다.

열·번·째·마·당
'노동의 종말'이냐 '노동의 해방'이냐

이미 우리가 본 바와 같이, 지금까지의 모든 사회는 억압계급과 피억압계급의 적대관계에 입각해 있었다. 그런데 한 계급을 억압하자면 억압받는 계급에 최소한의 노예적 생존이라도 유지할 만큼의 조건을 보장해주어야 한다. 농노제 아래 있던 농노는 도시공동체(코뮌)의 성원으로 올라섰으며, 봉건적 절대주의의 속박하에 있던 소부르주아는 어렵게나마 부르주아로 상승해갔다. 그런데 현대의 노동자는 공업의 진보와 함께 올라서는 것이 아니라 자신의 계급적 생존조건 아래로 더욱 깊이 가라앉고 있다. 노동자는 빈민이 되고, 빈궁은 인구와 부의 증가보다 더 빠르게 늘어난다. 이제 여기에서, 부르주아지가 더는 사회의 지배계급으로 남아 있을 수 없게 되었다는 것, 그리하여 자기 계급의 생활조건을 규제적인 법률로도 더는 사회에 강제할 수 없다는 것이 명백해진다. 부르주아지가 사회를 지배할 능력이 없는 이유는 부르주아지가 자신의 노예들에게 노예적 생활조차 보장할 능력이 없기 때문이며, 부르주아지가 노예들로부터 부양을 받기는커녕 오히려 노예들을 부양해주어야 할 만큼 그들을 비참한 처지로 몰아가지 않을 수 없기 때문이다. 사회는 이제 부르주아지의 지배 아래에서 살아갈 수 없다. 달리 말해, 부르주아지의 존재는 이제 사회와 양립할 수 없는 것이다.

나이 서른에 쓴 이 『공산당선언』을 오늘의 상황에 그대로 도입할 수는 없으나, 어떻게 역사의 큰 줄기를 이렇게 대담하게 표현할 수 있었는지, 『공산당선언』을 작성하던 몇 날 며칠의 밤, 마르크스는 신들린 것이 아니었던가, 나는 그런 느낌을 갖는다. 『공산당선언』을 작성한 지 1백50년이 지난 시점 한 정직한 관찰자 제러미 리프킨은 미국과 유럽에서 진행되고 있는 구조조정과 정리해고의 대폭풍을 이렇게 묘사하고 있다.

인간의 노동은 현재 처음으로 생산과정으로부터 체계적으로 제거되고 있다. 1백 년 이내에 시장 부분의 대량 노동은 사실상 세계의 모든 산업국가들에서 사라져갈 것이다.

문명은 태초부터 주로 노동을 중심으로 형성되었다. 노동은 구석기시대의 사냥과 채집, 신석기시대의 농부, 중세의 장인, 현재의 조립라인 노동자에 이르기까지 매일매일 생존을 위한 핵심적 부분이었다. 노동을 통하여 오늘의 인간으로 성장해온 인간의 오랜 역사를 굳이 되풀이할 필요는 없을 것이다. 그런데 리프킨에 의하면, 이 '노동이 체계적으로 추방되는 시대'가 전개되고 있다는 것이다. 무시무시한 이야기다.

"어떻게 추방되고 있는가?"라는 질문에 대해 리프킨은 그가 수집한 방대한 사실들을 열거한다. 최근 미국 쪽에서 나온 베스트셀러들이 '사실의 과잉과 철학의 빈곤'이라는 공통된 특징을 보이듯, 마찬가지로 리프킨 역시 이 한 문장의 명제를 입증하기 위해 4백 쪽짜리 책의 3분의 2를 할애한다. 동일한 의미를 내포하는 사실, 사실, 사실들이 우리의 눈을 아프게 하지만, 이것이 우리의 미래라면, 아래의 발췌를 읽어주는 수고쯤이야.

사실 1 구조조정

미국에서는 2백만 개 이상의 일자리를 제거하고 있다. 로스앤젤레스에서는 미국에서 열세번째로 큰 은행 지주회사인 퍼스트인터스테이트 은행이 업무의 구조조정을 통해서 종업원의 25퍼센트 이상에 해당되는 8천 개의 직무를 제거했다. 인디애나 주의 콜럼버스에서는 아빈인더스트리사가 자동차 부품 공장을 효율화하면서 전체 종업원의 약 10퍼센트를 해고했다. 코네티컷의 덴버리에서는 유니언카바이드사가 1995년까지 5억 7천5백만 달러의 비용을 절감할 목표로 생산·관리·유통 부문의 리엔지니어링을 실시했다. 이 과정에서 전체 종업원의 약 22퍼센트에 해당되는 1만 3천9백 명이 해고되었다.

사실 2 컴퓨터의 도입

대다수 산업국가 노동력의 75퍼센트 이상이 단순 반복작업에 종사하고 있다. 자동기계, 로봇, 더욱더 정교해지고 있는 컴퓨터는 이런 작업들의 대부분을 수행할 수 있다. 이것은 미국에서만도 향후 1억 2천4백만 명의 총 노동력 중 9백만 명이 기계에 의해서 대체될 수 있다는 사실을 의미한다. 최근의 조사에 따르면 전 세계 기업의 5퍼센트 정도가 향후 10년 이내에 불가피하게 다가올 새로운 기계문화, 대량 실업으로의 이행을 시작했다.

사실 3 리엔지니어링

『월 스트리트 저널』에 따르면 기업 리엔지니어링으로 인하여 조만간 연간 1백만에서 2백50만 명의 해고자가 발생하게 될 것이라고 한다. 몇몇 연구는 리엔지니어링이 본격적인 궤도에 오르게 되면 현재 총 9천만 명의 민간 부문 노동자들 중 2천5백만 명이 실직하게 될 것이라고 예측했다.

사실 4 자동화의 가속화

자동화의 가속화는 세계 경제를 급속하게 무인공장화하고 있다. 1982년에서 1991년 사이 미국의 제조 부문에서 1백80만 개의 일자리가 사라졌다. 독일의 제조 부문의 경우 1992년에서 1993년 사이 단 12개월 동안에 50만 개의 일자리가 사라졌다. 제조 부문 일자리의 감소는 기계에 의한 인간 대체의 장기적 추세의 일부이다.

사실 5 로봇의 도입

로봇은 자동차의 조립라인에서 인간의 노동력을 대체하는 원가절감의 대안으로 더욱더 매력적이다. 마쓰다 자동차는

2000년까지 50퍼센트 정도의 자동화된 최종 조립라인을 갖고 싶어했다. 로봇 한 대는 경제적인 측면에서 4명의 일자리를 대체할 수 있고, 하루 24시간 계속해서 사용한다면 1년 정도 지나 자금을 회수할 수 있을 것으로 추정하고 있다.

휴, 이제 그만 나열하자. 목하 진행 중인 한국에서의 구조조정과 대량 해고는 사실상 미국식 자본주의의 강압적인 한국 상륙에 다름 아니었던 것이다. 그리하여 미국 전체 노동력의 13퍼센트에 해당하는 약 1천6백만 명이 실업 혹은 잠재적 실업상태에 있었던 것처럼 이제 한국도 만성적인 고실업의 시대로 접어들고 있는 것이다. 결론적으로 리프킨은 자기의 고민을 이렇게 털어놓았다.

우리는 역사상 유례없는 거대한 사회변혁을 초래하는 신기술 혁명 속으로 휩쓸려가고 있다. 새로운 하이테크 혁명은 수백만의 노동자들에게는 노동시간 단축과 복리증진을 의미할 수 있다. 수많은 사람들이 근대 역사상 처음으로 공식 시장의 장시간의 노동으로부터 해방되어 자유로이 레저를 추구할 수 있게 될 것이다. 그러나 바로 이 기술이 전 세계적인 경기침체와 실업증대를 야기할 수도 있다. 우리 앞에 놓여 있는 세계가 유토피아인지 아닌지의 여부는 정보화시대의 생산성 향상분이 어떻게 분배되는가에 의해서 크게 좌우된다.

잘 가다 삼천포로 빠진다고, 리프킨이 꼭 그 격이다. '우리 앞에 놓여 있는 세계가 유토피아인지 아닌지의 여부'와 '정보화시대의 생산성 향상분이 어떻게 분배되는가'는 동어반복에 지나지 않는다. 우리 앞에 놓여 있는 세계를 유토피아로 끌고 가느냐 못 가느냐, 정보화시대의 생산성 향상분을 노동해방에 기여하도록 쟁취하느냐 못 하느냐는 전적으로 '노동계급의 계급투쟁에 달려 있다'라고 서술했어야 한다. 하지만 리프킨의 소심함을 탓하지 말자. 어차피 미국이야 '반동의 나라'가 아닌가.

나는 지난 1980년대 초 만델(E. Mandel)이 쓴 『후기자본주의론』을 읽으면서 미국 공장들에서 광범위하게 자동화가 추진되고 있다는 사실을 매우 흥미롭게 접하였다. 이 공장자동화야말로 자본주의에 조종을 울리고 사회주의를 요청하는 생산력이지 않겠는가, 혼자 생각하여 보았다.

산업의 전 영역이 자동화로 편재될 경우, 즉 사회적으로 생산된 생산수단이 소수 자본가들의 수중에 집중되어 있는 상황에서 근로대중 전반이 실업자가 될 경우, 자본주의는 다음과 같은 이중의 모순에 처하게 될 것이다. 하나는 그야말로 무산자로 전락한 근로대중의 절망적인 반발에 부딪힐 것이요, 다른 하나는 경제적 재생산 과정에서 발생하는 '생산과 소비 간의 현저한 불일치'를 해결하지 못하여 상시적인 공황 상태에 대면하게 될 것이다.

하지만 1980년대에 읽었던 만델의 『후기자본주의론』은 당시의 우리 경제의 상황하고는 너무 먼 다른 나라의 이야기로만 들렸다. 아마도 마르크스가 지금 살았더라면 목하 맹렬히 추진 중인 자동화야말로 사회주의적 생산양식을 요청하는 생산력이 아니겠느냐며 희희낙락하였을 것이다. 그리하여 쥐들이 뜯어 먹도록 다락에다 처넣어버렸다던 『독일 이데올로기』를 꺼내 들고 이렇게 떠벌릴 것이다.

부르주아 사회 내에서의 생산력 발전은 공산주의혁명을 가능하게 하는 두 가지 기본적인 유물론적 전제들을 제공한다. 첫번째가 고도의 생산력으로 이것은 사유재산제와 도저히 양립할 수 없는 것인 동시에 공산주의적 기반 위에서 사회를 조직하기 위해 필요한 전제이다. 두번째로는 광범위한 대중의 프롤레타리아화, 곧 현대 사회에서 가장 혁명적인 계급인 프롤레타리아트 계급을 형성하는 일이다.

리프킨이 말하는 고역의 소외된 노동으로부터 인간을 해방시키는 '자유의 개시'를 의미할 수 있는 기술혁신이 오히려 대량실업과 전 세계적인 빈곤, 사회적 불안 및 격변이라는 암울한 미래를 투사하고 있는 까닭을 마르크스식으로 풀어보면, 부르주아의 사적 소유를 폐지하지 못했기 때문이다. 누가 이 세계사적 대업을 이룰 것인가.

'노동의 종말'이냐 '자유의 개시'냐, '대량 실업'이냐 '노동해방'이냐, 이것을 결정하는 것은 전적으로 노동계급의 손에 달려 있다. '계급으로 단결된 노동자의 힘'에.

부르주아지가 싫든 좋든 촉진시키지 않을 수 없는 공업의 진전은 경쟁에 의한 노동자들의 고립 대신에 연대에 의한 혁명적 단결을 가져온다. 이리하여 대공업의 발전과 더불어, 부르주아지가 생산물을 생산하고 전유하는 기반 자체가 부르주아지의 발 밑에서 무너져간다. 부르주아지는 다른 무엇보다도 자기 자신의 무덤을 파는 일꾼을 생산하는 셈이다.

열·한·번·째·마·당
구체와 추상의 변증법

부르주아지의 몰락과 프롤레타리아트의 승리는 다 같이 피할 수 없는 일이다.

맑은 날 비행기를 타고 하늘에 오르면 남도의 산천이 한 시야에 들어온다. 저쪽 멀리 보이는 산이 지리산이고, 이쪽 아래로 굽이굽이 흐르는 강이 금강이겠지. 어렸을 때 배운 지리공부를 실물에 대입하다 보면, 문득 김정호가 떠오른다. 두 발로 걸어 걸어 삼천리 방방곡곡을 실사하여 지도를 그려낸 분. 어떻게 그런 야심 찬 계획을 세울 수 있었을 것이며, 또 그 계획을 한 편의 그림으로 옮겨낼 수 있었단 말인가. 김정호 선생에게 하늘을 나는 비행기구를 제공하여 준 이가 있었다면 그는 그 비행기구에 얼마나 커다란 감사를 드릴 것인가, 아이들 같은 공상을 해본다.

마르크스를 배우고, 그의 가르침의 안내를 받아 우리의 현실을 분석하고, 실천활동을 해나가는 이들에게 꼭 하고 싶은 이야기가 있으니, 그것은 '구체와 추상의 변증법'에 관한 이야기다.

어려운 철학적 개념풀이를 버리고 아주 쉽게 '구체와 추상의 변증법'을 설명하기 위해 나는 자주 '지도의 제작과 독해 과정'을 예로 든다.

김정호가 발로 걸어다닌 삼천리 방방곡곡은 구체이다. 김정호의 가슴속에는 반도의 모습을 민중에게 있는 그대로 보여주고 싶은 열정이 맥동쳤을 것이다. 하지만 자신이 두 눈으로 확인한 반도의 진실을 김정호는 있는 그대로 보여줄 수가 없다. 한반도만 한 지도를 작성한다는 것은 애당초 불가능한 일이 아니겠는가? 진실을 있는 그대로 다 인식하는 것도 힘든 일이지만, 인식한 진실을 있는 그대로 표현하는 일도 불가능한 것이 인간이 지닌 숙명적 한계이다. 그래서 지도는 축소판 지도일 수밖에 없다.

여기에서 한 가지 문제가 발생한다. 내가 본 무수한 산과 강, 그 산과 강의 세부 모습들 중 무엇을 그려넣을 것인가 하는 선택의 문제가 바로 그것이다. 선택한다는 것은 동시에 버린다는 것을 의미한다. 내가 관찰한 현실의 그 무수히 다양하고 풍부한 요소들 중 어느 것을 버릴 것인가. 지도를 작성한다는 것은 바로 선택하는 일이요, 버리는 일인 것이다.

지도의 편찬자가 보았을 때, 빠뜨려서는 안 된다고 생각되는 매우 의미 있는 정보들은 지도에 표기하고, 사소한 비중을 갖는 정보들은 과감하게 버리는 이런 취사선택의 반복 위에서 한 편의 지도가 작성되는 것이다. 그리하여 김정호는 주요 산맥과 강줄기, 도로망과 역참들을 가지고 〈대동여지도〉를 그린 것이다. 여기까지가 지도의 제작 과정이다.

이제 우리에게 중요한 것은 지도를 독해하는 자세이다. 지도에 그려진 지리산은 추상이다. 많은 다양한 현실의 요소들을 제거해버린 후에 작성한 그림이기에, 지도는 현실을 다 드러내주지 못한다. 지도 한 장과 나침반만을 가지고 겨울 지리산에 올랐다가 길을 잃고 헤매다 얼어죽은 이들도 있지 않은가. 지도 속에 표기된 도로망대로 현실의 도로가 뚫려 있지 않다 하여 그 지도에 대고 투덜대는 자동차 운전자는 없다. 역시 지도는 추상적인 것이기에 등반자나 운전자는 자신의 경험에 의해 추상적 지식을 구체적인 것으로 발전시켜 나가는 것이다. 이것이 중요하다.

역사를 기술하는 작업 역시 지도를 제작하는 과정과 본질적으로 동일하다. 역사가가 자신이 알고 있는 역사적 사실 모두를 몽땅 털어 한 권의 책에 집어넣을 수는 없다. 역사가는 자신이 말하고 싶은 것을 입증하는 데 도움이 되는 사실만을 선택하여 기술한다. 마찬가지로 선택하는 것은 버리는 것이다.

여기까지가 역사의 기술 과정이라면, 이제 역사의 이해 과정에 대해 살펴보자. 역사서를 포함하여 모든 과학 저술은 본질적으로 추상적이다. 추상적이라 함은 기술하고자 하는 사물의 풍부하고 다양한 많은 요소들을 버렸다는 것이다. 한 권의 역사서나 과학적 저술을 통해 우리가 배우는 것이 추상적인 지식이라면, 이제 이 추상적인 지식의 도움을 받아 현실을 구체적으로 인식해야 할 의무는 우리 독자들의 몫인 것이다. 왜 마르크스의 이론대로 현실이 움직이지 않느냐고 항변하는 것은 지도에 그려진 도로망을 따라 잘 운전을 해온 사람이 개똥이네 집이 표기

되어 있지 않다며 투덜거리는 것과 똑같다.

　10년 전 소련이 무너지는 것을 보면서, 사회주의 사회가 자본주의 사회로 회귀하는 모습을 보면서, 자본주의 사회의 몰락의 필연성과 계급 없는 사회의 도래의 필연성을 신봉하였던 많은 후배들이 자신의 신조를 쉽게 버리곤 하였다. 구체와 추상의 변증법을 먼저 밝히고 싶은 이유가 여기에 있다.

　마르크스의 예견은 기본적으로 추상적인 것이다. 그것은 강물이 흘러 바다로 가는 것처럼 상식적인 추상 법칙일 수 있다. 현실의 소련 사회는 인간이 만든 저수지였다. 그런데 우리는 그 저수지를 바다로 착각하였던 것이다. 저수지의 둑이 무너져 흘러내리는 모습을 보면서 우리는 인식의 대혼돈에 빠진 것이다. "어떻게 바닷물이 흘러내리지? 그래, 세상에는 호수나 저수지만 있을 뿐이고 바다는 없는 것이야" 혹은 "호숫물의 바닷물로의 전화법칙이 잘못된 것이었어"라며 호들갑을 떨었던 것이다.

열·두·번·째·마·당
다가오는 사회주의

　적어도 인간의 의식을 변화시켜 '바람직한 사회'를 만들어야 한다고, 적어도 인간이라면 동물적으로 살아서는 안 되며 인간답게 살아야 한다고, 적어도 젊은이라면 이상을 가지고 인류의 불행을 치유하는 일에 젊음을 바쳐야 한다는 '도덕' 교육이 초등학교부터 대학교까지 시행되고 있는 한, 우리는 모두 잠재적인 '사회주의자'일지 모른다. 인간은 강자가 약자를 잡아먹는 동물처럼 살아야 하며, 청소년들은 오직 자기 자신의 이익만을 위해 살아야 한다는 주장이 '도덕' 시험문제에서 오답으로 처리되는 한, 우리는 모두 잠재적인 사회주의자일 것이다.
　『도경』과 『덕경』을 써놓고 어디론가 사라진 노자의 정치사상은 가장 극단적인 공산주의인 무정부주의를 설파하고 있다. 노자에 비해 아주 현실적인 개혁사상을 가르친 공자 역시 능력에 따라 일하고 필요에 따라 나눠 쓰는 공동체, '대동 세상'을 꿈꾸었다. 서양으로 옮아가 살펴보면, 그네들의 사상의 원조인 플라톤, 이 보수적인 사상가마저도 사유재산을 폐지하고 부인을 공유하는 공산주의적 철인정치를 제기하였다. 303년 로마의 국교로 승격된 이래 중세 천 년을 지배하였던 기독교 교리 속에도 부자를 증오하고 가난한 자의 편에 섰던 예수의 사회주의적 지향이 뚜렷이 새겨져 있다.

프랑스혁명을 거치면서 인류는 사회·정치제도에 대한 새로운 의식을 확보한다. 루이 16세의 머리를 단두대에 집어넣고 싹둑 잘라버리듯, 그처럼 인간은 인간의 손으로 인간의 사회제도를 변화시킬 수 있다는 자신감을 보유하게 되면서, 사회주의사상은 독자적으로 흘러가는 강물이 된 것이다. 공산주의, 우리에게 악마처럼 다가오는 이 낱말의 원뜻은 '민중의 해방공동체'이며, 그것의 역사적 실체는 프랑스혁명 과정에서 등장하였던 '코뮌'이었다.

오언과 같은 마음씨 착한 사회주의자들이 '뉴래너크'로 불리는 '생산자들의 공동체'를 만들어 사회주의적 이상을 실현하려 하다 실패한 것에 반해, 마르크스와 같은 사회주의자들은 사회제도의 객관적 운동법칙에 입각한 '사회주의 사상의 과학성'을 추구하였다. 마르크스와 엥겔스는 당시 유럽에서 '사회주의자'라는 낱말이 오늘 우리 사회에서 '인도주의자' 정도의 이미지를 풍기는 나약한 것이어서 그런 지적 유행과 일선을 긋기 위해 '계급투쟁을 통해 노동계급이 일구어내는 민중해방공동체'로서의 '코뮌' 사상을 정식화하였던 것이다.

19세기 후반 유럽의 부르주아지는 자국의 노동자계급에게 보통선거제를 양허한다. 이 보통선거제는 참정권을 쟁취하고자 나섰던 노동운동의 피어린 성취이자 동시에 계급투쟁의 혁명적 전진을 합법적 울타리, 즉 의회 안으로 끌어들이고자 하는 부르주아지의 전략이기도 하다. 보통선거제가 실시되는 유럽 여러 나라에서는 '혁명'의 깃발을 접은 '사회민주주의'가 아직까지 대중의 진보사상으로 자리잡고 있다. 한편, 아직 봉건체제에서 벗어나지 못하여 시민혁명을 기다리고 있던 차르의 러시아에서 한 떼의 노동자들과 이들을 조직적으로 지도한 볼셰비키가 시민혁명의 주도권을 장악하고 마침내 권력 장악에 성공하는 신기한 사태가 1917년에 일어났다.

봉건체제가 자본주의체제를 뛰어넘어 바로 사회주의체제로 돌입할 수 없다는 것은 마르크스주의의 기본 교리이다. 그런데 낙후된 나라 러시아에서 볼셰비키혁명이 성공하자, 마르크스주의자들은 자신의 기본 교리를 비껴가는 일탈을 감행하지 않을 수 없게 된다. 스탈린은 일국에서 국가의 계획적 지도에 의해 사회주의 사회를 건설할 수 있다고 하는 전혀 새로운(!) 이론, 즉 '일국 사회주의론'을 과감하게 제시하였고, 이 이론이 지니는 원리적 약점을 물고늘어지면서 트로츠키는 마르크스의 제자답게 '전 세계의 사회주의화 없이는 일국의 사회주의는 성립할 수 없음'을 일관되게 주장하였다.

마르크스의 유물사관에 의거하여 볼 때, 20세기 사회주의는 '낮은 생산력과 고매한 이상'이라고 하는 독특한 모순을 안은 채 진행된 사회주의였다. 스탈린의 농업 집단화도, 그로 인한 관료화도 그 밑바닥을 들여다보면 낮은 생산력이 가져다준 비극이었고, 마오쩌둥의 문화대혁명이나 덩샤오핑의 실용주의 노선도 다 '낮은 생산력과 고매한 이상'이 빚어낸 모순의 표현들이었다. 어찌 보면 마르크스의 예견은 21세기에 더욱 극명하게 실현될

지도 모른다. 자동화와 정보화가 현란하게 진행되고, '노동의 종말'이 아주 직접적인 현실로 다가오면 올수록, 이 자본주의 생산양식을 대체하는 새로운 생산양식의 도래는 더욱 절실한 민중의 요구가 될 것이기 때문이다.

사회는 이제 부르주아지의 지배 아래에서 살아갈 수 없다. 달리 말해, 부르주아지의 존재는 이제 사회와 양립할 수 없는 것이다.

제3장 인간은 꿈의
세계에서 내려온다

첫번째 마당__사상의 커밍 아웃

두번째 마당__종파주의

세번째 마당__파도와 같은 노동운동

네번째 마당__너무나 자랑스러운, 하지만 너무나 비극적인

다섯번째 마당__그것은 당신의 사유재산이 아니오!

여섯번째 마당__홍길동식 사회주의

일곱번째 마당__부인공유제

여덟번째 마당__마르크스의 꿈

아홉번째 마당__미국이 사회주의연방공화국이라나

열번째 마당__사회주의의 노고단과 천왕봉

열한번째 마당__진보정당이 집권하면

열두번째 마당__어떻게 살아야 하는 것이냐

열세번째 마당__나의 행복관

열네번째 마당__유토피아

열다섯번째 마당__그리운 들불

첫·번·째·마·당
사상의 커밍 아웃

지금도 자신의 사상을 공공연하게 밝히는 것이 쉬운 일은 아니지만, 20년 전 전두환 독재정권 치하에서 자신의 사상이 사회주의라고 밝히는 것은 "어서 나를 죽여주십시오"라고 재촉하는 것이나 다름없었다. 그 이유야 간단하다. 한국전쟁의 책임자가 북한으로 통용되어왔고, 북한이 호시탐탐 남한을 적화시키려 한다는 것이 국민적 상식으로 통용되어왔기 때문에, 남한에서 사회주의자임을 자처한다는 것은 북한에서 내려보낸 간첩이거나 아니면 북한의 적화통일 전략을 지지하는 사람으로 간주되었던 것이다.

그리하여 이곳 남한 땅에서는 이상한 일이 발생하게 되었다. 북한의 적화통일 전략을 저지한다는 명분하에 박정희, 전두환 정권은 독재의 칼을 휘둘렀는데, 이 독재정치에 반대하는 자유민주주의자들을 독재자들은 빨갱이로 만드는 수법을 사용하였던 것이다. 자유민주주의를 쟁취하기 위해 성명을 내고 농성을 하고 집회와 시위를 하는 재야인사와 학생들에게 독재정권은 온갖 고문을 가하여 "그래요, 나는 빨갱이입니다"라고 자백하도록 강제하였던 것이다. 이렇게 하여 저 유명한 '적색 오징어포'가 치안본부의 고문대 위에서 제조되어 나왔던 것이 지난 1970~1980년대의 암울한 정치 상황이었다.

그런데 대한민국의 법정에서 공공연하게 자신의 사상이 사회주의임을 밝힌 불순분자가 튀어나왔다. 물론 고문을 받은 것도 아니다. 1990년 소련이 무너져내린 상황에서 세계사의 바람이 거칠게 우경화되고 있던 길목에서 한 떼의 노동운동가들이 "그렇소, 나는 사회주의자요"라고 선언하였던 것이다.

공산주의자들은 자신의 견해와 의도를 감추는 것을 경멸한다.

나는 자신의 견해와 목적을 공공연하게 밝히는 사람을 좋아한다. 나는 사회주의자이다. 그러면 당신은 무엇인가. 자신의 사상이 사회주의임을 밝히는 사람을 향해 삿대질을 하려면 먼저 당신의 사상이 무엇인지 밝혀야 할 것이다. 사회주의사상의 대극점에는 자유주의가 있다. 그런데 우리나라에는 제대로 된 자유주의자 한 명 찾아보기도 힘들다. 사람들은 한나라당, 민주당을 보수정당이라고 부르지만, 내가 보기엔 "아니올시다"이다. '보수정치인'이라는 말은 너무나 영예로운 칭호여서 그네들에게는 적합치 않다. 보수정치인이라 부르기에 너무 저질이라는 얘기다. 사상적으로, 적어도 보수정치인이라면 그의 머리에 붙이고 다녀야 할 정치사상은 자유주의이다. "비록 당신의 견해에 나는 반대하지만, 당신의 견해를 주장할 권리만큼은 내 죽는 한

이 있더라도 옹호하겠소"라고 말한 볼테르 정도는 되어야 그래도 대한민국에 멋있는 보수정치인 한 명 나왔구나 할 수 있을 것이다. 그런데 대한민국 국회의원 중에 인간의 사상과 양심의 자유를 짓밟는 국가보안법에 대해서 목숨 걸고 싸우는 자 한 명도 보지 못했다.

그러면 다들 무엇인가? 내가 알기로 대한민국 정치인들의 사상은 '황금만능주의'이다. 솔직히 말해 돈이 최고이지 않은가? 대한민국의 지배세력은 자신의 사상이 황금만능주의임을 공공연하게 밝히는 것이 부끄러워 '반공주의'의 기치를 들어왔다. 지배세력의 대변지인 『조선일보』가 그래 왔다. 그런데 그 어떤 적극적 가치를 제시하지 못하는 반공주의사상은 특정 집단을 죽이기 위한 데마고기이지 사상이 아니다. 그렇게 우리는 지난 50년 동안 사상이 없는 시대, 지적 황폐의 시대를 살아왔던 것이다.

프랑스에선 고등학생만 되어도 자신의 사상을 밝힌다고 한다. 참 부러운 아이들이다. "아빠, 나는 사회주의자야, 그렇게 알어." 이렇게 말하는 것을 커밍 아웃이라고 하는데, 그네들은 커밍 아웃에만 그치지 않고 사회주의자들이 모인 조직과 정당에 가입하여 자신의 사상을 실현하기 위해 실천에 나선다는 것이다. 아, 우리는 언제나 그렇게 될꼬. 자유주의도 좋고 생태주의도 좋다. 여성주의도 좋고 민족주의도 좋다. 제발 자신의 사상을 밝히자. 그리고 이 사상의 구현을 위하여 정직하게 실천하자.

두·번·째·마·당
종파주의

　　인간은 옳건 그르건 끼리끼리 뭉치고 싶은 욕망이 있나 보다. 아무런 대의명분 없이 오직 사적 이익에 따라 뭉치고 싸우는 전형적인 집단이 깡패일 것이다. 이런 깡패적 속성으로 모이고 충성하면서 출세를 꿈꾸는 곳이 오늘의 보수정당들이다. 물론 보수정당들은 그럴듯한 국민적 대의명분을 내건다는 점에서 깡패들과 차이가 있다. 하지만 아직까지 보수정치인들이 선거 때 내건 공약(公約)이 모두 공약(空約)으로 끝나는 것을 보면, 그들의 대의명분은 혹세무민용 명분이요, 자신들의 탐욕을 가리기 위한 위장일 따름이다. 조직폭력배들이 음지에서 활동하는 반면 보수정치인들은 양지에서 활동한다. 그들의 활동하는 무대가 음지냐 양지냐만 다를 뿐, 두 집단은 본성에서 동일한 이익집단이다.

　　사적인 이익을 중심으로 모이고 뭉치고 싸우는 것이 꼭 깡패세계와 정치세계에만 적용되는 것은 아니다. 신성해야 할 종교의 세계에도 이 세속의 논리가 그대로 관철되고 있어 우리의 입맛을 씁쓸하게 한다. 조계종의 주도권을 놓고 각목 싸움을 하는 것을 보면, 스님들 역시 인간의 몸을 벗어나기 힘든 것 같다. 뿐이랴. 진리 탐구에 매진해야 할 대학을 들여다보아도, 자파의 세력을 확장하고자 하는 욕구들이 이곳저곳에서 번득인다.

솔직히 인정하자. 독재정권과 싸워 해방세상을 이루고자 온몸 바쳐 일하였던 운동권도 이런 패거리 속성으로부터 자유롭지 못하였던 것 같다. 물론 모든 운동가들이 그런 것은 아니었다. 주로 머리 좀 쓰는 영악한 친구 몇 놈들이 이상한 대의명분을 내걸어 자파를 결집하고 확장하는 데 열을 내는데, 문제는 순박한 친구들이 이들의 꾐에 쉽게 넘어간다는 것이다. 이런 대목을 놓고 공자는 일찍이 "군자는 화목하게 지내나 휩쓸려다니지 않으며, 소인은 휩쓸려다니면서 화목하게 지내지 않는다(和而不同 同而不和)"고 일갈하였던 모양이다.

오늘의 노동조합운동 내에 이런 패거리문화가 없다고 자신할 수 있을까? 오늘의 학생운동 내에 이런 종파적 습성이 없다고 자신할 수 있을까? 노동해방이라는 커다란 대의 아래 일치단결해야 할 노동운동가들이 먼저 "저놈들과는 함께 일할 수 없다"는 구별짓기에 앞장선다. 약점 없는 사람 없는 것이고, 오류 저지르지 않는 사람 없는데, 타인의 약점과 오류를 닥닥 긁어모아 아무것도 모르는 순박한 친구에게 분열의 선입견을 주입시킨다. "저놈들 때문에 운동이 이 모양 이 꼴이라고."

함께 터놓고 대화를 나누고 서로의 힘을 합쳐야 할 운동권들이 먼저 서로를 가르고 배타시하는 데 익숙하여 있는 오늘의 현실은, 극복하고 넘어가야 할 운동권의 난제이다. 어떻게 하면 이런 종파적 악습을 극복할 수 있을 것인가? 종파적 집단일수록 민중의 대의를 대변하는 것이 아니라 자신만의 종파적 깃발을 내걸어 자랑하는 데 익숙해 있다. 전체 운동의 발전이 중요한 것이 아니라 자파의 세력 확장이 중요한 그들에게 마르크스는 이렇게 말했다.

"공산주의자들은 다른 노동자 정당들에 대립하는 별도의 당을 결성하지 않아요. 그들은 프롤레타리아트 전체의 이해관계와 동떨어진 이해를 갖지도 않고요, 자신만의 종파적 원칙을 내세워서 프롤레타리아운동을 이 원칙에 뜯어맞추려고 하지도 않지요."

세·번·째·마·당
파도와 같은 노동운동

마르크스는 사회주의자의 자격에 대해 이렇게 말했다.

> 공산주의자들은 각국에서 진행되는 프롤레타리아의 투쟁에서 국적에 상관없이 프롤레타리아트 전체의 공동 이해를 제기하고 전면에 내세운다. 또 공산주의자들은 부르주아지에 대한 노동계급의 투쟁이 여러 발전 단계를 거치는 동안 언제 어디에서나 운동 전체의 이해를 대변한다.
>
> 그러므로 공산주의자들은 실천적인 측면에서 볼 때 모든 나라의 노동계급 정당들의 가장 선진적이며 굳센 부분으로서 다른 모든 정당들을 앞으로 밀고 나아가며, 이론적인 측면에서 볼 때 프롤레타리아 대중에 비하여 프롤레타리아운동의 진행 경로와 조건들, 그리고 그것의 궁극적이고 전반적인 결과를 명료하게 인식한다.

한 노동자가 평생을 사회주의자로 살아간다는 것은 쉬운 일이 아니다. 나는 지난 1980년대 이래 한국 노동운동이 배출한 많은 노동자들을 만났다. 동일방직 노동조합 노동자들에서 시작하여 인천의 대우자동차 노동자들, 그리고 인천의 수많은 중소 사업장에서 배출된 노동자들, 나아가 전국 각지의 현장에서 성장한 노동형제들을 두루 보아왔다. 그런데 '노동자의 길'을 걷고자 다짐하였던 그들의 다수가 지금은 투쟁의 일선에서 비껴 서 있다.

돌이켜보니 '노동자의 길'은 '해고자의 길'이었다. 투쟁을 하다 보면 감옥에 아니 갈 수 없는 것이고, 감옥에 갔다 오면 노동자는 해고된 몸이 된다. 몇몇 명망 있는 노동조합운동 지도자들이야 주위의 신부님들이나 지식인들이 주는 푼돈으로 호구를 해결할 수 있었지만, 이름 없는 해고자들은 몇 달을 버티기가 힘들다. 라면도 하루 이틀이지 한 달 두 달 김치 없는 라면을 먹다 보면 얼굴이 누렇게 뜬다. 평생 '노동자의 길'을 가겠노라 다짐했던 그 뜨거운 맹세를 버리고 하루하루의 호구를 해결하기 위해 어디론가 떠나야 하는 그 아픔을 누가 알 것인가?

가만히 살펴보니 노동자의 투쟁은 파도다. 파도가 한번 일어나 벼랑에 부딪칠 때 그 포효 소리, 참으로 웅장하다. 하지만 한번 벼랑에 부딪치고 난 다음의 파도는 산산이 부서져 거품이 되고 포말이 되어 다시 바닷속으로 들어간다. 나는 그동안 이렇게 거품이 되고 포말이 되어 바닷속으로 되돌아가는 파도를 안타깝게 생각하였다.

그런데 2002년 '발전 노동자 파업투쟁'을 보면서 생각을 달리하게 되었다. 누가 발전 노동자들이, 그리고 그 가족들이 투쟁의 일선에 나서 한국 노동운동의 새 장을 열어젖힐 것이라 예견하였던가. 경찰서에 함께 끌려간 발전 노동자들은 소심하기 그지없었다. 처음 경찰서에 끌려왔으니 오만 가지 걱정이 앞설 수밖에. 오늘 이들이 일어섰고, 깨졌다. 하지만 내일 또 다른 노동자들이 일어서 싸울 것이고, 또 깨질 것이다. 그렇게 노동운동은 자기의 생명력을 이어오지 않았던가.

참으로 많은 노동자들이 투쟁 속에서 일어나 투쟁의 패배와 함께 사라졌다. 파도처럼 일어나 절벽에 대가리를 디밀고 부딪쳤다가, 그 절벽을 다 부수지 못한 채, 파도는 자기를 일으켜 세운 바닷속으로 다시 사라져갔다. 그렇게 부서지는 파도지만 천 년을 버티는 벼랑도 언젠가는 이들 부서지는 파도 앞에 무너져 내릴 날이 있을 것이다.

네 · 번 · 째 · 마 · 당
너무나 자랑스러운, 하지만 너무나 비극적인

유럽의 역사를 훑어보면 모든 중요한 역사적 사건의 한 중심에 서 있는 나라가 프랑스였다는 것은, 굳이 다른 권위자의 말을 빌리지 않더라도 자명한 사실로 인식된다. 예컨대 1848년 프랑스 2월혁명은 유럽의 보수적 지질구조를 뚫고 나온 '자유와 평등'의 화산이었으며, 이 화산에서 터져나온 화산재가 영국과 독일 심지어는 대서양을 건너 미국으로까지 퍼져나갔음을 우리는 확인한다. 영국의 노동자 계급운동이 줄기차게 펼친 참정권 쟁취운동이 절정에 이른 해가 1848년이었고, 독일에서 민족통합운동이 분출되어 나온 해도 1848년이었으며, 미국에서 여성운동이 신호탄을 쏘아올린 해도 1848년이었다. 마르크스와 엥겔스 두 청년이 공산주의운동의 개시를 선언한 해가 1848년이었던 것도 결코 프랑스의 2월혁명과 무관하지 않았으리라.

'파리 코뮌'이 조직된 해가 언제냐고 물으면, 주저없이 1871년이라고 답하는 동지들이 많다. 나도 그렇게 알았다. 그런데 '파리 코뮌'의 역사적 원초는 프랑스혁명, 정확하게 말하자면 루이 16세를 단두대에 처형하고 난 1793년이었음을 나는 최근에 배우게 되었다. 많은 상념이 머리를 스쳐 지나간 깨달음의 순간이었다. 볼세비키들이 그들의 혁명 교과서를 프랑스혁명에서 구하였고, 우리는 지난 1980년대 혁명의 교과서를 러시아혁명에서 구하였지만, 그리하여 프랑스혁명을 추동한 부르주아지의 '자유주의'가 아니라 러시아혁명을 추동한 볼세비키의 '사회주의'를 우리는 애호하였지만, 마르크스의 코뮌운동이나 레닌의 공산주의운동이나 사실은 그 모든 역사적 뿌리가 1789년 프랑스혁명에 기원하고 있었음을 불혹의 나이가 되어서야 알게 되다니…….

하여 나는 아직도 세계사는 프랑스혁명으로부터 자유롭지 않다고 감히 말한다. 프랑스의 파리에 거주한 한줌의 부르주아지와 일단의 노동자 패거리들이 주도한 프랑스혁명, 그들이 내건 삼색기의 정신, 즉 자유와 평등과 박애의 슬로건은 21세기의 세계사에까지 자신의 목소리를 내고 있다. 바뀐 것은 사람이요, 계급일 뿐이다. 프랑스혁명을 주도한 세력이 부르주아지라면, 20세기의 세계사에서 '자유와 평등과 박애'를 주창한 세력이 농민과 노동자였다면, 21세기의 세계사에서 자유와 평등을 밀고 나갈 주도 세력은 노동자일 것이다.

여기에서 이런 유럽의 운동과 조선의 민중운동을 비교해 보면 재미있는 생각들이 많이 떠오른다. 전봉준 할아버지가 주도한 1894년의 동학농민전쟁과 1789년의 프랑스혁명 중 어느 편이 더 심도 깊은 사회적 전쟁이었을까? 1950년의 한국전쟁과 1917년의 러시아혁명 중 어느 편이 더 대규모적인 계급투쟁이었을까? 1987년의 6월항쟁과 1968년 학생운동 중 어느 편이 더

대중적이었을까? 전문적인 판단은 역사가에 맡기더라도, 40만 명이 봉기하여 죽어간 동학농민전쟁, 4백만 명이 쓰러져간 한국전쟁, 5백만 명이 궐기한 6월대항쟁은 세계사에서도 그 유례를 찾아보기 힘든 대중적 항쟁이었음을 나는 감히 강조하고 싶다.

참으로 우리의 현대사는 자랑스럽다. 10년이 흘러가기 무섭게 대규모의 군중투쟁이 발생해온 역사를 한국 현대사 이외에서 구할 수 있는가? 1894년의 동학농민전쟁, 1905년의 항일의병투쟁, 1919년의 3·1만세운동, 1929년의 광주학생항일운동과 원산노동자총파업, 해방 후 대구 10월사태와 호남의 추수폭동이며, 1948년 제주도에서 터진 4·3항쟁과 그해 10월의 여수·순천반란사건의 연장선에서 일어난 한국전쟁, 1960년의 4·19학생의거, 1979년의 부산·마산사태와 1980년 광주민중항쟁, 그리고 1987년의 6월 대항쟁과 1996년의 노동자총파업. 우리의 현대사를 가장 정확하게 표현해주는 한 단어를 찾으라면, 그것은 '파란만장하다'는 것일 게다.

그런데 여기에 비극이 있다. 참으로 비극적인 우리의 불행을 우리는 보아야 한다. 10년을 주기로 일어난 대규모 민중봉기, 혹은 항쟁 속에서 그렇게도 많은 젊은이들이 피를 뿌리며 죽어갔지만, 그 모든 투쟁은 '반대하는 투쟁'으로 끝나버렸다는 것이다. 가까이 4·19학생의거를 보자. 우리는 이승만 독재정권을 몰아내었다. 하지만 권력을 누구에게 넘겨주었던가? 더 가까이 6월대항쟁을 보자. 우리는 전두환 군부집단의 장기집권을 끝장내었다. 하지만 권력을 누구에게 넘겨주었던가? 제적되고, 감옥 가고, 고문당하고, 최루탄 마시고, 죽어라고 고생만 하고 정작 권력은 남에게 넘겨주는 이런 꼬락서니들을 보노라면, 내 가슴에 끓는 것은 분노와 회한뿐이다.

광주의 윤한봉 선배가 미국에 망명하여 미국에 모인 제3세계 혁명가들과 매월 정례적인 회합을 가진 적이 있었는데, 니카라과 산디니스타며, 필리핀공산당의 파견원이며, 모두가 1987년 6월항쟁을 보며 깜짝 놀라더라는 말을 전해 들은 적이 있다. 그들은 두 가지 사태를 이해하지 못한다는 것이다. 하나는 이한열이라는 무명의 학생이, 그것도 최루탄에 맞아 죽었는데, 연세대에서 서울시청 앞까지 무려 1백만 명의 추모대열이 군집하는 이 어마어마한 군중시위를 이해하지 못한다는 것이다. 미국에서야 소수민족의 인권운동을 하는 지도자들을 밤사이 암살하여 미시시피 강에 던져버리면 그것으로 끝장이지 않은가? 하물며 저희들 나라 대통령을 죽여도 아무런 대규모 시위사태가 일어나지 않는, 철저히 독재적(!)인 나라 미국에서 보노라면, 한국과 같은 너무 자유로운 민중의 꿈틀거림, 아우성을 이해할 수 없는 것은 지당한 일이다. 그런데 제3세계 혁명가들이 또 이해하지 못하는 것은, 그렇게 대항쟁에 참여한 민중이 왜 선거 때만 되면 보수정객들에게 몰려가는가이다.

이야기를 몰아붙여 가보자. 제3세계 혁명가들이 의아해하는 이유는 다른 데 있지 않다. 이곳 남한 땅에서 전개되어온 민중항쟁이 보여온 전투성과 강고함, 방대함과 집중력은 '전 세계 민중항쟁 올림픽'에 내놓아도 3관왕을 차지한 한국의 양궁을 넘어서 무조건 금메달 4관왕은 받게 되어 있다. 문제는 외견상의 화려함과 내부의 부실에 있음을 그들은 이해하지 못하는 것이다. 실제로 그러하다. '노동자 민중의 정치세력화'를 주창하는, 관념적으로 과격한 대학생들의 강연에 가면 나는 묻는다. 그들은 '노동자 민중의 정치세력화'를 줄여 '노민정'이라고 한다. "그대들이 주장하는 노민정, 그 답이 뭐요?" 참으로 한심하다. 또 묻는다. 전라도 사투리로. "오매, 노동자 민중이 권력을 잡으려면 먼저 무엇을 조직해야 하는 거시여?" 이 답답한 친구들아, 혁명이론의 교과서에 무어라고 씌어 있는 거시여? 그러면 저기 한쪽 구석에서 대학생 한 명이 겁먹은 목소리로 "당이요"라고 답한다.

오늘날 중화인민민주주의공화국은 무엇이 성장하여 천하를 통치하는 권력체가 되었나? 그렇지요. 1919년 5·4운동을 즈음하여 중국의 혁명적 지식인, 노동자 몇 명이 모여 중국공산당을 만들었고, 이 중국공산당이 대장정을 거치고, 국공합작을 거치고, 마침내 장개석 부대를 대만으로 몰아내어 중화인민민주주의공화국을 선포한 게 아닌가? 러시아혁명 과정에서 20여 년 동안 진행된 볼셰비키와 멘셰비키의 논쟁의 핵심은 무엇이었던가? 그렇지요. 바로 권력 장악의 문제였지요. 멘셰비키는 혁명적 상황이 왔음에도 외투 속에 목을 깊숙이 집어넣고 집권의 기회를 포기한 것이고, 볼셰비키는 권력 장악의 기회를 놓치지 않은 세력이었지 않은가?

하여 나는 우리의 형제들에게 하루에 단 10분만이라도 어떻게 하면 권력을 장악할 것인지, 그리하여 우리는 이 더러운 남한 땅을 어떻게 평등한 세상으로 일구어나갈 것인지 고민하자고 당부드린다. 하루에 단 10분만이라도 고민하자. 현장에서 힘들게 일하시는 노동형제들, 그동안 노동조합을 건설하고, 어용 노동조합을 민주화하고, 노동조합 지도부를 장악하는 일에 쏟았던 땀과 열정의 10분의 1만이라도 정치권력을 장악하는 일에 투여해주길 당부드린다.

이제 우리 운동권은 '반대를 위한 투쟁' 아니 '반대에 머무르는 투쟁'을 넘어서서, '국민 대중에 비전을 주는 운동', '집권으로 다가가는 운동'으로 나아가야 한다. 그리고 이 모든 운동의 출발점은 당운동이다. 마르크스는 이렇게 말하였다.

> 공산주의자들의 당면 목적은 다른 모든 프롤레타리아 정당들과 마찬가지로 프롤레타리아트를 하나의 계급으로 형성시키고, 부르주아 지배를 타도하며, 프롤레타리아트가 정치권력을 장악하도록 하는 데 있다.

다·섯·번·째·마·당
그것은 당신의 사유재산이 아니오!

여기에 망치가 있다. 이 망치의 소유자가 목수인 것은 너무도 당연한 일. 소유자라고 할 것도 없이 망치는 목수의 주먹을 대신한 것에 지나지 않는다. 목수에게 망치며 톱이며 대패는 자신의 소유물이라기보다 몸의 일부분이다. 토지가 농민의 소유여야 하듯, 망치가 목수의 소유여야 하는 것은 복잡한 경제이론을 떠나 너무 자연스런 세상의 이치이다.

그런데 여기 이상한 사회가 있다. 망치가 노동자의 소유가 아니어서, 목수는 '일하기 위해 망치를 빌려야 하며, 망치를 빌리기 위해 자신의 몸을 팔아야 하는' 사회가 있다. 망치를 빌려 일하기 위해 자신의 몸을 팔아버린 노동자는, 자신의 의지에 따라 노동을 하지 못하고 망치 소유자의 명령에 따라 일을 하게 된다. 망치를 사용하면서 흘린 땀의 성과를 자신의 의지에 따라 처분하지 못하고 망치의 소유자에게 고스란히 바치게 된다. 이상한 일이다.

망치가 자동해머로 바뀐다. 전에는 "이 망치, 내 것인데 어쩌다 이렇게 되었지?" 하는 의문이 목수의 머리에 떠올랐지만, 자동해머 앞에서 일하는 노동자의 머리에는 이런 의문이 떠오르지 않는다. "이 자동해머는 우리 노동자들의 사회적 노동의 결과물이야" 하는 생각이 떠오르는 것이 아니라, 자동해머의 주인이 자동해머 앞에서 일할 수 있는 기회를 나에게 주어 고마울 따름이다. 이 일자리마저 없으면 나는 굶게 되는 것이 아닌가?

예전에는 일하다 피곤하면 담배도 한 대 꼬나물고, 화장실에도 갔다오고, 이러면서 일을 하였지만, 자동해머 앞에 앉은 노동자는 자동해머의 속도에 따라 팔을 움직일 따름이다. 노동자가 자동해머를 가지고 일을 하는 것인지, 자동해머가 노동자를 데리고 왕복동작을 하는 것인지 구별이 되지 않는다. 스위치를 켜는 것은 사람이지만 일단 기계가 돌아가기 시작하면 사람은 기계의 속도에 따라 손을 움직여야 하는 기계의 한 부속품이 되는 것이다.

자동해머 앞에 앉은 노동자의 얼굴에는 생기가 없다. 자기가 하고 싶은 일을 하는 것이 아니라, 기계가 시키는 일을 하기 때문이다. 고대 로마의 노예선 밑창에서 노를 저어야 했던 노예에게는 눈에 보이는 쇠고랑이 있었다. 현대의 노동자에게는 그를 묶어놓은 쇠고랑이 없다. 하지만 노예 감독이 두드리는 북소리에 맞춰 노를 저어야 했던 노예나, 자동해머의 속도에 따라 손을 움직이는 현대의 노동자나 저주받을 '소외된 노동'에 종사하고 있는 것에는 아무 차이가 없다.

자동해머 앞에 앉은 노동자의 가슴에는 꿈이 없다. 배가 파산할 때까지 노를 젓는 것이 노예의 운명이듯, 현대의 노동자 역시 노동의 과정에서 기댈 수 있는 아무런 꿈이 없다. 노예선 전체가 소수의 귀족들이 벌이는 약탈전쟁의 도구였듯이, 현대의 공장 전체가 기업주들의 탐욕을 채우는 수단에 불과하기 때문이다.

노예도 인간이다. 노예가 인간이 되기 위해서는 발을 묶는 쇠고랑을 끊어야 하듯, 현대의 노동자 역시 자신의 발을 묶고 있는 보이지 않는 쇠고랑을 끊어야 한다. 이 '보이지 않는 쇠고랑'은 무엇인가? 그것은 사회적으로 생산된 생산수단에 대한 부르주아지의 사적 소유인 것이다. 생산수단을 해체하자는 것이 아니다. 생산수단에 대한 부르주아지의 지배, 그것을 해체하자는 것이다.

만약 자본이 공동체의 소유, 즉 사회 성원 전체에 속하는 소유로 변한다고 하더라도 개인적 소유가 사회적 소유로 변하는 것은 아니다. 변하는 것은 단지 소유의 사회적 성격뿐이다. 소유는 그 계급적 성격을 상실할 뿐이다.

언제부턴가 우리는 '노동해방'의 붉은 띠를 머리에서 풀어버렸다. 1989년 11월 연세대 노천극장에서 전국의 노동자들이 모여 '악법철폐!'를 부르짖으며 신촌에서 여의도로 행진하던 때, 그 시위대열의 맨 앞장에 선 우리 노동운동의 지도자들은 혈서로 쓴 '노동해방' 네 글자를 앞세우며, 핏발을 세우며 행진을 하였다. 이후 11월이면 열리는 노동자대회 때마다 대회를 수놓았던 '노동해방'의 구호가 어인 일인지 요즘 보이질 않는다. '노동해방'의 구호가 사라져버렸다. 그것은 노동자계급이 가야 할 미래를 포기해버린 것이 아닐까?

　가정으로 돌아가면 우리가 어른이다. 어려서 부모님 밑에서 살 때, 우리는 부모님의 간섭을 받으며 살아가야 하는 의존적 인간이었다. 지금 우리는 가정의 어른이다. 우리의 뜻대로 가정을 움직인다. 마찬가지이다. 직장의 주인은 우리 노동자이다. 왜 우리가 직장에서 노예적 지위에 머물러야 하는가? 노동자계급이 이 사회의 주인이 되는 것, 좀더 정확하게 말하여 이 사회를 이끌어가는 지도적 계급이 되는 것, 그리하여 생산수단을 사회적인 공익을 위하여 사용하는 것, 그것이 노동해방인 것이다.

　　　　　　　　지금까지의 소유관계를 폐지한다는 것은 결코 공산주의만의 고유한 특징이 아니다. 모든 소유관계들은 끊임없는 역사적 변동, 끊임없는 역사적 변화를 겪어왔다. 예컨대 프랑스혁명은 봉건적 소유를 폐지하고 그것을 부르주아적 소유로 바꾸어놓았다. 공산주의의 특징은 소유 일반의 폐지가 아니라 부르주아적 소유의 폐지에 있다. 그런데 현대의 부르주아적 사적 소유는 계급적 적대, 즉 소수에 의한 다수의 착취에 기초하고 있는 생산물의 생산 및 점유 형태 중에서 최종적이고도 가장 완전한 표현이다. 이러한 의미에서 공산주의자들은 자신의 이론을 '사적 소유의 철폐'라는 한마디의 말로 요약할 수 있다.

여·섯·번·째·마·당
홍길동식 사회주의

많은 세월이 걸릴 것이다. 토지가 농사를 짓는 농민에게 돌아가기까지 그렇게 많은 세월이 걸렸듯이, 생산수단이 노동자에게 돌아가기까지 많은 세월이 걸릴 것이다. 얼마의 세월을 기다려야 일하는 사람들이 자기의 노동을 착취당하지 않고 그 성과를 사회적으로 유익하게 사용할 수 있는 날이 오게 될지, 아무도 예언할 수 없다. 일본 제국주의로부터 벗어나는 데는 40년, 박정희 독재치하로부터 벗어나는 데는 20년이 걸렸지만, 마르크스가 꿈꾸었던 '생산수단에 대한 부르주아지의 사적 소유가 철폐'되는 날은 많은 세월이 흘러야 이루어질 것이다. 『공산당선언』을 작성하였던 1848년 이후 1백50년의 세월이 걸렸다면, 『공산당선언』이 온전히 실현되기까지 또 그만한 시간이 소요되지 않겠는가?

그날은 올 것이다. 사회적으로 생산되는 생산수단이 소수 부르주아지의 탐욕을 채우고 있다는 것은 아무래도 이상한 일이다. 물과 공기가 그 누구의 소유일 수 없듯이, 토지 역시 인간 모두의 공유여야 한다. 마찬가지로 노동자가 만든 생산물이 노동자의 행복에 기여하지 못하고 거꾸로 노동을 지배하고 수탈하는 압제자의 역할을 한다는 것은 불합리하다. 지금은 노동자의 단결력이 미약하여 이 불합리한 관계가 강고하지만, 노동자의 의식이 깨이고 조직력이 불어나면 언젠가 노동자는 자신의 정당한 요구를 제출할 것이다. 왜 노동자의 생산물이 사회적 공익을 위하여 사용되지 아니하고 소수 부르주아지의 배를 채우는 데 이용되어야 하는가.

언제 어떻게 그날이 올지 아무도 예언할 수 없으나, 노동자의 단결력은 성장 강화될 것이다. 그에 비례하여 생산수단들이 사회화되어 나갈 것이다. 우리는 소생산자들이 점유하고 있는 개인 소유의 사회화를 주장하지 않는다. 자신의 노동으로 획득한 사유재산을 사회주의자는 존중한다. 구멍가게 아저씨가 피땀 흘려 벌어들인 돈으로 세운 조그만 가게에 대해 우리가 뭐라 할 것인가? 우리가 폐지하고자 하는 것은 이런 소생산자들의 사유재산이 아니다. 우리가 폐지하고자 하는 것은 이미 사회적으로 공유되어야 마땅한 재산들, 한국적 현실로 보면 사실상 은행의 부채로 운영되고 있는 재산들, 사실상 국가의 지원과 특혜에 의해 형성된 대기업들에 대해, "그것은 당신들의 사유재산이 아니오"라고 말하자는 것이다.

"빵을 골고루 나눠 먹자는 사회주의자의 생각이 옳지만 사회주의자들의 인생은 너무 고달파야." 일제시대에 살다 간 사회주의자에 관한 어머님의 전언이었다. 이런 이야기를 듣고 자란 나는 부자들의 재산을 빼앗아 가난한 사람들에게 나누어주는 것이 사회주의라고 생각하게 되었다. 임꺽정이나 홍길동처럼 탐관오리들을 징치하고 그들의 창고에 가득 쌓인 쌀을 빼앗아 굶주린 백성들에게 나누어주면 얼마나 통쾌한 일이냐. 하지만 마르크스가 이야기하고자 하는 사회주의는 부자들의 재산을 빼앗아 가난한 사람들에게 나누어주는 홍길동식 사회주의가 아니다.

또 사회주의라고 하면 개인의 사유재산을 몰수하자는 사상이 아니냐며 겁부터 먹는 분들이 있다. 평생을 땀 흘려 일하여 모은 개인의 재산을 빼앗아가는 것은 사회주의가 아니다. 그것은 사회주의를 앞세운 도둑질이다. 19세기 중엽 유럽에서도 사회주의가 재산에 대한 개인의 소유권을 부정하는 것이 아니냐는 비난을 여러 곳에서 받았던 모양이다. 이에 대해 마르크스는 이렇게 반박한다.

우리 공산주의자들은 자기 자신의 노동으로 취득한 재산, 즉 온갖 개인적인 자유와 활동과 자립의 기초가 되는 재산의 권리를 폐지하려 한다는 비난을 받아왔다. 자신의 노동으로 정당하게 번 재산이라고! 당신들은 부르주아적 소유에 선행한 소부르주아적·소농민적 소유를 두고 말하는가? 그러한 소유는 폐지할 필요가 전혀 없다. 공업의 발전이 이미 그것을 폐지해왔으며, 지금도 나날이 폐지하고 있으니까.

사회주의자는 소생산자들의 개인적 소유를 폐지하는 데에는 아무런 관심이 없다. 왜냐하면 소생산자들의 개인적 소유를 폐지하는 자는 사회주의자가 아니라 부르주아이기 때문이다. 나는 지난 IMF 사태를 치르면서 피눈물을 흘리는 중소사업가들을 많이 목격하였다. 30년 동안 온 젊음을 바쳐 쌓아온 10억 원대의 재산이 어음 한 장 막지 못하여 은행에 넘어가고, 은행은 이 재산을 헐값에 경매 처분하면서, 집도 땅도 다 빼앗기는 이웃들을 많이 보았다. 사회주의는 '개인적인 자유와 활동과 자립의 토대가 되는 재산의 권리'를 폐지하자는 사상이 결코 아니다.

공산주의는 그 누구에게서도 사회적 생산물을 전유할 힘을 박탈하지 않는다. 공산주의는 다만 이러한 전유에 의하여 타인의 노동을 자신에게 예속시키는 힘을 박탈할 따름이다.

사회주의 운동가들이 무소유의 삶을 살았지만, 그렇다고 사회주의가 무소유주의인 것은 아니다. 무소유의 삶은 아주 예외적인 의지를 갖춘 이들이나 견딜 수 있는 삶이지, 결혼하고 아이를 낳아 키워야 하는 일반 근로대중이 실현할 수 있는 삶이 아니다. 맹자는 "무항산(無恒産)이어도 유항심(有恒心)이어야 군자"라고 말했다. 안정된 재산이 없어도 안정된 마음을 지니는 것이 군자라고 했으나, 이것은 희망사항일 따름이다. 역시 근로대중에게는 유항산(有恒産)이어야 유항심(有恒心)이다. 법정이 쓴 『무소유』의 글은 탐욕에 눈먼 대한민국 사람들에게 한 그릇의 냉수처럼 각성제의 역할을 하지만, 스님들이 무소유로 살 수 있는 것도 가만히 보면 누군가가 스님의 수도 생활을 도와주고 있기 때문에 가능한 일이다.

일·곱·번·째·마·당
부인공유제

유럽 사상사에서 사회주의사상의 원조는 플라톤이다. 물론 플라톤은 진보적인 사상을 일관되게 펼친 철학자는 아니다. 그의 철학 전반은 보수적이라고 보아야 할 것이다. 그는 이상적인 국가를 설계하면서도 아테네의 노예제도를 불가피한 자연적 현상으로 간주하였고, 사회의 구성원을 통치자계급과 수호자계급과 생산자계급으로 분할하면서, '절제'를 생산자계급의 덕목으로 강조하였다. 지배계급에 수탈당하는 근로대중의 비참한 삶을 '절제'라는 관념으로 정당화시킨 것이다. 그의 풍부하고 사려 깊은 철학적 세계와는 달리 그의 철학이 현실에서 한 역할은 역시 계급사회의 보수였다.

그런데 재미있는 것은 플라톤이 사유재산의 금지를 주장하였다는 것이다. 물론 이것은 시민들 모두에게 적용되는 금지가 아니라 통치자계급에게 한정적으로 적용되는 금지였다. 사유재산이 있으면 통치자는 자신의 재산을 돌보게 마련이고, 그러다 보면 필연적으로 부정부패가 발생한다고 보았던 플라톤의 식견은 오늘 우리에게도 시사점을 던져준다. 그의 주장에 따르면 통치자들은 국가가 주는 집과 옷, 식량으로 생활해야 한다는 것이다. 플라톤의 국가론은 당대에는 실현되지 아니한 유토피아였지만, 그의 꿈은 중세 유럽 사회의 골격을 이루었다. 마치 공자의 덕치사상이 당대에는 아무에게도 환영을 받지 못하다가 한나라에 와서 지배사상으로 채택되었듯이.

플라톤은 국가론에서 남녀의 평등을 주장하였다. 여성은 가정에 유폐되어 공공의 활동에 참여할 수 없었던 당시 아테네의 사정에 비추어볼 때, 여성 역시 남성과 똑같은 교육을 받아야 하며 남성과 아무 차별 없이 공적 활동에 참여할 수 있어야 한다는 그의 주장은 매우 획기적인 것이었다. 그의 구상에 의하면 10대의 청소년들은 모두 시골의 학교로 가서 교육을 받게 되어 있다. 주된 교육은 음악과 체육. 음악교육을 받으며 정신을 조화롭게 다듬어가면서 체육교육을 통하여 육체를 건강하게 단련하자는 것이다. 그런데 남녀 모두가 체육교육을 받는다는 것이 웃기는 제안이었던 것이다. 여성들이 남성들과 똑같이 알몸으로 달리기를 하고, 알몸으로 창던지기를 해야 한다고 주장하였던 것이다.

플라톤의 남녀평등 사상과 사유재산금지 사상은 '부인공유제'라고 하는 흥미로운 가족제도를 고안하게 된다. 물론 이 제도 역시 모든 시민들에게 적용되는 제도가 아니라 통치자계급에만 적용되는 제한적 가족제도이다. 통치자들이 사적 이익에 함몰되지 않고 공적 이익에 전념하려면, 부인과 자식을 가져서도 안 된다는 것이다. 물론 플라톤은 금욕주의자는 아니었다. 그는 종족의 재생산을 위해서, 더욱이 우수한 인자들의 재생산을 위해서 통치자집단 내부의 자유로운 성생활을 제안하였다. 이렇게 하여 통치자집단 내에서 제한적이지만 자유롭게 교호되는 자유연애가 성립되는데, 이를 서양에서는 플라톤의 '부인공유제'라 일컬어왔다.

마르크스가 공산주의를 선언하면서 감수해야 했던 부르주아지의 맹렬한 공격이 바로 '부인공유제'에 관한 것이었다. 공산주의자들은 부인공유제를 지지하는 사람이 아니냐, 부인도 없고 자식도 없고 가족도 없는 그런 호로자식들이 아니냐는 비난에 직면해야 했다. 그래서『공산당선언』에서 마르크스는 이렇게 말했던 것이다.

그런데 당신들 공산주의자들은 부인공유제를 도입하려 하는 것이 아닌가! 부르주아지 전체가 입을 모아 비명을 지른다. 우리의 부르주아지들이 부인공유제에 대해 보내는 도덕적 의분만큼 우스꽝스러운 일은 세상에 없을 것이다. 그들의 주장에 의하면, 공산주의자들이 부인공유제를 공개적이고 공식적으로 도입하려 한다나 어쩐다나.

자본주의는 생산수단이 없는 노동자에게 '너의 몸을 팔라'고 강요한다. 건설 일용노동자가 자신의 근육을 파는 것과 윤락여성이 자신의 미소를 파는 것은 자본의 입장에서 보면 아무 차이가 없다. 다방에서 손님에게 차를 대접하는 일이나, 단란주점에서 손님에게 술을 따르는 일이나, 방석집의 아가씨들이 옷을 벗는 일이나 모두 여성이 자신의 노동력을 판매하는 것에 지나지 않는다.

애정이 없는 육체적 관계를 돈 때문에 나눈다는 것은 확실히 비참한 일이다. 사유재산제도가 등장하고 인간 사회가 계급으로 나뉘면서 어느 사회에나 매춘은 존재하였다. 그런데 "사용가치를 위해 생산활동이 이루어지는 것이 아니라 교환가치를 창출하기 위해 생산활동이 이루어지는 자본주의 사회"에 오면 여성을 상품으로 파는 윤락업이 비대해진다. 남한 자본주의 사회는 전 세계에서도 그 유례를 찾아보기 힘들 정도로 윤락산업이 번창하고 있다. 윤락산업에 종사하는 여성의 수가 3백만 명을 넘어선다고 한다. 너무 광범위하여 어떻게 손을 쓸 수 없는 이 윤락산업의 범죄상을 어떻게 할 것인가?

언제부턴가 나는 현실의 문제를 해결하는 데 단 하나의 방법만을 고집하던 습관을 버렸다. 나는 자본주의 시스템을 해체하기 전까지 이 문제는 해결되지 않는다고 본다. 특히 한국 사회처럼 부정부패로 골수까지 썩어버린 사회는, 권력을 잡아 환부를 수술하지 않는 한, 윤락산업에 대한 전면적 대응은 어렵다고 본다. 마르크스의 지적대로 현재의 생산관계가 소멸되면 매춘 역시 소멸될 것이며, 거대한 윤락산업의 물질적 토대인 한국 경제의 부패구조가 근절되어야 매춘 역시 축소의 길에 들어설 것이다.

한낱 생산도구에 지나지 않는 여성의 처지를 타파하는 것, 바로 그것이 우리 공산주의자들의 지향이라는 것을 그들은 생각조차 하지 못하고 있다.

제3장 인간은 꿈의 세계에서 내려온다

현재의 생산관계가 폐지되면 그 생산관계에서 비롯된 부인공유제, 즉 공식적 · 비공식적 매춘 역시 소멸할 것임은 자명한 일이다.

여·덟·번·째·마·당
마르크스의 꿈

인간은 보다 나은 미래를 꿈꾼다. 이대로 안주할 수 없는 고통스런 현실이 있기에 인간은 꿈을 꾸며, 꿈을 꾸기 때문에 우리는 고뇌한다. 삶에 고뇌가 없으면 무슨 맛으로 살 것인가? 현실과 미래 사이를 연결하는 꿈이 있고, 꿈을 이루지 못하여 몸부림치는 고뇌가 있기에 인생의 맛이 있을 것이다.

마르크스가 품은 꿈은 무엇이었을까? 석가는 모든 욕정이 멈춘 적정의 세계, 열반을 꿈꾸었고, 공자는 인과 예가 통하는 사회를 꿈꾸었으며, 노자는 닭소리 들리는 자그만 촌락에 묻혀 사는 것을 꿈꾸었다면, 마르크스가 품은 꿈은 무엇이었는가? 특유의 천재적 열정으로 방대한 문헌을 남긴 마르크스이지만 정작 '그가 어떤 사회를 꿈꾸었던가?'라는 물음에 속시원하게 답변해주는 글은 너무 미미하다.

『공산당선언』을 작성하기 위해 여러 가지 상념을 정리하는 차원에서 씌어진 『독일 이데올로기』에서 그는 이런 꿈을 그려놓았다. "공산주의 사회에서는 아무도 하나의 배타적인 활동 영역을 갖지 않는다. 모든 사람이 그가 원하는 분야에서 자신을 계발할 수 있다. 사회가 생산 전반을 통제하게 되므로 각 개인은 자신이 하고 싶은 대로 오늘은 이 일을 내일은 저 일을 할 수 있다. 아침에는 사냥하고 오후에는 낚시하고 저녁에는 소를 몰며, 저녁식사 후에는 비평을 한다. 하지만 그는 사냥꾼도 어부도 목동도 비평가도 아니다." 마르크스는 육체노동이든 정신노동이든 특정의 노동에 묶이지 않는 자유로운 인간들의 자유로운 사회를 꿈꾸었던 것이다.

마르크스가 꾸었던 꿈의 핵심은, 인간이 물질적 조건 때문에 자신의 개성을 자유롭게 실현하지 못하는 현재의 질곡을 넘어서고 싶어했던 것이다. 공부를 하고 싶은데 돈이 없어 품팔이를 해야 하는 사람이 있다고 한다면, 돈이 없어도 하고 싶은 공부를 할 수 있도록 보장하는 사회를 꿈꾸었던 것이고, 그림을 그리고 싶은데 돈이 없어 자신의 노동력을 팔아야 하는 화가가 있다고 한다면, 돈이 없어도 마음껏 그림을 그릴 수 있도록 보장하는 사회를 꿈꾸었던 것이다.

그러면 『공산당선언』에 심어놓은 마르크스의 꿈은 무엇이었던가? 『공산당선언』은 강령이다. 강령은 미래세계에 대한 설계이다. 그런데 마르크스는 미래를 묘사하는 대목에서 매우 인색하다. 현실세계에 대한 비판적 묘사와 이 현실을 타개해 나갈 주체에 대한 묘사는 아주 충실하게 해놓고선 정작 미래세계에 대해서는 아주 조심스럽다. 2부의 서두에서 그는 아예 미래세계에 대한 예언가이길 거부해버리지 않았는가?

공산주의자들의 이론적 명제들은

결코 어떤 몇몇의 세계 개혁가에 의해 고안되거나 발견된 사상이나 원칙들에 입각하지 않는다. 그 명제들은 다만 현존하는 계급투쟁의 현실적인 제 관계, 다시 말해 우리 눈앞에서 진행되고 있는 역사적 운동을 일반적으로 표현한 것일 뿐이다.

그럼에도 불구하고 『공산당선언』 2부에서 우리는 마르크스의 꿈을 엿볼 수 있는 몇 안 되는 소중한 문장을 만날 수 있다.

부르주아 사회에서 살아 있는 노동은 축적된 노동을 증식시키는 수단일 뿐이지만, 공산주의 사회에서 축적된 노동은 노동자의 삶을 확장시키고 풍요롭게 하며 고양시키는 수단이다.

부르주아 사회에서 축적된 노동은 자본을 의미한다. 자본이란 노동자들의 성과물임에도 불구하고 자본의 소유권이 부르주아지에게 귀속되어 있다는 이유 하나만으로 노동자들의 삶을 확장시키고 풍요롭게 하며, 고양시키는 수단이 아니라 노동자를 지배하고 노동자의 노동을 수탈하는 수단으로 운동한다. 그리하여 마르크스는 자본에 대한 부르주아지의 사적 소유권을 폐지하는 꿈을 꾸는 것이다. 이 꿈이 실현되지 않는 한, 노동자는 자신이 만들어놓은 산물의 지배를 받는 노예의 지위에서 벗어나지 못한다. 살아 있는 인간이 왜 자신이 만든 물건의 지배를 받는 노예이어야 한단 말인가!

그러므로 부르주아 사회에서는 과거가 현재를 지배하나, 자본에 대한 부르주아지의 사적 소유가 폐지되는 공산주의 사회에서는 현재가 과거를 지배한다. 마르크스는 이렇게 말한다. "부르주아 사회에서는 자본이 독자성과 개성을 갖고 있는 반면, 살아 있는 인간은 독자성과 개성을 잃는다." 이 말을 뒤집어보면 마르크스가 어떤 사회를 꿈꾸었는지가 자명해진다. 그것은 그 어떤 물질적 조건에 의해 구속받지 않으며, 자신의 개성을 자유롭게 드러내는 인간들의 연합체이다. 『공산당선언』 2부는 이렇게 끝을 맺는다.

계급과 계급대립으로 얼룩진 낡은 부르주아 사회 대신에, 개인의 자유로운 발전이 만인의 자유로운 발전의 조건이 되는 연합체가 나타날 것이다.

아·홉·번·째·마·당
미국이 사회주의연방공화국이라나

최근 미국의 우익단체들이 미국은 자유주의 국가가 아니라 사회주의 국가임을 고발하고 나섰다. 마르크스가 『공산당선언』에서 주장한 10대 강령을 고스란히 실행하고 있는 미국이 어떻게 자유주의 국가냐는 것이다.

마르크스는 10대 강령에서 "토지 소유의 폐지와 모든 지대를 공공의 경비로 전용"할 것을 주장했다. 지금 미국 시민은 자신의 토지를 자신의 마음대로 처분하지 못하고 있으니, 토지에 대한 일체의 국가 규제를 폐지하자는 것이다.

마르크스는 10대 강령에서 "소득에 대한 고율의 누진세"를 주장했다. 지금 미국 시민은 자기의 소득을 자신의 마음대로 처분하지 못한다. 엄청난 세금을, 그것도 누진적으로 징수당하고 있으니, 이 괘씸한 사회주의적 제도를 하루빨리 없애버리자는 것이다.

마르크스는 10대 강령에서 "모든 상속권의 폐지"를 주장했다. 지금 미국 시민은 자신의 재산을 마음대로 상속하지 못한다. 50퍼센트가 넘는 몫을 국가에 헌납해야 하기 때문에 많은 부자들이 재산을 자식에게 상속하는 대신 차라리 공공단체에 기부하는 방식을 택하고 있다. 물론 가진 자들은 온갖 묘책을 만들어 교묘하게 상속세를 내지 않고 법망을 빠져나가고 있는 것이 오늘의 현실이다. 누구 때문에 내 재산을 내 자식에게 마음대로 물려주지 못하는가? 알아보았더니 그 악마가 마르크스라는 것이다. 그러니 이참에 소련도 무너졌고 마르크스도 별 볼 일 없는 인물이 되어버렸으니, 그로 인하여 만들어진 이 상속세제를 깨끗이 폐지하자는 것이다.

마르크스는 10대 강령에서 "모든 망명자와 반역자의 재산 몰수"를 주장했다. 지금 미국의 공직자들은 재임기간에 받은 조그만 선물 하나 마음대로 소유하지 못한다. 50달러 이상의 선물은 재임기간이 끝나면 고스란히 내놓아야 한다. 반역자의 재산 몰수는 마르크스의 주장이었으니, 마르크스의 사상에 반대하는 미국인들이라면 공직자의 부정축재도 눈감아주어야 한다는 것이다.

마르크스는 10대 강령에서 "국가 자본 및 배타적인 독점권을 가진 국립은행을 통하여 신용을 국가 수중으로 집중"할 것을 주장했다. 지금 미국의 시민들은 연방준비제도이사회(FRB)의 통제하에 있다. 그 누구도 통화정책에서 국가로부터 자유롭지 못하다. 연방준비제도이사회가 금리를 어떻게 결정하느냐에 따라 모든 돈의 흐름이 뒤바뀐다. 그러하니 미국이 사회주의연방공화국이 아니냐고 우익들은 따지고 있는 것이다.

마르크스는 10대 강령에서 "공립학교에서 모든 어린이에 대한 무상교육 실시, 오늘날과 같은 형태의 어린이들의 공장노동 폐지, 교육과 생산활동의 결합 등등"을 주장했다. 미국의 우익들은 왜 무상교육(미국에 그런 게 있다면)을 실시하고 아동의 노동을 폐지하여 마르크스의 주장을 받아주느냐고 항변하고 있는 것이다.

　미국의 우익들이 마르크스가 연습 삼아 제시해본 10대 강령을 가지고 구워 먹든 삶아 먹든 우리가 상관할 바 아니다. 흥미로운 사실은 마르크스가 부르주아지의 사적 소유를 폐지해가기 위한 전제적 방책들로 내세운 열 가지 강령 대부분이, 오늘날 이미 실현되었거나 부르주아 이데올로그들조차도 감히 반박하지 못하는 주장이 되어 있다는 것이다. 19세기 중반, 국가가 경제에 아무런 개입도 하지 않던 자유방임주의 시절, 마르크스가 국가의 역할을 강조한 것은 당시로 보아선 참으로 또라이 같은 발언이었다. 하지만 20세기에 들어와 마르크스의 예견대로 대공황이 터지고 전쟁이 발발하면서, 지금은 부르주아들 역시 국가의 경제 개입을 당연한 것으로 받아들이고 있는데……

열·번·째·마·당
사회주의의 노고단과 천왕봉

반야봉이 준 지혜

가장 최근에 지리산을 오른 것이 벌써 3년 전의 일이다. 중학교에 입학한 아들을 데리고 노고단에 올랐다. 지리산 종주를 1박 2일에 끝낸다는 젊은 녀석들의 숨가쁜 산행과는 정반대로 '가장 느리게 지리산을 완보하는' 3박 4일의 일정을 잡았다. 때는 4월. 노고단에서 임걸령으로 이어지는 깊은 숲 속에는 아주머니들이 삼삼오오 짝을 지어 산나물을 캐고 있었고, 쏟아지는 오후의 햇살은 부드럽기 그지없어, 나는 게으른 걸음마저 멈추고 오수를 즐겼다. 임걸령에서 뱀사골 산장까지는 한 시간이면 충분하지 않은가.

하지만 산은 산. 해가 서쪽으로 기울어지는 시점에 일어나 다시 걷는 산행은 역시 만만치 않았다. 오르고 내리고 오르고 내리고 수십 개의 작은 봉우리들을 타느라 몸은 지쳐갔다. 지고 간 짐이 무거워 아들에게 대신 지게 하였지만, 타고난 똥배는 나를 너무 힘들게 하였다. 아무리 걸어도 뱀사골로 향하는 내리막길은 나오지 않고, 거꾸로 오르막길만 나오는 것이다. 이 정도 걸었으면 나올 법도 한데 이상하게 계속 오르막길만 나오는 것이 '길을 잘못 든 것이 아닐까?' 하는 의구심이 들었다. 덜컥 겁이 났다. 가지고 간 쌀이며 김치를 모두 던지기 시작하였다. 빈 몸으로 산을 오르는데도 왜 뱀사골은 나오지 않는 것인가. 산을 탓하며 헉헉대며 오르고 올랐는데, 오르고 보니 그곳은 반야봉. 길을 잘못 든 것이다.

지리산 팔경 중의 하나인 반야봉의 낙조. 그렇게 아름답다는 반야의 석양을 감상할 틈도 없이 나는 쫓기듯 내려왔다. 뱀사골 산장에 도착한 것은 밤 여덟시. 어찌나 혼이 났던지 3박 4일의 일정일랑 아예 접고 다음날로 하산해버렸다. 가만히 생각해보니 철쭉꽃 만발한 어느 산등성이에서 나는 꽃에 취해 드러누워버렸는데, 바로 그 지점이 반야봉과 뱀사골의 갈림길이었던 것이다. 거기에서 나는 길을 잃어버렸던 것. 노고단에서 뱀사골로 이어지는 그 쉬운 길조차 헤매버린 내가, 산행이 아닌 사회혁명의 세계사적 대장정에 대해 뭐라 말할 수 있을까. 이것이 지혜의 봉우리, 반야봉이 나에게 준 깨달음이었다.

필연에 대하여

초심자에게 마르크스가 주는 가장 큰 매력은 역사발전에 대한 그의 확고한 비전일 것이다. 『공산당선언』에서 그는 말한다.

> 부르주아지는 무엇보다도 자기 자신의 무덤을 파는 일꾼을 생산하는 셈이다. 부르주아지의 몰락과 프롤레타리아트의 승리는 다 같이 피할 수 없는 일이다.

프롤레타리아트 승리의 필연성을 바위 위에 새기듯 뚜렷이 기록하였고, 이러한 그의 견해가 젊은 날의 낭만이 아니었음을 확인이라도 하듯, 『자본』의 마지막에서 '자본의 최후'를 이렇게 노래하였다.

이 전환 과정의 모든 이익을 가로채고 독점하는 대자본가의 수는 끊임없이 감소하지만 빈곤, 억압, 예속, 타락, 착취의 정도는 더욱더 증대한다. 그러나 그와 동시에 노동자계급의 반항도 또한 증대해간다. 자본의 독점은 그 생산방식의 질곡이 된다. 생산수단의 집중과 노동의 사회화는 마침내 그 자본주의적 외피와 양립할 수 없는 지점에 도달한다. 자본주의적 외피는 파열된다. 자본주의적 사적 소유의 조종(弔鐘)이 울린다. 수탈자가 수탈당한다.

자본주의적 사적 소유의 조종이 울리는 그날이 언제일지 아무도 예언할 수는 없으나, 모든 사물은 생성, 성장하여 사멸한다는 변증법의 기본적인 견지에서 볼 때, 자본주의도 언젠가는 죽게 되어 있다는 예측에 대해 반박할 수 있는 이는 없을 것이다. 글을 쓰다 뜰을 둘러보니, 그렇게 무성하던 플라타너스나무의 이파리들이 낙엽이 되어 나무 밑에 수북이 쌓여 있다. 대자연의 법칙을 한 그루의 나무가 거스를 수 없듯이, 인간 사회의 역사법칙을 자본주의 역시 피해갈 수는 없을 것이다.

돌이켜보면 제2차 세계대전 이후 자본주의 경제는 큰 공황을 겪지 않은 채 그럭저럭 성장의 길을 걸어온 것 같다. 소련도 몰락하고, 정보화가 또다시 우리네 삶의 조건들을 요란스럽게 바꾸어가면서, 자본주의는 영원히 번성할 것이라는 토플러류의 천박한 낙관론이 횡행하였던 것이 지난 1990년대였다. 그렇게 자본의 개선가가 울려퍼지는 파티장에 지금 '대공황의 습격'이 예고되고, '세계무역센터'가 무너지고, 또다시 전쟁판을 벌이고 있는 미국의 현실을 들여다보면, 그렇게 탄탄할 것 같은 자본주의체제도 참 불안하고 취약하다는 것을 느끼게 된다.

사실 전후 자본주의 경제가 성장의 가도를 걸어온 데에는 케인스적 요법이 주효했다고 보아야 할 것이다. 자본의 과잉생산을 따라주지 못하는 유효수요의 부족을 정부의 적자재정정책으로 메워가면 일시적인 경기의 후퇴는 금방 회복시킬 수 있을 것이다. 마치 주기적으로 찾아오는 우울증을 히로뽕 주사 한 방으로 벗어나듯 말이다. 그런데 마약의 상습적 투입이 생명의 수명을 단축시키듯이, 일시적인 경기 후퇴를 적자재정정책으로 무마시켜온 전후 자본주의 경제는, 이제, 거품이 빠지는 날만 기다리고 있는 것이 아니겠는가.

조금 더 구체적으로 살펴보자. 오늘날 세계를 지배하고 있는 미국 경제의 허실을 살펴보면 미국의 세계지배체제가 얼마나 불안하고 취약한지 금방 알 수 있다. 미국이 전 세계를 지배하고 있는 직접적인 힘은 군사력에서 나온다. 미국은 자국의 군대를 전 세계에 주둔시키기 위해 매년 국방비로 3천억 달러를 쓰고 있다. 미국 경제의 절반이 군수산업에 의존하고 있다는 것은 진부한 상식인데, 여기에 미국의 몰락을 재촉하는 '죽음의 신'이 자리하고 있는 것이다. 전쟁을 치르지 않으면 군수산업은 망한다. 군수산업이 망하면 미국 경제가 망한다. 따라서 미국은 생존하기 위해 전쟁을 저질러야 한다. 살기 위해 살육의 전쟁판을 벌여야 하는 해괴한 모순 속에 미국은 빠져 있는 것이다. 10년이 멀다 하고 전쟁을 만들어내야만 존속할 수 있는 이 체제가 과연 얼마나 갈 것인가?

중요한 것은 군비의 조달처이다. 로마의 귀족들은 정복전쟁의 비용을 피정복민의 약탈에 의해 보전하였지만, 오늘의 미국 군수자본은 피정복민으로부터 아무것도 약탈하지 못한다. 허허벌판, 사막과 산으로 에워싸인 아프가니스탄, 이 나라의 헐벗은 주민들로부터 미국이 무엇을 약탈한단 말인가. 따라서 미국의 전쟁비용은 정부가 발행하는 국채로 보충할 수밖에 없는데, 이미 미국의 재정적자는 4조 달러에 이르렀다. 연리 5퍼센트만 잡아도 미국은 국채 발행 비용으로 2천억 달러를 지급해야 한다.

미국이 전 세계를 지배하는 경제적 힘은 과거에는 제조업의 생산력 우위에 있었지만, 일본과 유럽에 그 지위를 넘겨준 지 오래다. 그리하여 미국은 지난 15년 동안 연속적으로 무역적자를 기록하였는데, 그 적자 총액이 무려 1조 5천억 달러에 이른다. 미국이야말로 전 세계에서 가장 나쁜 '불량국가'인 셈이다. 그럼에도 불구하고 미국 경제가 버티고 있는 것은 전적으로 달러를 마음대로 찍어낼 수 있는 달러 조폐권을 향유하고 있기 때문이다. 미국은 종이로 만든 달러를 가지고 다른 나라에서 생산된 재화를 공으로 먹어온 것이다. 하지만 언제까지 종이로 재화를 살 수 있는 조폐권의 특권이 용인될 수 있을까? 미국의 생산활동이 침체에 빠지고, 적자는 계속 누증되고, 달러의 화폐가치와 실물가치의 격차가 증대해가면 갈수록, '더 이상 달러는 필요 없다'며 달러를 종이 버리듯 폐기하는 순간, 미국의 세계지배체제가 몰락하는 순간은 점점 더 가까이 다가오고 있는 것이다.

오늘날 미국이 전 세계를 지배하는 경제력은 월가의 은행들을 앞세운 '금융지배'에 있다. 지금 세계의 실물경제 규모는 GNP 총액 28조 달러이다. 그런데 이 실물경제 위에서 민간 금융자산 60조 달러와 파생 금융상품 80조 달러의 금융자산이 운용되고 있다. 실물가치 28조 달러를 놓고 서로 먹고 먹히며 노름판을 벌이고 있는 금융자산의 규모가 1백40조 달러. 세계 금융시장에서 오고가는 하루 판돈만 3조 달러요, 연간 총 1천조 달러가량의 판돈이 거래되고 있다. 문제는 노름판에서 오고가는 수탈과 피수탈의 규모가 점점 증대하면 할수록 금융경제에서 이루어지는 허구적 거래를 실물경제가 뒷받침하지 못하는 순간이 점점 가까이 다가온다는 것이다.

오늘날 미국이 지배하는 세계 경제는 거대한 외채의 상호 의존 속에서 운동하고 있다. 개발도상국가들이 지고 있는 총 외채는 더는 상환이 불가능한 2조 달러에 이르렀다. 미국 역시 해외자산 4조 달러에 해외 총 채무 5조 달러를 빚지고 있는 터, 만일 개도국들이 더는 채무를 상환하지 못할 때, 그 파급이 미국의 채무 불이행으로 이어지지 말라는 보장이 없다는 것이다. 이처럼 미국의 금융지배는 마치 맨틀 위에 떠 있는 지각의 판들처럼 아주 유동적이고 불안한 구조 위에 떠 있는 것이다.

피터 고완의 『세계 없는 세계화』에 의하면 1980년 이래 해마다 열 개 이상의 나라가 경제파탄을 당해왔다. 지난 IMF 사태를 통하여 여실히 배워버린 미국의 약소국에 대한 금융 수탈. 느닷없이 이자율을 올리고 중소기업을 파탄내고 주가를 폭락시키고 환율을 인상시키면서, 이곳 한국으로부터 미국은 거만의 부를 약탈하였다. 아르헨티나의 경우 1980~1982년에 금융위기로 무려 GDP의 55.3퍼센트를 수탈당했고, 칠레는 1981~1983년의 위기로 GNP의 41퍼센트, 우루과이는 1981~1984년의 위기로 GNP의 31.2퍼센트, 멕시코는 1994~1995년의 위기로 GNP의 13.5퍼센트를 수탈당했다. 이렇게 하여 미국은 약소국의 경제를 약탈하면서 동시에 약소국들이 채무를 상환할 수 있는 능력까지 약탈하고 있으니, 약소국의 경제를 약탈함으로써 미국은 자신의 무덤을 파는 묘혈꾼을 만들고 있다. "미국의 세계지배체제의 조종이 울린다. 약탈자가 약탈된다"는 마르크스식의 언법은 오늘의 현실에서도 유효하다.

사회주의는 계급투쟁을 통해 실현된다

플라타너스나무의 이파리들이 수북이 쌓여 있는 것을 보면서 대자연의 법칙을 감상하고 있는데, 돌연 사람 냄새를 맡은 개들이 낑낑대는 소리가 들렸다. 오랜만에 만난 주인의 체취를 맡고 싶어 꼬리를 흔들고 머리를 조아리는 것인가 가까이 가보았더니, 배가 홀쭉하였다. 하루 내내 굶은 것이다. 어쩌다 개로 태어나 이렇게 묶여 사는가 불쌍하기도 하고, 돌보아주지 못한 주인의 게으름을 용서받기 위해 얼른 밥그릇을 찾았다. 개는 두 마리인데 밥그릇은 하나. 사이좋게 먹으라고 두 마리의 개 중간지점에 밥을 놓아주었다. 평소엔 별로 쳐다보지도 않는 사료인지라 먹나 안 먹나 보려고 주었는데, 이것들이 미친 듯이 먹는 것이다.

나는 또 하나의 자연법칙을 발견하였다. 두 마리의 개들이 서로를 향해 으르렁거리는 것이다. "이 밥은 내 밥이야." 으르렁거리는 개들의 표정은 자못 진지하고 신랄하다. 평소의 귀여운 모습은 어디에 갔는지 〈미녀와 야수〉에 나오는 야수의 표정 그대로 입술을 들어올리고, 날카로운 이빨을 드러내면서 상대를 위협하는 것이다. 먹다가 으르렁거리고 으르렁거리며 먹다가, 마침내 투쟁에 돌입한다. 죽을힘을 다 쏟아 상대의 대가리를 물어뜯다 보면 입가에 핏자국이 난다. 누가 이겼는지는 모르나, 다시 밥을 먹는 개가 이긴 것으로 보아야 할 것이다. 진 개는 꼬리를 내리고 저만치 물러난다.

개들의 밥싸움은 무엇을 의미할까. 나는 개들의 피 터지는 싸움을 보면서 "자연의 법칙은 인간의 의지와 무관하게 관철되지만, 사회의 법칙은 인간의 실천을 통하여 실현된다"는 명제를 확인한다. 자유라는 나무마저도 인간의 피를 먹고 자랐는데, 해방의 나무는 어찌할 것인가. 마르크시즘을 책으로 배운 이들이 가장 빠지기 쉬운 함정이 여기에 있다. 자본주의 몰락의 필연성을 '법칙'으로만 숭배하는 마르크스 경제학자나, 자본주의 제도의 자기 완결성을 고집하는 주류 경제학자들이나 모두가 동일하게 범하고 있는 오류, 그것은 '실천의 부재'인 것이다. 산을 오르는 고행의 발걸음 없이 어떻게 정상을 밟는다는 말인가.

사회주의가 도달해야 할 첫 봉우리는 무엇인가. 구례 화엄사에서 등반을 시작할 때 먼저 올라야 하는 노고단 산행. 사회주의의 노고단은 무엇인가라는 질문이다. 마르크스에 의하면 그것은 프롤레타리아트가 지배계급으로 등장하는 것이다. 『선언』에서 가장 많이 반복되는 마르크스의 강조점은 바로 이것이다. 마르크스는 이렇게 말했다.

우리는 이미 앞에서 노동자혁명의 첫걸음은 프롤레타리아트를 지배계급으로 끌어올리는 것과 민주주의를 쟁취하는 것이라는 점을 살펴보았다. 프롤레타리아트는 자신의 정치적 지배를 이용하여 부르주아지로부터 모든 자본을 차례차례 빼앗고, 모든 생산도구를 국가의 수중에, 즉 지배계급으로 조직된 프롤레타리아트의 수중에 집중시키며 가능한 한 신속히 생산력을 증대시키게 될 것이다.

프롤레타리아트가 지배계급이 된다는 것은 무엇을 말하는가. 도대체 노동자계급이 지배계급의 지위로 올라선다는 것이 우리 사회에서 무엇을 의미하는 것인가. 통상적으로 표현되는 '노동자계급의 집권'이란 무엇이겠는가? 그것은 결코 노동자계급의 정치적 대표자가 청와대에 들어가는 것만을 의미하는 것은 아닐 게다. '노동자계급이 지배계급의 지위로 올라서기' 위해 노동자계급이 사회에서 어떤 존재로 성숙해야 하는지에 관해 우리 모두 많은 고민이 요구되는 대목이다.

그러면 사회주의의 천왕봉은 무엇일까

계급과 계급대립으로 얼룩진 낡은 부르주아 사회 대신에, 개인의 자유로운 발전이 만인의 자유로운 발전의 조건이 되는 연합체가 나타날 것이다.

개인의 자유로운 발전이 만인의 자유로운 발전의 조건이 된다고 하는 표현은 우리에게 좀 낯설다. '발전'이라는 낱말이 '성장'을 연상시키고, '조건'이라는 개념이 '거래' 관계를 연상시키는 우리들의 언어 관습으로는 이 문장의 참뜻이 쉽게 다가오지 않는다.

풀이하자면 이런 것이다. 여기에 하나의 집단이 있다. 이 집단은 과거에 부르주아적 소유의 지배하에 있었다. 그때 이 집단에 소속된 성원들의 노동은 모두 부르주아의 사적 소유를 증대시키기 위한 수단이었다. 아무리 열심히 일을 하여도, 그것은 노동자의 자기 성숙에 기여하는 것이 아니라 노동자에 대한 수탈의 심화로 연결되는 것이었다. 따라서 이 집단은 적대적 분열 위에서 신음해왔다. 그런데 이제 이 적대의 물질적 기초가 사라졌다. 인간의 노동을 소외시키는 물질적 조건이 사라진 것이다. 이제 노동자는 자신의 의사에 따라 창조적 활동을 선택할 수 있고, 창조적 활동의 성과물로 사회에 봉사할 수 있는 '자유'를 쟁취한 것이다. 인간은 창조적 활동을 통해 참된 기쁨을 누리면서 자신의 개성과 인격을 풍부하게 하고 완숙시켜 나간다. 중요한 것은 사회의 구성원 각자가 자신의 개성과 인격을 풍부하게 하고 완숙시켜가면 갈수록, 그 사회는 더욱 높은 경지로 발전해간 다는 것이다. 좀더 극명하게 말하자면 개인의 인격과 개성이 자유롭게 만개하는 것만이 사회의 발전을 의미한다는 것이다. 분명한 것은 사회주의의 천왕봉은 집단의 이익을 앞세워 개인의 자유를 희생시키는 민족주의나 혹은 전체주의와 같은 집단주의와는 전혀 관계가 없는 봉우리라는 사실이다.

마르크스는 왜 부르주아적 사적 소유의 폐지를 꿈꾸었던가? 그는 결코 자본을 노동자에게 분할하여주는 세상을 꿈꾸지 않았다. 그가 부르주아적 사적 소유를 폐지하길 꿈꾸었던 까닭은, 그렇게 함으로써 사회에 대한 부르주아지의 지배력의 토대를 허물어뜨림으로써 생산활동의 담지자인 노동계급이 자신의 의지대로 경제와 사회와 정치를 조직해 나가는 세상을 꿈꾸었던 것이다. 그리고 이런 세상에 대한 표현의 하나가 바로 "개인의 자유로운 발전이 만인의 자유로운 발전의 조건이 되는 하나의 연합체"였던 것이다.

사회주의의 천왕봉에 대한 표현은 여러 가지가 있다. '계급이 없는 사회'라고도 불리고, '능력에 따라 일하고 필요에 따라 사용하는 사회'라고도 불리며, '자유의 왕국'이라고도 불린다. 이러한 '사회주의의 천왕봉'이 인간이 도달할 수밖에 없는 역사의 필연인지, 아니면 백수들이 꿈꾸는 유토피아인지, 나에게는 중요하지 않다. 나에게는 지금 사회주의의 노고단을 오르는 것이 너무 절실하며, 노고단에서 천왕봉에 이르기까지 넘어야 할 수백 개의 봉우리들이 중요하다. 이런 맥락에서 노고단에서 천왕봉에 이르기 위해 통과해야 할 중간지점으로서 마르크스가 예시

한 10대 강령에 대해서도 우리는 진지하게 주목해야 할 것이다.

참으로 재미있는 10대 강령이다. 미국의 우익들은 마르크스의 이 강령을 가리키면서 미국이 이미 '사회주의연방공화국'이 되어버렸다며, 우익들의 궐기를 촉구하고 있다고 한다. 19세기 중반의 정세에서 이 10대 강령은 분명 혁명적인 강령이었을 것이다. 하지만 지금 선진국에서 이 강령의 8할은 실현되었다. 이것은 무엇을 의미하는가? 마르크스는 자신의 견해만을 고집한 교조주의자가 아니었다는 것이다. 적어도 그는 프롤레타리아트에게 '시대의 보편정신'을 보여줄 줄 아는 매우 유연한 사고의 소유자였으며, 현재를 미래로 이끌어 올리면서 미래를 현재로 가까이 당길 줄 알았던 실천가임을 보여주는 지표인 것이다. 이제 우리들도 '한국 사회주의자들이 가져야 할 10대 강령'을 작성할 줄 알아야 하리라.

열·한·번·째·마·당
진보정당이 집권하면

나는 개인적으로 2020년 안에 진보정당이 집권할 수 있고, 집권해야 한다고 떠들고 다닌다. 대한민국의 경제력, 이것 장난이 아니다. 연간 5백조 원의 부가가치를 생산해내는 세계 10위권언저리의 선진국이다. 경제력은 선진국인데, 왜 우리들의 삶은 이다지도 천민적인가. 이제 더는 『조선일보』와 같은 남한의 천민적 보수집단을 씹어대는 것도 귀찮지 않은가? 왜 민중운동진영은 자신의 힘으로 권력을 장악할 수 있음에도 불구하고 국민들에게 희망찬 대안을 제시하면서 국민의 지지를 조직하려 하지 않는가?

2001년도 봄 언론사의 탈세사건을 통해서도 소상하게 입증된 바이지만, 대한민국의 기업인들은 무조건 1백 퍼센트 탈세를 하고 있다. 10억 원 내야 할 세금을, 국세청 관료들하고 짜고 먹고 마시면서 1억 원만 세금 내고 나머지는 착복하고 있는 것으로 보아야 한다. 특히 상속세의 탈세는 조직적이고 그 규모가 거대하다. 국세청 자료에 의하면 대한민국에 축적된 총 부가 약 3천조. 그중 절반이 자본가들의 소유다. 10억대 이상의 자산을 상속할 경우 상속세율이 40퍼센트 적용되고 있으니, 한 해에 거두어들여야 할 상속 및 증여세는 아무리 못해도 20조 원 이상이다. 우리나라 상속제도는 큰 고기는 다 빠져나가고 피라미들만 잡아들이는 이상한 그물인가. 한 해에 거두어들이는 상속 및 증여세는 1조 원이 되지 않는다. 이건희 같은 왕초들은 다 빠져나가고, 어떻게 빠져나가야 하는지 방법을 몰라 걸려든 소시민들만 상속세를 바치고 있다는 이야기다.

진보정당이 집권하면, 제일 먼저 부자들에게 법정 세금을 정직하게 내도록 호소할 것이다. 국세청, 안기부, 감사원, 금융감독원, 검찰이 손에 있는 한 빠져나갈 수 있는 기업인은 단 한 사람도 없다. 무조건 상속세로 10조 원 이상을 거두어들일 것이다. 우리는 이 돈을 '전 대학생을 국비장학생화'하는 데 투입하자고 제안할 것이다. 평생 땀 흘려 모은 10억 원의 돈을 대학생 장학금으로 내놓는 김밥 할머니도 있는 마당에, 부자들에게 거두어들인 상속세를 가지고 우리 아이들의 대학 학비로 쓰자는 데 누가 반대할 것인가? 오늘 40~50대의 어머니들이 남편이 버는 박봉의 월급을 가지고 안 먹고 안 입고 안 쓰면서 살아가는 이유가 자녀의 교육 때문이다. 만일 국가가 모든 대학생들의 학비를 보장하게 되면 우리 사회가 어떻게 될까?

진보정당이 집권하면, 군비를 10분의 1로 감축하는 대대적인 사회개혁에 들어갈 것이다. 물론 군비를 축소하려면 몇 가지 전제가 충족되어야 할 것이다. 먼저 그 전에 북한과 미국이 국교를 수립해야 할 것이다. 북한과 미국이 적대관계에서 우호관계로 전환하는 것이야말로 한반도 평화정착의 전환점이다. 그렇게 되면 미군이 남한에 진주해야 할 군사적 이유도 사라지거니와 휴전선을 사이에 두고 1백90만 명의 군대(북한 1백20만 명, 남한 70만 명)를 대치시켜온 민족사적 어리석음을 되풀이할 이유도 함께 사라진다. 남과 북의 정상이 만나 '포괄적 군비축소'에 합의하고, 동시에 획기적으로 군대를 감축하는 것이다. 현재 투입되고 있는 국방비는 미군 주둔비용을 합하여 20조 원. 군인의 수를 십 분의 일로 감축하면 무조건 10조 원의 잉여자금이 확보된다. 우리는 이 잉여자금을 '공공 의료체계의 구축'에 투입하자고 국민들에게 제안할 것이다. 사람을 죽이는 데 쓰여온 돈을 사람을 살리는 데 투입하는 것은 그럴듯하지 않은가.

우리는 지금처럼 의술 행위를 돈벌이의 수단으로 간주하는 의료체계를 개혁할 것이다. 기존의 의사들이야 어찌할 수 없다면, 국비장학생으로 키운 깨끗한 젊은 의사들을 중심으로 의료의 공공성을 구축하는 작업에 들어갈 것이다. 연봉 1억 원의 수익을 올리는 기존의 의사들과 연봉 4천만 원을 받고도 신나게 일하는 젊은 의사들이 경합을 벌이게 할 것이다. 2조 원이면 연봉 4천만 원을 주는 젊은 의사 5만 명을 고용할 수 있다. 이들 젊은 의사들은 도시보다는 시골로, 병원보다는 주민 속으로, 건강한 사람보다는 병든 노인들 속으로 발로 뛰어다니게 될 것이다. 또 기왕에 국립대학에 설치되어 있는 병원들과 국립 의료시설들을 유기적으로 연관시켜 의료시설의 합리적 활용을 주도할 것이다. 그리하여 누구나 아프면 마음대로 치료를 받을 수 있는 '무상의료제도'를 현실화할 것이다.

진보정당이 집권하면 현재 운용되고 있는 2백70여조 원의 기금을 통폐합하여 '장애우 특별기금'을 만들 것이다. 세상에 장애인이 되고 싶어 장애인의 삶을 사는 사람은 없다. 자신의 의지와 무관하게 장애인라는 이유 하나 때문에 사회적 차별을 받으며 살아야 한다는 것은 명백한 불의이다. 사회는 이들 장애우들의 인간다운 삶을 책임질 의무가 있다. 가장 중요한 조치로서 장애우들이 자신의 특성에 따라 일할 수 있는 직장을 확보해주는 것이다. 각종 국공영기업체들로 하여금 장애우 고용할당제를 실시하도록 하는 것만으로는 부족할 것이다. '장애우를 위한 특별사업체'를 대대적으로 건설하여 누구든 자신의 능력을 자유롭게 발휘하면서 사회활동에 동참할 수 있도록 돕는 것이 중요하다.

진보정당이 집권하면 지난 1960년대 이후 저질러진 온갖 부정축재를 재조사할 것이다. 부정축재조사특별법을 포고하여, 대한민국의 법을 어기면서 축재한 일체의 자산에 대해서는 환수 조치를 내릴 것이다. 전두환, 노태우 두 전직 대통령이 부정한 방법으로 조성한 정치비자금이 각각 5천여억 원인 것으로 발표되었지만, 아직 환수 조치를 집행하지 않았다. 정태수가 제일은행에서 빼다 쓴 돈이 5조 원이 넘었지만, 검찰은 사라진 3조여 원의 행방을 찾지 않았다. 조중훈이 탈세한 돈이 1조 4천억 원이었다. 김대중 정권이 재벌들의 은행털이 범죄를 용인하면서 은행의 부도를 막기 위해 투입한 이른바 공적 자금이 1백60조 원. 회수된 공적 자금은 불과 30퍼센트도 되지 않는다. 김대중 정권은 이건희의 부채 4조, 정몽헌의 부채 3조, 최순영의 부채 2조를 한순간에 탕감해주었으며, 김우중 사단의 부정 유출

26조 원에 대해 이렇다 할 회수 조치를 실행하지 않고 있다.

자본금이 1천억 원이 넘으면 대기업을 차릴 수 있는 거대자본이다. 자본은 줄어들지 않는다. 늘어날 뿐이다. 재벌들이 빼돌린 수조 원의 돈들은 지금 지구 어디에선가 자기 증식을 열심히 하고 있을 것이다. 우리는 이 부정축재, 해외도피 자금들을 회수할 것이다. 부정축재를 회수한 자금을 어디에 투입할 것인지, 다시 국민의 의사를 물어 집행해야 하겠지만, 우리는 노인의 복지에 투입할 것을 제안하고자 한다. '효도를 사회화'하자는 것이다. 나이 칠십이 넘어 저승으로 가는 길은 너무 고통스럽다. 당사자도 고통스럽고, 이를 지켜보아야 하는 자식들도 고통스럽다. 효도를 개인의 효심에만 맡길 때, 형과 아우가 다투게 되고 남편과 부인이 다투게 되는 목전의 갈등은 갈수록 심화될 것이다. 의료시설을 갖추고 텃밭도 갖추고 수영장도 갖추고, 기타 여러 문화시설들을 갖춘 이른바 '실버타운'을 대대적으로 건설하자고 우리는 제안할 것이다. 70세가 되면 누구나 들어갈 수 있는 실버타운을 도시 인근의 농촌지역에 대대적으로 건설하여, 공기 좋고 물 좋은 데에서 상추도 키우고 배추도 기르면서, 몸이 이상하면 언제라도 치료를 받을 수 있도록 할 것이다. 실버타운이 건설되면, 부모의 마지막 가는 길 때문에 벌어지는 형제간의 아귀다툼은 이제 사라질 것이다. 그리고 이 실버타운에 부정축재 회수자금을 투입하면 누가 반대할 것인가. 젊은 날의 피와 땀을 조국의 근대화, 산업역군으로 보낸 노동자들로부터 갈취한 부정축재를 환수하여, 이제는 황혼의 인생길에 접어든 늙은 노동자들의 실버타운 건설에 투입하는 것은 어쩌면 너무 자연스런 보상이지 않겠는가.

 이외에도 우리는 우리 사회의 합리적 재구축을 위한 개혁안을 내놓을 것이다. 중요한 것은 이렇게 사회가 합리적으로 구축되었을 때 비로소 교육이 바로 설 수 있는 토대를 확보한다는 것이다. 지금 한국인들이 극심한 이기주의로부터 고통받는 까닭은 전적으로 개인의 불행을 감싸주는 정부가 없기 때문이다. 지금 한국인들이 오직 자녀의 교육에 목을 매는 것은 자신의 노후에 대한 아무런 보장이 없기 때문이다. 지금 청소년들이 입시지옥에서 헤어나오지 못하는 까닭은 학벌과 학력, 직종에 따른 사회적 차별이 너무 뚜렷하기 때문이다. 정부가 한 인간의 교육과 의료 문제를 책임지고, 사회가 노인들의 행복한 삶을 돌봐준다면, 그렇다면 이제 우리는 더는 돈벌이의 노예로 묶여 살 이유가 없어지는 것이다. 돈벌이의 노예 신분에서 해방될 수 있다면, 동시에 청소년들도 입시지옥으로부터 자유로워질 수 있는 것이다.

열·두·번·째·마·당
어떻게 살아야 하는 것이냐

사람은 어떻게 살아야 하는 것이냐? 갈수록 대학이 취업 센터로 전락하는 것이 우리가 보기에는 안타깝다. 좋은 직장을 얻기 위하여 노력하는 것, 그 자체야 나무랄 일이 아니다. 부모에게 의존하지 아니하고 자신의 힘으로 돈을 벌어 독립적인 삶을 사는 것은 젊은이에게 당연히 권장할 일이다. 그렇게 하여 돈 버는 것이 얼마나 힘든 일인지, 이 사회가 어떤 사회인지 알아가는 것도 어른으로 성장하는 과정에서 반드시 거쳐야 할 훈련일 게다. 하지만 한평생 어떻게 살아갈 것인지, 무엇을 위하여 살 것인지, 인생에 관한 아무런 고민도 해보지 않은 채 무작정 돈벌이에 뛰어드는 오늘 젊은이들의 세태가 안타깝다는 것이다.

나는 스무 살의 나이에 고시공부를 할 것인가, 데모를 할 것인가를 놓고 힘든 고민을 하였다. 부모님은 나에게 고시공부를 하여 집안을 빛내는 역할을 해줄 것을 기대하였고, 선배들은 독재정권에 대항하여 투쟁하는 길에 함께 나설 것을 요구하였다. 나의 사촌형제들은 완도에서도 또다시 배를 타고 들어가야 하는 조그만 섬에서 김을 뜯고 미역을 따는, 이 땅에서도 가장 힘든 삶을 살아가는 분들이었는데, 어쩌다 시골에 내려가면 "아이고, 황 검사님 오셨구먼" 하면서 나를 맞아주셨다. 대학 1학년생에게 말이다. 이런 뒤틀린 현실이 나에게는 참을 수 없는 고통이었다. 민중이, 자신을 수탈하며 사는 권력자를 오히려 부러워하는 현실을 어떻게 이해하란 말이냐. 하지만 독재정권에 대항하여 투쟁하는 길에 나서는 것도 그렇게 내키는 일이 아니었다. 현실을 어떻게 이끌어갈 것인지 대안을 제시하지는 못하면서 현실 비판에만 몰두하는 것이 나의 양심에 걸렸다. 이러지도 저러지도 못하면서, 대학 1년 내내 방황하며 살았다. 나중에 안 사실이지만 다산 정약용 선생이 걸었던 그 코스, 강진에서 해남 대흥사를 넘어 백련사로 이어지는 그 길을 홀로 걸으며 인생을 어떻게 살아야 하는 것인지 고뇌하였다. 물론 답은 찾지 못하였다. 이후 감옥에도 가고 공장에도 들어가고, 역사의 요청 앞에 부끄러운 삶을 살지는 않았다. 그러나 인생을 어떻게 살 것인가 하는 의문은 지금도 나를 괴롭힌다.

나는 인생에서 가장 중요한 것이 노동이라고 생각한다. 인간은 누구나 자신의 힘으로 의식주를 해결해야 하고, 사랑을 하고 결혼을 하게 되면 또 2세를 부양하기 위해서 일을 해야 한다는 것만큼 평범한 진리가 또 없을 것이다. 인간은 노동을 하면서 자연과 친교를 맺으며, 함께 노동하고 노동의 성과를 공유하면서 인간과 인간의 사회적 친교를 맺는 것이다. 인간은 노동을 통하여 자신의 인간다운 자질을 실현하는 동시에 노동을 통하여 인간으로서 생존할 수 있는 물질적 기반을 획득한다. 따라서 노동의 기회를 상실한 사람이야말로 가장 불행한 인간인 셈이다. 일을 하고 싶어도 일자리를 얻지 못하는 실업자도 불행한 사람이지만, 가진 것이 너무 많아 자신이 해야 할 노동의 기회를 타인에게 의존하다 보니 노동능력을 상실해버린 사람들도 마찬가지로 불행한 사람들이다.

그런데 나는 지난 20년 동안 노동을 통하여 기쁨을 누리는 사람을 만나지 못하였다. 죽어가는 환자를 정성껏 돌보아주었더니 건강을 되찾게 되어 기쁘다고 말하는 의사 한 명 만나지 못하였고, 제자들을 열심히 키우는 재미로 교사생활을 하고 있다며 즐거워하는 교사 한 명 만나지 못하였으며, 억울한 누명을 쓴 죄수를 성심껏 도와 변호하였는데 지성이면 감천이라고 마침내 무죄 판결을 받게 되어 째지게 행복하다고 말하는 변호사 한 명 만나지 못하였다. 의사, 교사, 변호사처럼 인간에 대한 봉사를 업으로 하는 분들이 이러할진대 공장에서 일하는 노동자는 어떠하겠는가? 복직투쟁 7년 만에 직장에 복귀하게 되어 기뻐하는 노동자는 보았어도 직장에서 물건을 만드는 기쁨을 자랑하는 노동자는 단 한 명도 보지 못하였고, 자식이 공부 잘해 경찰공무원이 되었다고 으스대는 농민은 보았어도 농사처럼 신명나는 일은 없다며 '농자천하지대본야'를 호쾌하게 떠드는 농민은 만나보지 못하였다.

지금 대한민국 사람들 중 정작 자신이 맡고 있는 직업에 대해 자부심을 가지고 사는 사람은 내가 보기에 없는 것 같다. 전문대 교수는 4년제 대학 교수를 부러워하고, 지방대 교수는 수도권 대학의 교수를 부러워하며, 수도권 대학의 교수는 세칭 명문대학의 교수를 부러워하던데, 정작 서울대 교수는 청와대를 부러워한다. 변호사는 판검사를 시샘하고, 판검사는 정치인을 시샘한다. 사회의 지도층 인사들이 이러할진대 민초들의 심정은 어떠하겠는가? 비정규직 노동자들은 정규직 노동자가 되길 갈구하고, 중소기업 노동자들은 대기업 노동자들을 부러워하며, 대기업의 육체 노동자들은 대기업의 사무직 노동자들을 부러워한다. 대한민국이라는 거대한 경쟁구조 속에 편입된 사람들은 모두 자기가 맡고 있는 직업에서 부끄러움을 느끼며, 자기보다 더 높은 곳을 시샘하며 살아가고 있다.

왜 이렇게 되었는가? 그 이유는 모든 인간적 가치를 화폐로 대체해버린 자본주의 경제에 있다. 이미 우리에게 노동은 수단이요, 목적은 돈이다. 노동을 통하여 나의 자질을 실현하고 그 노동의 성과를 사회에 제공하면서 사회적 자아를 확인받는 것이 아니다. 내가 만드는 제품의 질이 중요한 것이 아니라, 그것이 얼마에 팔리느냐가 중요한 사회이다. 모든 노동의 특질들은 화폐라고 하는 수치 앞에 무색하다. 의사가 환자를 얼마나 정성껏 돌보았는가는 사라져버리고, 오늘 환자 몇 명을 보았고 그 결과 오늘 얼마의 소득을 올렸는가가 중요하다. 자아를 실현하는 노동이 아니라 돈 벌기 위한 노동에 관해서는 우리 노동자들도 마찬가지다. 이달에 내가 만든 물건의 가치는 정말이지 나의 안중에 없다. 오직 이달에 받게 되는 기본급 플러스 보너스가 얼마인가만이 중요할 따름이다. 우리의 노동이 돈벌이의 수단으로 전락하여버린 것은 이제 상업적 영농구조 속으로 빨려 들어간 농촌 사회에서도 똑같이 발견된다. 내가 키운 딸기, 내가 재배한 포도, 그 속에 내가 흘린 땀은 아무 의미가 없다. 오직 그 딸기와 그 포도가 시장에서 얼마에 팔리는가가 잠자리에 들기까지 의식을 지배하는 힘이다.

이미 우리의 삶은 돈에 꽁꽁 묶여버렸다. 대한민국 사람들은 인간답게 살기 위한 자신의 프로그램에 따라 인생을 사는 것이 아니라, 30평짜리 아파트와 1천5백만 원짜리 자동차를 얻고 유지하기 위해 사는 사람들이다. 우리는 집을 사기 위하여 살고 있다. 그리고 자동차를 유지하기 위해 일하고 있다. 시도 때도 없이 밀려오는 각종 공과금이며 보험료가 우리의 숨통을 조인다. 결혼식, 장례식, 각종 관혼상제에 사회적 체면을 유지하려면 돈이 필요하다. 지금 우리는 먹는 것과 입는 것을 해결하기 위하여 돈을 벌려고 하는 것이 아니다. 이미 우리는 자본주의 경제의 마술에 걸려들었다. 더 많은 돈을 벌고, 더 많은 재산을 모으기 위하여 단 한 번 주어진 인생을 탕진하고 있다.

노동이 돈벌이의 수단인 사람에게 진정한 인생의 의미는 없다. 내가 너를 위하여 일하는 것이 아니라, 돈을 벌기 위하여 하는 노동이 무슨 재미가 있을 것이냐? 하루 여덟 시간 가장 귀중한 활동시간을 의미 없는 노동에 바치고 난 다음, 친구들을 만나 술로 스트레스를 푸는 것이 우리들의 삶이다. 그렇게 30년 가족의 생존을 위하여 돈 버는 데 젊음을 투입하였는데, 돌아오는 것은 해고요 퇴직이다.

자영업에 종사하시는 분들은 그래도 자기 마음대로 일하고, 열심히 일한 성과를 자신이 챙기는 재미라도 본다. 직장인들은 자기 마음대로 일할 수 없으며, 열심히 일을 한다 하여 일한 성과가 자기에게 오는 것도 아니다. 자신의 노동력을 월급 얼마에 팔아버린 우리의 임금노동자들의 경우 겪어야 하는 노동의 소외는 여전히 심각하다.

길을 가다 보면 요란한 음악 소리에 발을 맞춰 춤을 추는 아가씨들이 자주 보인다. 음식점 개업식을 알리는 쇼다. 풍선 속에 바람을 불어 연신 인사하게 만드는 허수아비 앞에서 배꼽티를 입고 춤을 추는 아가씨들을 보노라면, 저렇게 몇 시간을 춤을 출 수 있는 것인지, 하루 이틀도 아니고 한 달 두 달 춤만 추는 저 아가씨, 돈 몇 푼에 몸을 팔고 억지로 춤을 추어야 하는 아가씨를 보면서, 나는 과연 우리의 임금노동자들이 저 아가씨와 다른 게 뭔지 떠올린다.

대기업 노동자, 노동조합을 가지고 있는 노동자들의 경우, 지난 15년 전의 장시간 저임금 노동조건에 비하여 상대적으로 개선된 노동조건을 누리고 있다. 환풍기 하나 없던 시절에 비하면 공장의 노동환경도 많이 개선된 것이 사실이다. 하지만 내가 하고 싶어하는 일이 아니라 먹고살기 위하여 억지로 하는 일이라는 점에서, 이벤트 회사에 몸을 팔고 춤을 추는 아가씨의 노동과 본질적으로 다를 바는 없다. 자동차를 만들건 에어컨을 만들건 배를 만들건, 사무직 노동자이건 생산직 노동자이건, 노동 그 자체가 기쁨인 것이 아니라 노동 그 자체가 나의 생명력의 소진인 것은 다 마찬가지다.

자본주의 경제에서 모든 임금노동자는 예속된 노동자이다. 노예는 귀족에게 예속된 몸이었고, 농노는 지주에게 예속된 몸이었듯이, 임금노동자는 자본에 예속된 몸이다. 임금노동자의 노동은 자본의 명령에 복종하는 노동이다. 내 몸을 자본에게 상품으로 팔았으니, 작업장에 들어서는 순간 나의 몸은 내 몸이 아니라 내 몸을 매입한 자본의 것이다. 노동자들 중에도 상대적으로 고소득을 누리는 경우가 더러 있다. 일반 노동자들보다 두세 배의 높은 소득을 올리는 노동자일지라도, 글쎄, 인간의 자주적 의지를 실현하지 못하는 예속 노동에 종사하면서 진정한 행복을 누릴 수 있는 것일까?

부르주아 사회에서 살아 있는 노동은 축적된 노동을 증식시키는 수단일 뿐이지만, 공산주의 사회에서 축적된 노동은 노동자의 삶을 확장시키고 풍요롭게 하며 고양시키는 수단이다.

열·세·번·째·마·당
나의 행복관

　IMF 사태를 치르면서 나는 실업의 비극을 가까이에서 목격하였다. 외국어를 네 개나 구사하는 능력 있는 한 친구가 느닷없이 황당한 퇴직을 당한 것이다. 친구는 하루 걸러 나를 찾아와 술을 얻어먹었다. 나 역시 술을 마다하지 않는 취향이기에, 친구에게 술을 사주고 친구의 주정을 들어주는 것이 그렇게 싫지는 않았다. 고통스러웠던 것은 친구 스스로가 자신의 미래를 자포자기하더라는 것이다. 실업이 어떻게 인간성을 파괴하는지, 일자리를 잃고 6개월만 술을 먹고 다니면 누구나 영등포역의 노숙자들에게서 보이는 휑한 눈빛을 띠게 된다는 것을 경험하게 되었다.
　실업자에게 그토록 소중한 일자리, 하지만 과연 오늘 우리들이 선택할 수 있는 직업들이 인간에게 행복을 주는지에 대해서 나는 무척 회의적이다. 나의 자질을 마음껏 발휘하기 위해 선택한 직업이 아니라 돈을 벌기 위해 선택한 직업일 경우, 직업이 가져다주는 것은 밥을 비롯한 몇 가지 필수품일 뿐, 인간에게 행복을 가져다주지는 않는 듯 보인다.

나는 내 나름대로의 행복관을 갖고 있다. 나에게 중요한 행복의 제1가치는 창조적 활동이다. 하루 내내 환자들 만나 진단하고 면담하고 처방전을 써주면서, 글쎄, 의사들이 얼마나 자신의 노동에 대해 보람을 느낄지 의문이다. 법조인이라는 직업에 대해서도 별 부러움을 느끼지 못하는 것도 같은 맥락에서이다. 도둑놈들을 취조하는 검사, 도둑놈들을 수발하는 변호사, 도둑놈들 앞에서 망치질하는 판사, 사람들은 이들 법조인을 영감님이라 존칭하지만, 과연 그들이 '하루의 노동'을 뿌듯하게 느끼는 날이 평생 며칠이나 될까.

창조적 활동이 주는 기쁨이라는 점에서 볼 때 의사나 판사보다는 차라리 농부나 목수 혹은 작가나 교사의 직업이 더 나아 보인다. 농부는 벼를 심고 가꾸고 거두는 활동 속에서 단지 먹고살 쌀을 얻을 뿐 아니라 대자연의 섭리를 느끼고 자신이 흘린 땀방울의 의미를 확인하는 보람을 느낄 수 있다. 목수는 나무를 자르고 못을 박고 집을 짓는 노동을 통하여 자신의 생계수단을 확보할 뿐 아니라, 이 활동 속에서 자신의 창조적 열정을 구현하고, 완성된 한 채의 집을 보면서 노동의 보람을 느낄 수 있다. 작가는 글을 씀으로써 그날그날의 생계수단을 벌 뿐 아니라 자신의 소중한 사상과 감정을 타인에게 전달하는 자아 실현의 기쁨을 누리며, 선생님들 역시 비록 아이들을 가르침으로써 월급을 받고 그 돈으로 생계를 꾸리지만, 아이들의 해맑은 웃음 속에서 생명의 경이를 느끼고, 제자들의 성숙해가는 몸짓과 언어를 보면서 삶의 보람을 느끼기 때문이다.

나에게 중요한 행복의 제2가치는 봉사활동이다. 사람들은 '봉사'라고 하면 먼저 거창한 종교적·도덕적 계율을 떠올리는데, 제발 이러지 않았으면 좋겠다. 사람이 태어나 하나의 인격체로 성장하기까지 먹는 것, 입는 것을 비롯한 모든 물질적 생계수단을 사회로부터 빌려온다. 뿐만 아니라 말하는 능력, 생각하는 능력까지 사회로부터 배워온 것이라고 한다면, 장성한 이 몸과 이 몸 속에 내재된 정신적 활동능력을 가지고 이웃을 위하여, 나아가 인류를 위하여 봉사하는 것은 너무 자연스런 일이지 않은가.

인간은 사회적 동물이기 때문에 사회의 발전과 인류의 행복에 기여하는 활동을 통하여 행복을 느끼게 되어 있다. 비록 일신상의 안일을 희생하더라도 민족과 인류의 행복에 커다란 기여를 하면 할수록 그 사람은 더없는 행복을 맛보게 된다는 아인슈타인의 이야기를, 나는 그대로 받아들인다.

열·네·번·째·마·당
유토피아

사람은 어떻게 살아야 할 것인가 하는 의문에 대하여 이제 나는 이렇게 대답한다. 돈벌이를 위한 노동이 아니라, 그 자체가 기쁨의 원천인 노동, 남에게 부림을 당하는 예속적 노동이 아니라 자신의 의사에 따르는 자주적인 노동, 끊임없이 반복되는 분업노동이 아니라 인간의 여러 자질을 실현하는 창의적이고 전인적인 노동을 하면서 살아가야 한다는 것이다. 에리히 프롬의 관점으로 말하자면, 소유양식에 붙들린 노동이 아니라 자신의 존재를 자유롭게 드러내는 창조적 활동에 매진하자는 거다.

나는 석가의 가르침을 존중한다. 모든 인간 앞에는 죽음이 놓여 있다. 1백 년이 지나지 않아 해골바가지로 전화할 이 몸뚱어리 때문에 인간이 욕심을 품고 화를 내고 살 필요가 뭐 있겠나? 탐욕의 불길을 끄고 청정의 마음을 유지하며 살아가는 것이 지혜로운 선택임에 분명하다. 하지만 석가의 가르침을 내가 전적으로 따르지 않는 것은, 우리네 인간은 이 몸뚱어리를 떠날 수 없는 것이요, 이 몸뚱어리가 요구하는 생존의 필수품들을 생산하지 않으면 안 된다는 평범한 현실을 불교는 외면하고 있기 때문이다. 예수 역시 인간이 빵만으로 사는 것이 아니요, 하나님의 말씀으로 사는 것이라는 좋은 가르침을 우리에게 주었지만, 역시 인간은 빵의 문제를 해결하지 않고서는 생존할 수가 없다. 하여 나는 생산의 필연성을 외면하고 노동의 공정한 질서를 바로 세우지 아니한 채 논의되는 고담준론은 기본적으로 위선이라고 생각하는 사람이다.

이런 측면에서 노동의 질서를 바로 세움으로써 근로대중 모두가 행복하게 살 수 있는 이상사회를 꿈꾸었던 토머스 모어의 『유토피아』는 실현 가능성 여부를 떠나 우리 모두가 애정을 가지고 읽어야 하는 글임에 틀림없다. 공부 좀 했다는 식자들이 어떤 주의 주장에 대하여 실현 가능성부터 따지고 드는 경우가 많다. 그런데 이런 분들의 논리를 따라가다 보면, 그들은 결국 현실에 존재하고 있는 것만이 실현 가능한 것이라는 동어반복에 머무르고 있음을 우리는 발견하게 된다.

꿈이 없는 인간은 죽은 인간이다. 현실을 바꾸어 더 나은 미래를 이루어보려는 분투야말로 진정 인간다운 것이 아닌가? 꿈을 꾸는 인간은 늘 현실을 깨어 있는 눈으로 투시하게 된다. 문제의식에 충만한 젊은이에게 세계는 늘 새롭고 풍부한 가르침을 열어주지만, 문제의식이 없는 인간에게 세상은 문을 닫는다.

나에게 유토피아를 처음 가르쳐준 선생은 "그런 곳은 없다"가 유토피아의 본뜻임을 힘주어 강조하셨다. 지금 돌이켜보면 참으로 부끄러운 말장난이었다. 그런 곳은 없으니 쳐다보지도 말라는 것. 이루어질 수 없는 사랑이기에 그리움의 정서가 아지랑이처럼 모락모락 이는 것이요, 이 그리움으로 문학과 예술작품이 탄생하는 것일 게다. 설령 이루어질 수 없는 사회일지라도 아름다운 꿈을 간직하고 키워나가는 그리움, 이 얼마나 고귀한 그리움인가?

나는 지금으로부터 5백 년 전 이상사회의 설계도를 제시한 토머스 모어의 고귀한 정신이야말로 어찌 보면 예수와 석가, 플라톤과 공자 모두를 합해놓은 것보다 더 위대한 정신이라고 생각한다. 왜냐하면 예수와 석가의 가르침은 현실을 떠난 정신적 언설이며, 플라톤과 공자는 왕과 지배계급을 위한 가르침일 뿐, 노동을 버릴 수 없는 근로대중을 위한 가르침이 아니기 때문이다. 아마도 토머스 모어야말로 노동의 질서를 바로 세워보고자 했던 최초의 이상주의자가 아닌가 한다.

5백 년 전, 그러니까 자본주의적 요소가 이제 태동하던 시기, 토머스 모어가 『유토피아』에서 핵심적으로 주장한 것 중의 하나가 노동시간의 단축이었다. 그는 하루 여섯 시간만 일을 하자, 그래도 경제적 재생산에 전혀 하자가 없다고 주장하였다. 19세기 중반까지도 유럽의 노동자들이 하루 열두 시간 이상의 장시간 노동에 시달렸던 것을 감안하여보면 이 얼마나 황당한 주장이냐? 하지만 소작인들의 피를 빨아먹는 귀족들과 귀족들에 빌붙어 먹고사는 기생집단을 없애면 가능하다는 것이다.

그가 노동시간의 단축을 꿈꾸었던 것은, 생존에 필요한 노동시간을 단축해야 정신적인 활동에 몰두할 수 있는 자유로운 시간이 나오기 때문이었다. 학문이나 수양과 같은 정신적인 활동은 지배계급만이 누리고, 근로대중은 평생 뼈빠지게 육체노동만 해야 했던 시대에, 근로대중도 인간으로서 누려야 할 교육과

학습, 예술과 심신수련을 공유해야 한다는 그의 견해만큼 진보적이고 인간적인 견해가 또 있을까?

농업노동과 공업노동을 통합하고자 하는 그의 견해 또한 매우 흥미 있는 주장이다. 도시에 거주하는 사람은 한 가지의 공업노동에 종사하지만, 평생 공업노동에만 종사할 것이 아니라 정기적으로 농촌에 내려가 농업노동에 종사하자는 것이다. 인간은 역사적인 인간이다. 인간이란 존재가 무엇인가는 인간이 역사 속에서 무엇을 하면서 살아왔는가를 보면 된다. 냇가에서 물고기를 잡는 일이 그렇게 흥미 있는 것은 신석기시대 우리의 선조들이 그렇게 살았기 때문일 것이다. 인간의 역사는 노동의 역사이다. 따라서 공업노동에만 종사하고 농업노동을 잃어버린 인간은 인간의 절반을 잃어버린 인간인 것이다. 하여 모어는 농촌에 공동의 주거시설을 마련한 다음, 1년씩 농촌에서 농사를 짓고 도시로 올라가는 순환구조를 꿈꾸어보았던 것이다.

우리도 꿈을 꾸어보자. 꿈을 꾸되 정말 황당한 꿈을 꾸어보자. 꿈을 꾸되 저 혼자 잘 먹고 잘사는 개떡 같은 꿈이 아니라 만인이 자유롭고 행복하게 사는 큰 꿈을 꾸어보자. 토머스 모어가 지금으로부터 5백 년 전 하루 여섯 시간 노동하는 사회를 꿈꾸었다면, 그런 마인드라면 우리 역시 주 3일 노동하는 사회를 꿈꾸어볼 수 있지 않을까?

"누구는 하루 여덟 시간 일하는데 누구는 하루 내내 놀고 지내야 한다면, 이럴 것이 아니라 두 사람이 하루 네 시간씩 일을 하면 될 것이다"라는 주장을 펼친 이는 영국의 위대한 수학자이자 사회주의자인 러셀이었다. 초등학생도 펼칠 수 있는 상식적인 주장을 러셀이 했다고 하니까 좀 그럴듯해 보인다 '구조조정-정리해고'의 불가피성을 떠드는 보수세력의 주장보다 위와 같은 방식대로 '일자리를 나누는 것'이 백배는 합리적이며 인간적인 선택임은 두말하면 잔소리가 될 것이다.

마르틴과 슈만이 함께 쓴 『세계화의 덫』을 보면 한 가지 흥미로운 사실이 눈에 띈다. 전 세계를 움직이는 브레인 집단이 모였다는 샌프란시스코 페어먼트호텔 회의에서 무역귀족 출신 워싱턴 시시프는 "더 이상의 노동력은 필요 없다"고 선언하였다. 전 세계의 노동력 중 20퍼센트만 가지고 모든 재화를 다 생산할 수 있으므로, 나머지 80퍼센트야 죽든 말든 앞으로의 세계는 이 20퍼센트의 노동자들과 자본이 엮어가는 세계가 될 것이라고 호언하였다는 것이다.

자본가들은 왜 그렇게 악독한지 모를 일이다. 경제활동 인구의 20퍼센트만 고용하면, 나머지 80퍼센트의 인구는 무얼 먹고 살라는 것인지. 그렇게 되면 노동자들은 일자리를 붙들기 위하여 자본가들에게 두 손을 싹싹 빌게 되어 좋을 것이다. 하지만 일자리를 찾지 못하는 80퍼센트의 군중은 어떡하란 말인가? 굶어 죽든 말든 내팽개치고 가자는 시시프 같은 자본가들을 향하여 80퍼센트의 군중이 선택할 수 있는 길은 딱 하나, 반란이다. 인간으로 태어나 개나 돼지보다 못한 삶을 살 수는 없는 법. 인간으로 태어나 짐승보다 못한 삶을 강제하는 사회는 마땅히 전복되어야 한다.

나는 시시프의 발언을 들으면서 자본가들은 왜 그렇게 멍청할까 웃음이 나왔다. 열 명 중 두 명에게만 일자리를 주고 나머지 여덟 명은 거지로 만들겠다는 계획을 그들이 강제한다면, 그들이 주조하는 사회는 2~3년을 못 넘기고 전복될 것이며, 그들은 사회의 지배권을 내놓아야 할 것이다. 자본가들에게 사회의 운영권을 넘겨받은 근로대중은 어떻게 사회를 조직할 것인가? 너무나 간단하다. 위대한 철학자이자 수학자인 러셀이 가르쳐준 나눗셈대로 일을 나누면 된다.

나는 오래전부터 어떻게 하면 인류가 분업노동으로부터 벗어날 수 있는가에 대해 곰곰이 생각해보았다. 물론 사회적 생산력을 자본의 증식을 위해서만 가동하는 부르주아적 소유를 철폐하거나 제압하는 것이 사회를 합리적으로 운용할 수 있는 전제 조건이 될 것이다. 문제는 현대의 생산력이 애덤 스미스의 지적대로 분업노동 위에 서 있다는 것이다. 분업노동을 폐지하기 위하여 생산력을 태평양 바다에 빠뜨릴 수는 없는 일. 그래서 나는 일거에 분업노동을 철폐하는 방법이 아니라, '분업노동의 날수'를 반감하는 방법을 고민하게 되었다.

오늘날 대학교수들은 사실상 주 3일 노동하고 있다. 연중 방학이 석 달이요, 1주일에 강의하는 날이 3~4일. 대학교수는 나머지 시간을 연구에 투여할 수 있으며, 마음만 먹으면 사회적 활동에도 나설 수 있다. 강의내용도 교사들처럼 통제받지 않는다. 이렇게 말하면 교수들이 섭섭해하겠지만, 내가 보기에 한국적 현실에서 교수야말로 가장 부러운 삶의 조건을 누리고 있는 것 같다. 모든 사람이 주 3일 사회적 필요노동을 담당하고 나머지 시간을 자유로운 활동에 투여할 수 있다면.

여기에 타고난 그림 재주가 있어 그림 그리고 싶어 미치는 화가가 있다. 그는 명문대학 미술학과를 졸업한 것도 아니고 부모님을 잘 만나지도 못하였다. 독학으로 그림공부를 마쳤고, 공사판에 나가 일하고 틈틈이 짬을 내어 그려온 작품들로 개인전을 열 만큼 성실하게 미술활동을 하였다. 그런데 결혼을 하게 되자, 사정이 달라졌다. 가난한 이 화가는 그림 그리기를 중단해야 했다. 이 사회는 개인의 타고난 자질을 갈고 다듬을 수 있도록 허여하지 않는 것이다. 만일 주 3일 일하고 나머지 시간을 창작활동에 투입할 수 있다면, 이 화가는 자신의 타고난 자질을 실현하면서 그 아름다운 그림들을 우리에게 선사할 수 있을 것이다.

여기에 연극인이 있다. 연극이 좋아 미쳐 사는 이 가난한 연극인이 한 달에 받는 급여는 20만 원. 사회가 이런 진지한 예술인들을 외면함으로써, 매에는 장사 없다고 궁핍은 예술인들을 쇠진케 만든다. 만일 교육, 의료, 주택 문제를 걱정하지 않아도 되는 사회가 오고 의미 있는 사회적 활동을 하는 이들에게 기초생활비를 책임지는 사회가 만들어진다면, 자유롭고 창조적인 활동으로 살아가는 많은 예술인들을 우리는 만나게 될 것이다.

여기에 주 5일 공장에서 일하는 노동자가 있다. 지금 갑돌이에게 휴일은 잠자는 시간이요, 텔레비전 앞에서 죽치는 시간이다. 어쩌다 가족들 데리고 여행이라도 한번 할라치면 여행비를 보충하기 위하여 다음 주엔 휴일 특근을 해야 한다. 지금껏 한 시간이라도 더 많이 일하여 단 몇 푼이라도 월급봉투를 늘리는 삶에 익숙해온 갑돌이에게 자신의 자질을 노동을 통하여 실현하는 삶은 안중에 없다. 어서 빨리 돈을 모아 퇴직 후 조그만 가게라도 차리는 것이 인생의 전부다. 만일 죽기 살기로 일하여 돈을 모아야 미래가 보장되는 현재의 사회구조가 개혁되어 누구나 인간다운 삶의 조건을 공유할 수 있는 사회구조가 마련된다면, 갑돌이에게도 다른 세상을 살고 싶은 열정이 꿈틀거릴 것이다. 만일 주 3일 공장노동을 하고도 가계를 꾸려나가는 데 전혀 지장이 없다면, 이러한 사회적 조건은 수많은 갑돌이들에게 '다른 세상을 찾아' 나서게 만들 것이다. 이제는 주 4일의 자유시간을 잠만으로 보낼 수는 없다. 주 4일 내내 텔레비전만 보며 드러누울 수는 없다. 뭔가 의미 있는 활동을 찾아 나서지 않으면 안 될 것이다.

그 활동이 등산이 될 수도 있고, 낚시가 될 수도 있다. 등산을 통하여 호연지기를 기르고, 낚시를 통하여 무념의 고요를 즐기는 것은 모두 다 심신을 단련하는 데 큰 도움이 될 것이며, 돌아와 직장에서 일을 할 때에도 대단한 활기를 불어넣어줄 것이다. 매주 찾아오는 자유의 날들을 취미활동으로만 보낼 수는 없을 것이다. 가까운 도시 근교에서 농사를 지어볼 수도 있다. 주말이면 아이들과 함께 농장에 내려가 쨍쨍 내리쬐는 뙤약볕 아래서 구슬땀을 흘리며 땅을 파고 씨 뿌리고, 그 누가 명령하는 노동이 아니라 자신이 하고 싶어하는 노동의 즐거움을 누릴 수 있을 것이다. 닭도 키우고 강아지도 키우면서 자라나는 아이들에게 더할 나위 없이 좋은 자연교육의 장을 마련할 수도 있을 것이다. 1년 내내 농사만 지을 수는 없는 노릇. 갑돌이는 못다 한 공부에 눈을 뜰 수도 있다. 늦깎이 공부지만 사이버 노동자대학에 적을 올려놓고 대학공부를 다시 할 수도 있으며, 독서 클럽을 만들어 좋아하는 책들을 읽고 토론하는 시간을 마련할 수도 있을 것이다. 주 4일의 자유로운 시간은 갑돌이들에게 정치활동과 봉사활동에도 눈을 뜨게 해줄 것이다. 투표날 표 찍는 기계로 동원되기만 하였던 갑돌이들이 노동자의 세상을 열어가는 데 적극 참여할 수 있을 것이며, 나아가 노동자의 사회적 책임감을 알게 되면서 봉사활동에도 적극 참여할 것이다.

주 3일 노동제는 노동자들의 해외여행이나 장기간의 자기 수련도 가능하게 해줄 것이다. 주 3일 노동제는 지금은 의사들이나 돈 많은 사람들만 누리는 티베트 여행을 노동자들도 누릴 수 있도록 도와줄 것이다. 파트너만 잡으면 된다. 개똥이와 소똥이가 약속을 하여 이달에는 개똥이가 소똥이에게 일을 맡기고 해외여행을 하고 돌아오면, 다음 달에는 소똥이가 개똥이에게 일을 맡기고 해외여행을 떠나는 것이다. 만일 우리 노동자에게 직장의 경영참여권이 보장되어 있어 근무시간을 탄력적으로 운용할 수 있다면, 주 3일 노동제는 연중 3개월의 장기휴가를 허여할 수도 있을 것이다. 3개월의 장기휴가를 타기 위해 9개월 동안 주 4일 근무하면 되는 것이다.

주 3일 노동제는 농업노동에 종사하는 농민들에게 존재의 의미를 달리하게 될 것이다. 그동안 농업노동은 생존을 위한 돈벌이 노동이었다. 이제 생존하기 위해 아등바등 일하지 않아도 된다. 자식들 교육문제는 전적으로 사회가 책임지고 있으며, 무상의료가 보장되어 있어 늙어 병원 신세를 져야 하는 불안으로부터 벗어나 있다. 주 3일만 일해도 인간답게 사는 데 필요한 기초생활비가 보장된다면, 농민들이야 타고난 행복을 누리게 될 것이다. 시간 나는 대로 천렵을 즐기고 약초를 캐러 다닐 것이다.

모내기나 추수철이 오면 도시에서 오는 노동자들의 도움을 받아 힘들지 않게 농사를 지을 수 있다. 마침내 자연과 하나 되는 노동의 즐거움만이 남아 있을 뿐이다.

주 3일 노동제는 자영업자들에게도 의식의 변화를 가져올 것이다. 그동안 자영업자들은 죽느냐 사느냐 매월 생존의 기로에서 불안에 떠는 삶을 살아왔다. 시시각각 변화하는 유행을 따라 잡느라 애 타는 장사를 해왔다. 이제 돈 없으면 서러운 세상이 갔다. 거만의 부를 축적해놓아야 마음을 놓는다는 일념으로 돈 버는 데 모든 것을 걸었던 인생을 이제 버려도 좋다. 새벽부터 밤늦은 시각까지 가게를 지키며 익명의 손님들을 만나 익명의 거래를 하였던 무의미한 인생, 이제 접어도 좋다. 마음만 먹으면 언제든지 도시 생활을 정리하고 시골에 들어가 인근의 농민을 선생으로 모시며 농사일을 배우며 살 수 있으니 말이다.

주 3일 노동제는 뭐니 뭐니 해도 학생들에게 획기적인 변화를 몰고올 것이다. 인간이라면 선대가 일구어놓은 지적 자산을 전승받아야 한다. 여기에는 암기도 필요하고 집중도 필요하며 인내도 필요하다. 이 의무적인 학습에 우리 아이들이 주 3일만 투여하도록 하자는 것이다. 아이들이 가장 좋아하는 것이 무엇이던가? 그것은 놀이이다. 뛰고 만들고 하는 놀이를 통하여 무럭무럭 자라나는 2세들을 우리는 꿈꿀 수 있을 것이다. 주 3일 노동제는 아이들에게도 노동의 소중함을 잘 가르쳐줄 수 있을 것이다. 공업노동과 농업노동의 기회도 의무적으로 제공해야 할 것이다. 부모님과 함께 농장에 가서 놀며 일하는 것보다 더 좋은 자연교육이 또 있겠는가?

주 3일 노동제는 노인의 고독을 풀어줄 것이다. 노인에게 과도한 노동은 적합하지 않다. 하지만 노인에게 노동의 기회를 아예 박탈하는 것만큼 고통스런 고문도 없다. 인간은 사회적 동물이며, 이 사회성은 노동을 통하여 실현된다. 주 3일 노동제 사회는 노인들에게 적합한 쉬운 노동, 짧은 노동의 기회를 아주 다양하게 창출해낼 수 있을 것이다. 청소년들에게 일하는 법을 가르쳐주는 것부터 시작하여, 다양한 봉사활동에 참여함으로써 나름의 소득을 올리면서 고독하지 않은 노후를 맞이할 수 있게 할 것이다.

무엇보다도 주 3일 노동제는 자본주의의 상품경제로부터 벗어날 수 있는 출구를 우리에게 보여줄 것이다. 3일 동안 일하고 3일 동안 잠만 자는 것이 아니다. 3일 동안 분업노동을 하고 3일 동안 창조적 활동을 하는 것이다. 사람은 누구나 저마다 타고난 재능이 있다. 자신의 재능을 자유롭게 실현하는 속에서 삶의 참된 보람을 누리자는 것이 주 3일 노동제의 한 정신이라면, 그렇게 창조적 활동을 통하여 이룬 성취물을 아무 대가 없이 사랑으로(!) 사회와 더불어 나누어 쓰는 것이 주 3일 노동제의 또 하나의 정신이다. 나의 모든 노동이 오직 돈으로만 계산되는 이 지긋지긋한 자본주의식 인생을 접고, 나의 활동이 창조요, 사랑이요, 봉사인 새로운 인생, 새로운 사회를 열어가는 출구를 주 3일 노동제에서 발견하게 될 것이다. 노동시간을 단축시키는 것은 노동계급의 세계사적 사명이다.

열·다·섯·번·째·마·당
그리운 들불

　지금은 남한의 '인터내셔널가'가 되어 있는 〈임을 위한 행진곡〉에서부터 1980년 5월 광주에 관한 이야기의 실마리를 끄집어내고 싶다. 이 노랫말의 지은이가 백기완 선생이고, 이 노랫말의 주인공이 윤상원 열사라는 사실을 알고 있는 새내기들은 많지 않으리라. 더욱이 이 노래가 윤상원 열사의 '영혼 결혼식'을 치르기 위해 만들어졌으며, 윤상원 열사와 영혼 혼례를 올린 신부의 이름이 박기순 누이임을 알고 있는 이는 아주 희귀하리라.

　내가 박기순 누이를 처음 만난 것은 1978년 1월 어느 날이었던 것 같다. 당시 나는 서울의 신림동에서도 비지구의 빈민촌에서 공장노동자들과 함께 야학을 하고 있었고, 가끔씩 인천의 동일방직 앞에서 노동자 누이들과 술을 마시면서 노동운동의 이야기들을 배워나가던 터, 광주에서 올라온 한 여성을 서울 신림동 빈민촌의 자취방에서 만나게 되었다. 참 걸걸한 목소리를 내는 소박한 품성의 여성이었다.

　내가 박기순 누이를 두번째 만난 것은 1978년 9월 어느 날,

광주의 양림동 어느 자취방에서였다. 이미 그녀는 전남대학교에서 사고(?)를 치고 도바리를 치는 중이었고, 경찰의 수배망을 피해가면서 야학을 만들 준비를 하는 중이었다. 함께 밥을 해먹으면서 노동자들에게 줄 한자 교재도 만들고 사회 교재도 만들면서 무더운 여름밤을 보냈다. 우리들 앞에는 타도해야 할 박정희 독재정권이 있었고, 우리들이 가고자 하는 길은 '민중 속으로'였다. 당시의 시대정신은 독재정권을 타도할 힘을 민중 속에서 찾아야 한다는 것. 우리는 이 대의를 위해 무척 진지하게 고민하였고, 실천의 한 걸음 한 걸음을 내디뎌 나갔다.

내가 박기순 누이를 세번째 만났을 때는 살아 있는, 그 아름다운 여성이 아닌, 이미 무덤에 누워 있는 저세상의 여인이었다. 김해교도소의 0.9평 독방에서, 난 이 어이없는 소식을 듣게 되었다. "어이, 광운가? 기순이가 죽어부렀어. 크리스마스날 야학 잔치 벌이고 집에 갔는데, 연탄가스로 가부렀다네." 광주에서 김해로 이감 온 한 동지가 식구통을 통해 들려준 이 소식을 들으면서, 내 가슴속엔 아쉬움과 안타까움만이 맴돌았을 뿐, 이후 이어질 죽음의 행진을 전혀 예감할 수 없었다.

1979년 7월 17일 제헌절 특사로 1년여의 잔여 형기를 남기고 김해교도소를 나온 나는 맨 먼저 기순이 누이의 묘로 향했다. 지금은 국립묘지 뺨칠 정도로 잘 치장된 망월동이지만, 당시 우리가 갔던 망월동은 말 그대로 달을 보는 공동묘지였고, 지금은 아스팔트 도로가 시원하게 뚫려 있는 망월동이지만, 당시 우리가 걸었던 망월동으로 가는 길은 이상화의 「빼앗긴 들에도 봄은 오는가」에 나오는 가르마 같은 들길이었다.

묘비에는 '노동자의 누나 박기순'이라고 씌어져 있었다. 우리는 가지고 간 소주 대두병을 나발 불기 시작하였다. "일배 일배 부일배허면 너와 내가 하나가 되고, 일배 일배 부일배허면 나와 산천이 하나 된다"고 제법 어린 시절 익힌 한문 솜씨를 자랑하며 이태백풍의 호기를 자랑하던 박관현. 그는 이후 전남대 총학생회장으로 광주항쟁에서 주역으로 활동하다가, 1982년 광주교도소에서 수감 생활을 하던 중 장기간의 단식으로 죽어갔다. "시를 쓰려면 요렇게 쓰랏다. 저기 저놈 보아라, 국회의원 나온다" 하며 김지하의 「오적」을 그렇게도 실감나게 불러제낀 이는, 1980년 5월 26일 새벽 4시 광주도청을 사수하다 배에 총알을 맞고 "오매, 형님, 배에 맞아부렀소" 외마디 남기고 죽어간, 우리의 영웅, 윤상원이었다. 기순이, 관현이, 상원이는 모두 광천동 빈민촌에서 노동자와 더불어 야학을 운영하던 멤버들. 지금도 이들과 함께 막걸리 놓고 민요 타령하던 자취방공동체의 숨 냄새가 그리워진다.

박기순 누이가 죽음으로 만들어놓고 간 '들불야학'은 노동자들과 함께 배우고 가르치고 술 마시고 노래 부르면서 1979년의 가을을 태평하게 보내고 있었다. 윤상원, 박관현이 학생 출신 운동가였다면, 스스로 빈민이면서 빈민운동을 하고자 들불야학을 도와주었던 김영철, 박용준이 있었다. 박용준은 고아 출신. 어쩌다 포장마차에서 술이라도 한잔 걸치고 나면, 금남로가 떠나가도록 무슨 알아들을 수 없는 고함을 꽥꽥 질러대던 것이 기억난다. 이후 항쟁의 한가운데 YWCA 건물을 지키다 공수부대의 기총사격을 받고 현장에서 즉사한 것으로 용준 형의 최후 소식을 들었다. 머리카락 한 올을 벽에 남긴 채.

이 박용준을 이끌어준 선배가 김영철 씨였던 것으로 안다. 김영철 선배는 항쟁이 끝나고 상무대에 끌려가 모진 고문을 받고, 이후 광주교도소에서 먼저 간 윤상원을 부르며 자신의 머리를 벽에 찧는 자해를 하면서 스스로 정신병자가 되어버렸다. 17년간을 정신병동에서 사투하다 1997년에 동지들 곁으로 갔다.

광주는 양심 있는 자들에게 "너 그때 어디에 있었느냐?"는 실존적 자학을 자아냈다. 그러한 가장 엄혹한 자학의 시련을 감당해야 했던 이들은 윤상원과 함께 야학을 한 동지들. 전남대 학생 출신자로서 들불야학의 이론적 지도 역을 맡았던 신영일 동지는 자신의 몸을 혹사한 끝에 1987년에 동지들 곁으로 떠났고, 전남대 연극운동 출신자로서 광주민중항쟁의 정신을 연극으로 체화시키고 보급하는 데 온몸을 바쳤던 '극단 토박이'의 연출자 박효선 동지 역시 들불야학의 조력자였는데, 그이 역시 지난 1998년 지나친 과로로 인한 병사의 운명을 맞이하였다.

광천동의 으슥한 곳에서 노동자들을 만나며 청춘을 불살랐던 들불 멤버들의 이념적 지향은 무엇이었을까? 그들은 노동자계급을 조직하여 계급투쟁의 힘으로 사회주의 사회를 만들기 위해 노동운동에 뛰어든 사회주의자들은 아니었다. 하지만 당시의 광주 시민들이 보편적으로 품고 있었던 김대중류의 민주정부를 세우기 위해 노동현장에 뛰어든 것은 결코 아니었다. 가난한 민중의 편에 서고자 하였고, 독재정권과 타협 없는 투쟁을 전개하였으며, 평등한 세상을 꿈꾸었던 것이 들불의 정신적 내용물이었을 것이다.

특정의 시대 인간이 어떤 사상을 갖는가는 개인이 선택할 수 있는 것이 아니다. 그것은 그가 존재하는 사회적 관계에 의해 주입되고 규정되는 측면이 훨씬 강하다고 보아야 할 것이다. 들불을 둘러싸고 있었던 들불 멤버들의 사회적 관계는 크게 보아 네 가지 흐름이 있었던 것 같다. 일상적으로 자주 만나 대화를 나누고 영향을 주었던 하나의 흐름이 현대사회연구소의 소장이었던 윤한봉 선배였고, 또 하나의 흐름이 녹두서점을 경영하였던 김상윤 선배였다. 윤한봉 선배는 광주 전남지역에서 일어나는 갖가지 민중투쟁을 도우면서 후배들에게 실천적 기둥이 되어주었다면, 김상윤 선배는 그 특유의 예리한 논리적 사유의 힘을 가지고 후배들에게 여러 가지 새로운 사상적 사조들을 소개해준 이론적 기둥이었다고 평가할 수 있을 것이다.

다음으로 아주 비밀리에 만남이 이루어졌던 두 흐름이 있었다. 한 흐름이 서울 청계피복노조에서 노동운동의 첫 발을 내디딘 이양현 선배, 그는 당시 호남 로케트전기 노동자들을 비밀리에 조직하면서, 박기순을 비롯한 후배들에게 노동운동의 침로를 잡아주었다. 그리고 빼놓을 수 없는 또 하나의 흐름이 그 유명한 남민전이다. 남민전의 멤버였던 이강 선배가 들불 멤버들을 만나 무엇을 교양하였는지 모르겠으나, 이따금씩 신영일을 비롯한 들불 멤버의 입에서 무장봉기에 관한 담론이 불쑥 튀어나왔던 것으로 보아, 어떤 형태로든 남민전 선배들의 혁명적 투쟁 기풍이 들불에게도 영향을 미쳤던 것 같다.

자신의 의지가 아닌, 전혀 다른 어떤 힘에 의해 인생이라는

제3장 인간은 꿈의 세계에서 내려온다

수레바퀴가 전혀 엉뚱한 곳으로 굴러가버리는 어처구니없는 사태를 깨닫고서 놀라는 경우가 가끔 있는데, 들불 멤버들이 그 전형적인 사례일 것이다. 그들은 적어도 장기 준비론적 방법론에 의거하고 있었다. 그런데 그들의 지향과는 달리 광주는 그들을 항쟁의 한가운데로 불러내어 청춘을 불사르게 만들었다. 그들은 조직된 노동자의 힘에 의해 역사를 개척하려는 전략을 갖고 있었다. 그런데 이들의 전략을 비웃기나 하는 듯, 광주는 이 젊은이들을 불러내어 조직되지 않은 군중투쟁 속으로 역사의 불꽃 속으로 몰아넣었다.

 이유는 간단하다. 평소 투쟁의 일선에서 공개적으로 운동을 지도하던 위의 윤한봉, 김상윤 진영이 계엄포고령의 확대와 동시에 체포되거나 수배되어 지하로 잠적하게 되었던 것이다. 따라서 운동의 빈 공간을 채우기 위해서는 평소 비공개적으로 운동을 하던 들불 멤버들이 나설 수밖에 없지 않았겠는가? 들불 멤버들이 제작한 '투사회보'가 거대한 항쟁의 파고 속에서 어떤 의미 있는 역할을 담당했는지에 대해서는 후대의 사가들에게 남겨두자. 윤상원 동지가 도청에서 얼마나 의미 있는 항쟁의 지도적 역할을 담당했는지에 대해서도 후대의 사가들에게 남겨두자.

 나는 광주민중항쟁에 대한 역사적 평가에 대해 이런저런 이야기는 별로 하고 싶지 않다. 내 가슴에 남아 있는 광주는, 그날 광주의 들불이 되어 망월동에 묻힌 박기순, 윤상원, 박용준, 김영철, 그리고 신영일, 박효선 동지들의 따뜻한 가슴이다. 늘 진지했고, 늘 소탈했던 우리들의 벗. 오늘 또 한 분의 벗이 우리 곁을 떠났다는 소식이 왔다. 김해교도소에서 나에게 박기순의 죽음을 알려주었던 노준현 동지가 간암과 폐암으로 젊음을 마감하였다고 한다.

　가슴속에 묻고 갈 벗들에게 부끄럽지 않은 생, 살자. 언젠가 망월동에서 벗들과 소주 대두병을 까고, 이태백을 읊으며, 신명의 춤을 출 날이 오지 않겠는가.

제2부 다시 번역한 『공산당 선언』

1. 부르주아와 프롤레타리아
2. 프롤레타리아와 공산주의자
3. 사회주의 및 공산주의 문헌
4. 기존의 여러 반정부당에 대한 공산주의자의 태도

공산당선언

하나의 유령이 유럽을 배회하고 있다. 공산주의라는 유령이. 구 유럽의 모든 세력들이 이 유령을 사냥하기 위해서 신성동맹을 맺었다. 교황과 차르, 메테르니히와 기조, 프랑스의 급진파와 독일의 경찰들이.

반정부당치고 정권을 잡고 있는 자신의 적들로부터 공산주의라고 비난받지 않는 경우가 있는가? 또 반정부당치고 자기보다 더 진보적인 당이나 혹은 반동적인 적들에게 공산주의라는 비난의 낙인을 되돌려보내지 않는 경우가 있는가?

이러한 사실로부터 두 가지의 결론이 나온다.

첫째, 공산주의는 이미 유럽의 모든 세력들로부터 하나의 세력으로 인정받고 있다. 둘째, 이제 공산주의자들이 전 세계를 향해 자신의 견해와 자신의 목적과 자신의 경향을 공공연하게 표명함으로써 '공산주의의 유령'이라는 소문을 당 자체의 선언으로 대치시켜야 할 절호의 시기가 닥쳐왔다.

이러한 목적으로 다양한 국적을 가진 공산주의자들이 런던에 모여서 다음과 같은 '선언'을 입안하고, 그것을 영어, 불어, 독일어, 이탈리아어, 플랑드르어, 덴마크어로 발간한다.

1. 부르주아와 프롤레타리아

지금까지 모든 사회의 역사는 계급투쟁의 역사이다.

자유민과 노예, 귀족과 평민, 영주와 농노, 길드의 장인과 직인, 한마디로 억압자와 피억압자는 항상 대립하면서 때로는 은밀하게, 때로는 공공연하게 끊임없는 투쟁을 벌여왔다. 이 투쟁은 매번 사회 전체의 혁명적 개조로 끝났거나, 아니면 투쟁하는 계급들이 함께 몰락하는 것으로 끝났다.

예전 시대에는 거의 어디서나 사회가 다양한 신분들로 복잡하게 나뉘어 있었으며, 각각의 사회적 신분은 또 잡다한 등급으로 나뉘어 있었음을 우리는 발견한다. 고대 로마에는 귀족·기

1789년에 그려진 이 삽화는 당시의 신분관계를 보여주고 있다. 깡마른 농민이 귀족과 성직자를 업은 채 허리를 구부리고 있다.

지금까지 모든 사회의 역사는 계급투쟁의 역사. 베르사유 궁전으로 행진하는 여성들의 시위.

사·평민·노예가 있었고, 중세에는 봉건영주·가신·장인·직인·도제·농노가 있었으며, 다시 이 계급들의 대부분은 별도의 등급으로 나뉘어 있었다.

봉건사회가 몰락하면서 생겨난 현대 부르주아 사회 또한 계급대립을 폐지하지 못하였다. 이 부르주아 사회는 새로운 계급들, 억압의 새로운 조건들과 투쟁의 새로운 형태들을 낡은 것과 바꿔놓았을 뿐이다.

그러나 우리 시대, 즉 부르주아지의 시대는 계급대립을 단순화시켰다는 점에서 특이하다. 사회 전체가 두 개의 거대한 적대적 진영으로, 즉 서로 대립하는 두 개의 거대한 계급으로 더욱더 분열되고 있다. 부르주아지와 프롤레타리아트로.

중세의 농노로부터 초기 도시의 자유민이 생겨났고, 이 시민층으로부터 부르주아지의 초기 요소들이 발전하였다.

아메리카의 발견과 아프리카 회항로의 발견은 대두하는 부르주아지에게 신천지를 열어주었다. 동인도 시장과 중국 시장, 아메리카의 식민지화, 식민지들과의 교역, 교환수단 및 상품 일반의 증가는 상업·해운·공업에 전례 없는 활력을 안겨주었으며, 그럼으로써 붕괴되어가던 봉건 사회 내부의 혁명적 요소를 급격히 발전시켰다.

지금까지의 봉건적·길드적 공업 경영방식은 새로운 시장과 함께 증대된 수요를 더는 충족시킬 수 없었다. 매뉴팩처가 그것

플랑드르 지방의 시민들이 봉건영주에게 바치는 부과금을 면제받는다는 약정서를 받고 있다.

1. 부르주아와 프롤레타리아

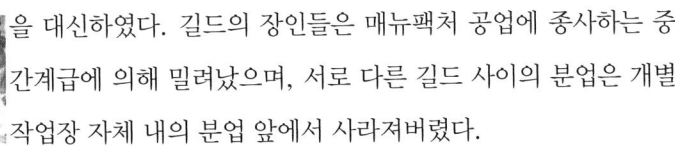

을 대신하였다. 길드의 장인들은 매뉴팩처 공업에 종사하는 중간계급에 의해 밀려났으며, 서로 다른 길드 사이의 분업은 개별 작업장 자체 내의 분업 앞에서 사라져버렸다.

그런데 시장은 계속 성장했고, 수요는 계속해서 늘어났다. 이제 매뉴팩처로도 수요를 충족시킬 수 없게 되었다. 그때 증기와 기계가 공업생산에 혁명을 일으켰다. 매뉴팩처의 자리를 현대적 대공업이 차지하고, 공업에 종사하는 중간계급의 자리를 공업 백만장자들, 대공업 군대의 우두머리들, 현대적 부르주아들이 차지했다.

대공업은 아메리카의 발견에 의해 준비되고 있던 세계시장을 만들어냈다. 세계시장은 상업과 해운, 육상교통에 거대한 발전을 가져왔다. 이러한 발전이 이번에는 거꾸로 공업의 확장에 영향을 미쳤다. 공업·상업·해운·철도가 확장되는 만큼 부르주아지도 발전해갔으며, 부르주아지는 자본을 증식시킴으로써 중세 때부터 내려오던 모든 계급을 뒷전으로 밀어내버렸다.

길드적 공업 경영. 유리를 만드는 작업이 그려져 있다.

아메리카 대륙의 발견은 부르주아지에게 신천지를 열어주었다. 콜럼버스의 아메리카 대륙 상륙.

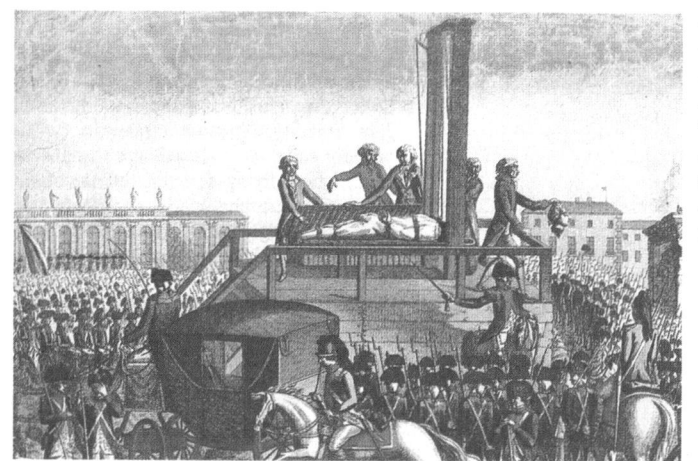

부르주아지는 자신들이 지배권을 획득한 곳에서는, 모든 봉건적 관계들을 파괴하였다. 루이 16세가 국민공회에 의해 단두대에서 처형되고 있다. 그의 죽음은 프랑스 과격파의 승리를 의미했고, 유럽의 군주들과 보수세력을 공포에 떨게 하였다.

이리하여 우리는 현대 부르주아지 자체가 기나긴 발전 과정의 산물이며, 생산양식 및 교환양식에 있어서 일어난 일련의 변혁이 낳은 산물임을 알 수 있다.

부르주아지의 이러한 발전 단계들에 발맞추어 그에 상응하는 정치적 진전이 수반되었다. 부르주아지는 봉건영주의 지배하에서는 피억압자의 신분이었고, 중세의 도시(코뮌)에서는 무장을 갖춘 자치단체였다. 어떤 곳에서는 독립적인 도시공화국을 이루기도 하였고(이탈리아와 독일에서처럼), 어떤 곳에서는 납세의 무를 진 군주국가의 제3신분이기도 하였다(프랑스에서처럼). 그러다가 매뉴팩처 시기에 오면 부르주아지는 귀족에 대항하는 세력으로서 신분제군주국가 혹은 절대군주국가에 봉사하면서 사실상 대군주 일반의 초석 역할을 하였다. 대공업과 세계시장이 형성된 이후 부르주아지는 현대 대의제국가에서 마침내 배타적인 정치적 지배권을 장악하였다. 현대의 국가권력은 부르주아계급 전체의 공동 업무를 관장하는 위원회에 불과하다.

1. 부르주아와 프롤레타리아

부르주아지는 현대 대의제국가에서 마침내 배타적인 정치적 지배권을 장악하였다. 무기를 탈취하기 위해 바스티유 감옥을 함락한 것은 프랑스혁명을 상징하는 사건이 되었다. 7월 14일 바스티유 함락의 날은 프랑스에서 가장 중요한 국경일이다.

부르주아지는 역사에서 극히 혁명적인 역할을 수행하였다.

부르주아지는 자신들이 지배권을 획득한 곳에서는 어디서나 모든 봉건적 · 가부장적 · 목가적 관계들을 파괴하였다. 부르주아지는 사람들을 타고난 상하관계에 묶어놓았던 온갖 봉건적 속박들을 가차없이 토막내버렸으며, 그리하여 사람과 사람 사이에 노골적인 이해관계, 냉혹한 '현금 계산' 이외에는 어떠한 관계도 남겨놓지 않았다. 부르주아지는 종교적 광신, 기사적 열광, 속물적 감상 등의 성스러운 황홀경을 이기적 타산이라는 차디찬 얼음물 속에 집어넣어버렸다. 부르주아지는 사람의 인격적 가치를 교환가치로 해체시켰으며, 특허장에 의해 보장되거나 투쟁을 통해 얻어진 수많은 자유 대신에 단 하나의 파렴치한 자유, 상거래의 자유를 내세웠다. 한마디로 부르주아지는 종교적 · 정치적 환상에 의하여 은폐되어 있던 착취를 공공연하고 파렴치하며 직접적이고 잔인한 착취로 바꾸어놓았던 것이다.

부르주아지는 지금까지 사람들의 존경을 받아왔고, 사람들이 경외심으로 우러러보았던 모든 직업으로부터 그 후광을 **빼앗아** 버렸다. 부르주아지는 의사, 법률가, 성직자, 시인, 학자들을 자신들이 고용하는 임금노동자로 만들어버렸다.

생산도구의 혁신. 최초의 발전기. 전기는 현대 부르주아 문명의 핏줄이다.

부르주아지는 가족관계로부터 사람의 심금을 울리는 감상적 껍데기를 벗겨버리고, 그것을 순전히 금전적인 관계로 환원시켰다.

부르주아지는 반동배들이 그렇게도 찬미하는 중세시대의 야만적인 힘자랑이 어떻게 하여 나태하기 짝이 없는 게으름에 의해 적당히 보완되고 있었는가를 보여주었다. 부르주아지는 인간의 활동이 무엇을 이룩할 수 있는가를 처음으로 보여주었다. 부르주아지는 이집트의 피라미드, 로마의 수로, 고딕식 성당과는 완전히 다른 기적들을 성취하였으며, 과거의 모든 민족 대이동이나 십자군과는 전혀 다른 원정을 수행하였다.

부르주아지는 생산도구들을 끊임없이 혁신시키지 않고서는, 그리하여 생산관계를, 나아가 사회관계 전반을 혁신시키지 않고서는 존립할 수 없다. 그런데 예전의 산업에 종사하던 모든 계급들의 첫째 생존조건은 낡은 생산양식을 그대로 유지하는 데 있었다. 생산의 계속적인 변혁, 모든 사회관계의 끊임없는 교란, 항구적인 불안과 동요가 부르주아 시대를 그 이전의 모든 시대와 구별지어준다. 굳어지고 녹슬어버린 모든 관계는 오랜 세월 동안 존중되었던 편견이나 견해와 함께 사라지고, 새롭게 형성되는 모든 것들은 미처 골격을 갖추기도 전에 낡은 것이 되어버린다. 모든 신분적인 것, 모든

1. 부르주아와 프롤레타리아

자신이 생산한 생산물의 판로를 확장하려는 욕구는 부르주아지로 하여금 지구의 구석구석을 누비게 한다. 인도와 극동 무역을 담당한 영국의 거대 상선 '동인도' 호.

정체된 것은 증발되어 버리고, 모든 신성한 것은 모욕당한다. 그리하여 사람들은 마침내 자기 삶의 실제적인 조건들, 타인과의 관계를 냉정한 눈으로 바라볼 수밖에 없게 된다.

자신의 생산물의 판로를 끊임없이 확장하려는 욕구는 부르주아지로 하여금 지구의 구석구석을 누비게 한다. 부르주아지는 가는 곳마다 정착하여야 하고, 가는 곳마다 뿌리를 내려야 하며, 가는 곳마다 연고를 맺어야 한다.

부르주아지는 세계시장을 이용하여 모든 나라의 생산과 소비를 범세계적인 것으로 만들었다. 반동배들에게는 매우 비통한 일이지만, 부르주아지는 공업의 민족적 지반을 발밑에서부터 허물어버렸다. 예로부터 내려오던 민족적 공업은 파멸되었거나 나날이 파멸되어가고 있다. 민족적 공업은 새로운 공업에 밀려나고 있다. 모든 문명 민족들이 사활을 걸고 도입하고 있는 이 새로운 공업은 이제는 현지의 원료가 아닌, 아주 멀리 떨어진 지방에서 가져온 원료를 가공하며, 그렇게 하여 생산되는 제품은 자국 내에서뿐만 아니라 세계 각지에서 소비된다. 한 나라의 생산물만으로도 충족되던 과거의 욕구 대신에 아주 먼 나라 매우 다른 풍토의 생산물에 의해 충족되는 새로운 욕구가 발생한다. 과거의 지방적·민족적 단절과 자급자족 대신에 민족 상호간의 전면적인 교류와 의존이 등장한다. 그리고 이는 물질적 생산에서나 정신적 생산에서나 마찬가지이다. 각 민족의 정신적 창조물은 공동의 재산이 된다. 민족적 일면성과 배타성은 더욱더 불가능해지고, 수많은 민족적·지방적 문학들로부터 하나의 세계문학이 형성된다.

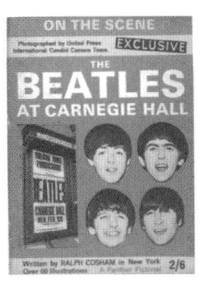

부르주아지는 모든 생산도구의 급속한 개선과 한없이 편리해진 교통수단에 의하여 모든 민족들, 심지어 가장 미개한 민족들까지도 문명화시킨다. 저렴한 상품의 가격은 모든 만리장성을 무너뜨리고, 외국인에 대한 야만인들의 집요한 증오심까지도 여지없이 굴복시키는 부르주아지의 중포(重砲)이다. 부르주아지는 모든 민족에게 망하고 싶지 않거든 자신들의 생산양식을 채용하라고 강요한다. 그들은 소위 문명을 도입하라고, 즉 부르

세계음악이 되어버린 비틀스.

과거의 지방적·민족적 단절과 자급자족 내신에 민족 상호간의 전면적 교류가 등장한다. 1682년 프랑스 탐험가 라살이 루이지애나 북부의 인디언과 만나는 장면을 그린 조지 캐롤라인의 그림.

1. 부르주아와 프롤레타리아

1846년 흑인 노예선을 그린 한 영국 선원의 그림.

주아가 되라고 강요한다. 한마디로 부르주아지는 자신의 모습대로 세계를 창조하는 것이다.

부르주아지는 농촌을 도시의 지배에 종속시켰다. 부르주아지는 거대한 도시를 만들고, 농촌 인구에 비해 비교가 되지 않을 만큼 거대한 도시 인구를 만들어냄으로써 인구의 대부분을 우매한 농촌생활로부터 건져냈다. 부르주아지는 농촌을 도시에 종속시킨 것과 마찬가지로 야만적 또는 반(半)야만적 나라들을 문명국에, 농업 민족을 부르주아 민족에, 동양을 서양에 종속시켰다.

부르주아지는 생산수단과 재산, 인구의 분산상태를 점점 소멸시킨다. 그들은 주민을 밀집시켰고, 생산수단을 집중시켰으며, 재산을 소수의 손에 집중시켰다. 그 필연적 결과는 정치적 중앙집권화였다. 서로 다른 이해관계, 서로 다른 법률, 서로 다른 정부, 서로 다른 관세를 갖고 동맹관계에 의해서만 겨우 연결되어 있던 독립적 각 지방들이 하나의 국민, 하나의 정부, 하나의 법률, 하나의 전국적 계급이해, 하나의 국경, 하나의 관세

구역으로 결합되었다.

부르주아지는 백 년도 채 못 되는 지배 기간에 과거의 모든 세대가 만들어낸 것을 다 합친 것보다 더 많고 더 거대한 생산력을 만들어냈다. 자연력의 정복, 기계 장치, 공업 및 농업에서의 화학의 응용, 기선, 철도, 전신, 세계 각지의 개간, 운하의 건설, 마치 땅 밑에서 솟아난 듯한 방대한 인구, 이와 같은 생산력이 사회적 노동의 태내에서 잠자고 있었다는 것을 과거의 어느 세기에 예감이나 할 수 있었으랴!

여기에서 우리는 다음의 사실들을 확인한다. 부르주아지를 형성시킨 토대인 생산수단과 교환수단은 봉건사회 안에서 생성된 것이다. 이들 생산수단과 교환수단이 특정한 발전 단계에 이르자 봉건사회에서 이루어지던 생산과 교환관계, 농업과 제조업의 봉건적 조직, 한마디로 봉건적 소유관계는 이미 발전한 생산력과 더는 양립할 수 없게 되었다. 봉건적 소유관계는 생산을 촉진시키기는커녕 생산을 저해했으며, 그만큼 생산의 질곡으로 변해버렸다. 그것은 분쇄되어야 했으며, 분쇄되고 말았다.

그 자리를 대신한 것은 자유경쟁과 그에 상응하는 사회제도와 정치제도, 즉 부르주아계급의 경제적·정치적 지배였다.

이와 비슷한 움직임이 우리 눈앞에서 진행되고 있다. 부르주아적 생산관계와 교환관계,

부르주아지는 거대한 생산력을 만들어냈다. 헨리 포드는 디트로이트 자동차 공장을 설계할 때, 부품을 표준화하고 컨베이어 벨트 시스템을 도입하여 각 공정에 소요되는 조립노동 시간을 현저히 줄였다.

1. 부르주아와 프롤레타리아

부르주아 사회 자신이 불러낸 저승사자의 힘. 1929년의 대공황.

부르주아적 소유관계, 마치 마술이라도 부린 듯이 그렇게도 강력한 생산수단과 교환수단을 만들어낸 현대 부르주아 사회는 자기가 주문으로 불러낸 저승사자의 힘을 더는 감당할 수 없게 된 마술사와도 같다. 지난 수십 년에 걸친 공업과 상업의 역사는 현대의 생산관계에 대한, 즉 부르주아지의 존립과 지배의 조건인 현대적 소유관계에 대한 현대적 생산력의 반역의 역사에 지나지 않는다. 이에 대해서는 주기적으로 되풀이되면서 전체 부르주아 사회의 존립을 더욱더 위협하고 있는 상업공황을 언급하는 것만으로도 충분할 것이다. 공황시에는 제조된 생산물뿐만 아니라 이미 이룩된 생산력의 상당 부분도 주기적으로 파괴된다. 공황시에는 일종의 사회적 전염병, 이전의 모든 시기에는 터무니없는 일로만 여겨졌을 과잉생산이라는 전염병이 만연하게 된다. 사회는 갑자기 야만의 상태로 돌아가 마치 기근이나 전면적 파괴전이 사회에서 모든 생활수단을 쓸어버린 것처럼 보인다. 공업과 상업이 전멸된 것같이 보인다. 무슨 까닭인가? 그것은 사회가 너무 큰 문명, 너무 많은 생활수단, 너무나 큰 공업과 상업을 가지고 있기 때문이다. 이제 사회가 가지고 있는 생산력은 부르주아적 소유관계의 발전에 봉사하지 않는다. 오히려 생산력은 소유관계에 비하여 너무 방대해져서, 이제는 부르주아적 소유관계가 생산력의 발전을 억제하게 된다. 그리고 생산력이 이 질곡을 극복하기 시작하면 생산력은 부르주아 사회 전체를 혼란상태에 빠뜨려 버리며, 부르주아적 소유의 존립 자체를 위태롭게 한다. 부르주아적 관계는 자신에 의해 만들어진 부를 포용하기에는 너무도 협소해진 것이다. 부르주아지는 어떻게 이 공황을 극복하는가? 한편으로는 거대한 생산력을 어쩔 수 없이 파괴함으로써, 그리고 다른 한편으로는 새로운 시장을 확대하면서 기존의 시장을 보다 더 철저하게 착취함으로써 공황을 극복한다. 그러면 결국 어떻게 되는가? 보다 더 광범위하고 파괴적인 공황을 준비하게 되며, 공황을 예방할 수단도 감소시키게 된다.

부르주아지가 봉건제도를 무너뜨릴 때 사용했던 무기는 이제 부르주아지 자신에게로 겨누어진다.

그런데 부르주아지는 자신에게 죽음을 가져올 무기들을 벼려냈을 뿐만 아니라, 이 무기를 자신에게 겨눌 사람들, 즉 프롤레타리아트라는 현대의 노동자

공황시에 사회는 갑자기 순간적인 야만의 상태로 돌아간다. 1931년 대공황기에 베를린의 실직자들이 무료 급식 시설에 줄을 서 있다.

너무 많은 생산력? 치솟는 인플레이션으로 인해 쓸모없어진 지폐들로 불을 지펴 요리를 하는 1920년대 독일 여성.

1. 부르주아와 프롤레타리아

육체노동에 필요한 기술과 힘이 줄어들수록, 남성 노동은 여성 노동에 밀려난다. 초기의 면직물 산업을 이끈 방적공과 직조공 중 다수는 어린이와 여성이었다.

프롤레타리아트, 즉 현대의 임금노동자들. 뉴욕의 한 신문에 등장한 이 사진은 아동 노동의 참혹한 실상을 대중에게 알렸다.

들도 만들어냈다.

부르주아지, 다시 말해 자본이 발전하는 정도에 비례하여 프롤레타리아트라고 하는 현대의 노동자계급도 발전한다. 노동자계급은 일자리가 있을 때만 생존할 수 있으며, 그들의 노동이 자본을 증식시키는 한에서만 일자리를 얻을 수 있다. 자신을 토막내어 팔지 않으면 안 되는 이 노동자들은 다른 모든 상품과 똑같은 하나의 상품이며, 따라서 다른 모든 상품과 마찬가지로 경쟁의 모든 부침들, 시장의 모든 변동들에 내맡겨져 있다.

기계의 광범위한 활용과 분업으로 말미암아 프롤레타리아의 노동은 자립적 성격을 모두 상실했으며, 이와 더불어 노동자가 누릴 수 있는 온갖 매력을 상실하였다. 노동자는 기계의 단순한 부속품이 되고, 그에게 요구되

기계의 사용과 노동의 분업이 증대할수록 노동의 고통 또한 증대된다. 일관작업 과정에 배치되어 단조로운 일을 정신없이 하는 노동자의 괴로운 처지를 찰리 채플린은 1936년에 만든 영화 〈모던 타임스〉에서 생생하게 풍자했다.

는 것은 가장 단순하고 단조로우며 가장 배우기 쉬운 동작뿐이다. 따라서 한 노동자에게 지불되는 비용은 거의 전적으로 그 자신을 유지하고 자손을 번식시키는 데 필요한 생활수단에 국한될 뿐이다. 그런데 모든 상품의 가격은 그 생산비와 같으며, 따라서 노동의 가격도 그것의 생산비용과 같다. 그러므로 노동의 지겨움이 심해지면 심해질수록 그만큼 임금이 감소한다. 뿐만 아니라 기계의 사용과 노동의 분업이 증대하면 할수록 노동시간이 증대되고, 주어진 시간 내에 해야 할 노동의 양이 증대되며, 기계의 운전 속도가 빨라지기 때문에 그만큼 노동의 고통 또한 증대된다.

현대 공업은 가부장적인 장인의 조그만 작업장을 산업자본가의 대공장으로 바꾸어놓았다. 공장에 집결된 노동자 대중은 군대식으로 편성된다. 산업군대의 병사인 노동자 대중은 수많은 장교 및 하사관들로 이루어진 완벽한 위계질서의 감시하에 놓인다. 그들은 부르주아계급, 부르주아 국가의 노예일뿐만 아니

1. 부르주아와 프롤레타리아

프롤레타리아트는 주민의 모든 계급에서 충원된다. 런던의 빈민가를 그린 그림. 도시 빈민의 삶을 특징짓는 빈곤과 침체를 보여주고 있다.

라 매일 매시간 기계와 감독자에 의해, 그리고 무엇보다도 부르주아 공장주에 의해 노예화된다. 이 전제(專制)제도가 자신의 목표와 목적이 영리에 있음을 더욱더 노골적으로 선언하면 할수록 전제는 더욱더 인색하고 증오스러우며 잔인하게 된다.

육체노동에 필요한 기술과 힘이 점점 줄어들수록, 즉 현대 공업이 발전할수록 남성의 노동은 여성의 노동에 의하여 더욱더 밀려난다. 성별과 연령의 차이는 노동자계급에게 이제는 아무런 사회적 의의를 갖지 못한다. 연령과 성별에 따라 드는 비용이 다소 다를 뿐, 모두가 똑같은 노동의 도구이다.

노동자에 대한 공장주의 착취가 끝나고 드디어 노동자가 임금을 현금으로 받게 되면, 이번에는 부르주아지의 다른 부분들인 집주인, 상점주, 전당포 주인 등이 노동자에게 달려든다.

소매상인, 상점주, 은퇴한 상인, 그리고 수공업자와 농민들로 이루어진 중간계급의 하층은 점차 프롤레타리아트로 전락한다. 왜냐하면 한편으로는 그들의 영세자본이 현대 공업의 경영규모를 감당해낼 수 없어 대자본가와의 경쟁을 이겨내지 못하기 때문이며, 다른 한편으로는 그들의 숙련된 기술이 새로운 생산방식의 출현으로 쓸모없게 되어버리

프롤레타리아트는 몰락해버린 중세 노동자의 지위를 폭력으로 되찾으려 한다. 1848년 6월 파리에서 일어난 제2차 혁명 기간 중 바리케이드를 친 시민군과 총격전을 벌이고 있는 군인들. 4일간의 혁명전에서 약 1천5백 명의 시민군이 사망했다.

기 때문이다. 이리하여 프롤레타리아트는 주민의 모든 계급에서 충원된다.

프롤레타리아트는 여러 발전 단계를 거친다. 부르주아지에 대항하는 그들의 투쟁은 그들의 존재와 함께 시작된다.

처음에는 개별 노동자가, 다음에는 한 공장의 노동자들이, 또 그다음에는 한 지역에 있는 같은 부문의 노동자들이 그들을 직접 착취하는 부르주아 개개인에 대항하여 투쟁한다. 노동자들은 부르주아적 생산관계를 공격하는 것이 아니라, 생산도구 자체를 공격한다. 그들은 자신의 노동과 경쟁하는 외국 상품을 파괴하고, 기계를 박살내며, 공장을 불태움으로써 몰락해버린 중세 노동자의 지위를 폭력으로 되찾으려 한다.

이 단계의 노동자들은 전국에 산재하여, 상호간의 경쟁으로 갈라진, 분열된 대중에 머문다. 설혹 노동자들이 긴밀한 결속을 이룬다 해도, 그것은 그들 자신의 적극적인 단결의 결과가 아니라 부르주아지의 단결이 초래한 결과에 지나지 않는다. 부르주

1. 부르주아와 프롤레타리아

이렇게 얻어진 모든 승리는 부르주아지의 승리가 된다. 금남로에서 대치한 시민과 계엄군. 시민들이 불에 타는 승용차를 공수부대원들 쪽으로 굴려 보내고 있다(1980년 5월 22일).

아지는 자신의 정치적 목적을 달성하기 위하여 프롤레타리아트 전체를 동원하지 않을 수 없으며, 당분간은 그렇게 할 수 있는 힘도 가지고 있다. 따라서 이 단계에서 프롤레타리아트는 자신의 적과 싸우는 것이 아니라 자신의 적의 적, 즉 절대군주제의 잔재인 지주, 비(非)산업 부르주아, 소부르주아들과 싸운다. 그리하여 역사적 운동 전체가 부르주아지의 손에 집중되고, 이렇게 얻어진 모든 승리는 부르주아지의 승리가 된다.

그러나 공업의 발전이 프롤레타리아트의 숫자만을 증가시키는 것은 아니다. 그들은 보다 거대한 집단으로 한데 뭉쳐 성장하며, 점차 자신의 힘을 자각하게 된다. 기계가 여러 노동 간의 차이를 소멸시키고, 거의 모든 곳에서 임금을 동일하게 낮은 수준으로 떨어뜨리면서 프롤레타리아트 대오 내부의 이해관계와 생활상태는 더욱더 균일해진다. 부르주아들 내부에서 격화되어가는 경쟁과 이 경쟁에 의하여 일어나는 상업공황은 노동자의 임금을 더욱 불안정하게 만든다. 기계가 급속히 발전하고 끊임없이 개선되면서 노동자의 처지를 더욱더 불안하게 만든다. 개별적인 노동자와 개별적인 부르주아 사이의 충돌은 점점 더 두 계급 간의 충돌 양상을 띠게 된다. 노동자들은 부르주아에 대항하여 결사체(노동조합)를 조직하기 시작한다. 그들은 자신들의 임금 수준을 유지하기 위하여 뭉친다. 그들은 장차 일어날 충돌에 대비하기 위하여 상설 단체까지 만든다. 여기저기에서 투쟁은 폭동으로 터져나온다.

노동자들은 때때로 승리하지만, 그 승리는 일시적일 뿐이다. 투쟁의 진정한 성과는 직접적인 결과에 있는 것이 아니라 계속되는 노동자들의 단결이 확대되는 데에 있다. 대공업이 만들어낸 개선된 교통수단은 여러 지역의 노동자들을 서로 연결시켜줌으로써 노동자들의 단결은 더욱 촉진된다. 이러한 연결이 이루어지기만 하면, 어디서나 동일한 성격을 띤 수많은 지역적 투쟁이 하나의 전국적 투쟁, 즉 계급투쟁

처음에는 개별 노동자가 그 다음에는 한 공장, 그다음에는 한 지역의 노동자들이 부르주아 개개인에 대항하여 투쟁한다. 노동자의 어머니 이소선 여사. "내 죽음을 헛되이 하지 말라"는 아들의 외침을 잊지 못할 것이다.

1. 부르주아와 프롤레타리아

지역적 투쟁이 하나의 전국적 투쟁, 즉 계급투쟁으로 집중된다. 1988년 노동자대회. 피로 쓴 '노동해방' 플래카드를 앞세우고 여의도로 행진하다.

으로 집중된다. 그런데 모든 계급투쟁은 정치투쟁이다. 빈약한 도로망을 가졌던 중세의 도시민들이 수세기에 걸쳐 달성한 그 단결을 현대 프롤레타리아는 철도의 덕택으로 수년 안에 달성하고 있다.

프롤레타리아들이 이처럼 하나의 계급으로, 나아가 하나의 정당으로 조직되는 일은 노동자들 사이에서 일어나는 경쟁으로 말미암아 끊임없이 파괴된다. 그러나 이 일은 새롭게 다시 일어나며, 그때마다 더욱 강해지고 더욱 견고해지고 더욱 위력적인 것이 된다. 프롤레타리아트의 조직은 부르주아지 내부의 분열을 이용하여 몇 가지 노동자들의 이익을 법적으로 승인하도록 강제한다. 이렇게 하여 영국에서는 10시간 노동법이 통과되었다.

일반적으로 낡은 사회 내부에서 빚어지는 충돌은 여러 면에서 프롤레타리아트의 발전 과정을 촉진시킨다. 부르주아지는 끊임없이 투쟁한다. 처음에는 귀족과 투쟁하고, 나중에는 공업 발전에 대립되는 이해관계를 갖는 부르주아지 일부와 투쟁하며, 외국의 부르주아지 전체에 대해서는 항상 투쟁한다. 이 모든 투쟁 속에서 부르주아지는 프롤레타리아트에게 호소하고, 그들에게 도움을 요청하지 않을 수 없으며, 그들을 정치운동에 끌어들이지 않을 수 없다. 그 결과 부르주아지는 자신들만이 누려오던 정치적·일반적 교양의 요소들, 즉 부르주아지 자신에 대항할 무기들을 프롤레타리아트에게 제공한다.

> 부르주아지는 자신들만이 누려오던 정치적·일반적 교양의 요소들을 프롤레타리아트에게 제공한다. 평생 가난에 시달렸던 우울한 표정의 마르크스.

더군다나 이미 우리가 본 바와 같이, 공업의 발전은 지배계급의 대부분을 프롤레타리아트로 전락시키거나, 아니면 최소한 그들의 생활조건을 위협한다. 이들 또한 프롤레타리아트에게 계몽과 진보의 신선한 요소를 제공한다.

계급투쟁이 결전의 시기에 가까워지면 지배계급의 내부에서 진행되는 해체 과정이, 좀더 분명히 말하여 사실상 낡은 사회의 전 영역에 걸친 해체 과정이 매우 격렬하고 날카롭게 진행되며, 그에 따라 지배계급의 일부가 지배계급으로부터 떨어져 나와 미래를 자신의 수중에 움켜쥔 혁명적 계급에 가담하게 된다. 그리하여 과거에 귀족의 일부가 부르주아지에게로 넘어간 것처럼, 지금 부르주아지의 일부가, 특히 역사의 전개 과정 전반을 이론적으로 이해하게 된 부르주아 이데올로그들의 일부가 프롤레타리아트에게로 넘어오게 된다.

오늘날 부르주아지에 대립하고 있는 모든 계급들 중 오직 프롤레타리아트만이 진정으로 혁명적인 계급이다. 다른 모든 계급들은 대공업의 발전과 함께 몰락하여 소멸하지만, 프롤레타리아트는 대공업 자체의 산물이다.

중간계급의 하층민, 즉 소규모 공장주, 소상인, 수공업자와 농민, 이들은 모두 중간계급이라는 자신의 존재를 파멸에서 구

1. 부르주아와 프롤레타리아

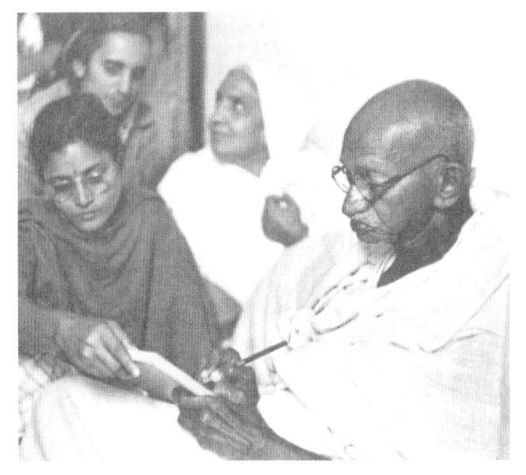

중간계급의 하층민들은 혁명적이지 못하고 보수적이다. 간디도 나름대로 서구 자본주의에 반대했다. 그러나 그것은 '미래'보다는 '과거'에 기반한 것이었다.

출하기 위하여 부르주아지와 투쟁한다. 따라서 그들은 혁명적이지 못하고 보수적이다. 아니, 그들은 반동적이기까지 하다. 왜냐하면 그들은 역사의 수레바퀴를 뒤로 돌리려 하기 때문이다. 만일 그들이 혁명적인 태도를 취한다면, 그것은 자신들이 프롤레타리아트로 전락하는 것이 임박했음을 스스로 목격하는 경우에 한한다. 오직 이런 상황에서만 그들은 현재의 이익이 아니라 미래의 이익을 옹호하기 위해 자신의 입장을 버리고 프롤레타리아트의 입장에 선다.

낡은 사회의 맨 밑바닥에 내버려져 무기력하게 썩어가는 대중, 다시 말해 사회적 쓰레기나 다름없는 룸펜 프롤레타리아트는 경우에 따라 프롤레타리아혁명에 의해 운동에 이끌려 들어오는 일도 있으나, 자신의 전반적 생활 처지 때문에 반동적 음모의 도구로 매수되는 경우가 훨씬 더 많다.

낡은 사회의 생활조건은 프롤레타리아트의 생활조건 속에서 이미 씨가 말라버렸다. 프롤레타리아에게는 재산이 없다. 처자식과의 관계도 부르주아적 가족관계와는 아무런 공통점이 없다. 현대의 공업노동, 즉 자본에 대한 현대적 예속은 영국, 프랑스, 미국, 독일 가릴 것 없이 어디에서나 똑같아 노동자들로부터 일체의 민족적 성격을 빼앗아버린다. 프롤레타리아트에게 법률과 도덕, 종교는 부르주아적 편견에 지나지 않으며, 그 배후에는 그만큼의 부르주아적 이해관계가 은폐되어 있을 뿐이다.

이전의 모든 지배계급들은 지배권을 장악한 후, 사회 전반을 자신의 전유(專有)조건 아래 종속시킴으로써 이미 획득한 자신의 지위를 공고히 하고자 하였다. 하지만 프롤레타리아는 자기 자신이 속해 있던 기존의 전유양식을 폐지하고, 나아가 지금까지 존재한 다른 모든 전유양식을 폐지함으로써만 사회적 생산력을 장악할 수 있다. 프롤레타리아는 보호하고 강화할 그 무엇을 가지고 있지 않다. 그들의 사명은 지금까지 사적 소유를 보호하고 보장해온 일체의 것을 파괴하는 것이다.

지금까지 일어난 모든 운동은 소수의 운동이었거나 혹은 소수의 이익을 위한 운동이었다. 프롤레타리아의 운동은 압도적 다수의 이익을 위한 압도적 다수의 자주적 운동이다. 현대 사회의 최하층을 이루고 있는 프롤레타리아트는 공적 사회를 구성하고 있는 겹겹의 상부구조 전체를 해체시키지 않고서는 일어날 수도 없고 허리를 펼 수도 없다.

부르주아지에 대한 프롤레타리아트의 투쟁은 내용상으로는 그렇지 않았으나 형식상으로는 일국적(national) 투쟁이다. 각국의 프롤레타리아트는 당연히 먼저 자기 나라의 부르주아지를 끝장내야 한다.

프롤레타리아들에게는 보호하고 강화시킬 그 어떤 것도 없다. 고개 숙인 노동자.

1. 부르주아와 프롤레타리아

프롤레타리아의 운동은 압도적 다수의 이익을 위한 압도적 다수의 자주적 운동이다. 신자유주의에 반대하는 시위의 물결.

프롤레타리아트가 성장해가는 가장 일반적인 국면들을 서술하면서, 우리는 기존 사회 내부에서 벌어져온 다소 은폐되어 있는 내전이 공개적인 혁명으로 터져나오는 지점, 그리하여 부르주아지에 대한 폭력적 타도로써 프롤레타리아트 지배의 토대를 놓는 지점까지 고찰하였다.

이미 우리가 본 바와 같이, 지금까지의 모든 사회는 억압계급과 피억압계급의 적대관계에 입각해 있었다. 그런데 한 계급을 억압하자면 억압받는 계급에 최소한의 노예적 생존이라도 유지할 만큼의 조건을 보장해주어야 한다. 농노제 아래 있던 농노는 도시공동체(코뮌)의 성원으로 올라섰으며, 봉건적 절대주의의 속박하에 있던 소부르주아는 어렵게나마 부르주아로 상승해갔다. 그런데 현대의 노동자는 공업의 진보와 함께 올라서는 것이 아니라 자신의 계급적 생존조건 아래로 더욱 깊이 가라앉고 있다. 노동자는 빈민이 되고, 빈궁은 인구와 부의 증가보다 더 빠르게 늘어난다. 이제 여기에서, 부르주아지가 더는 사회의 지배계급으로 남아 있을 수 없게 되었다는 것, 그리하여 자기 계급의 생활조건을 규제적인 법률로도 더는 사회에 강제할 수 없다는 것이 명백해진다. 부르주아지가 사회를 지배할 능력이 없는 이유는 부르주아지가 자신의 노예들에게 노예적 생활조차 보장할 능력이 없기 때문이며, 부르주아지가 노예들로부터 부양을 받기는커녕 오히려 노예들을 부양해주어야 할 만큼 그들을 비참한 처지로 몰아가지 않을 수 없기 때문이다. 사회는 이제 부르주아지의 지배 아래에서 살아갈 수 없다. 달리 말해, 부르주아지의 존재는 이제 사회와 양립할 수 없는 것이다.

부르주아계급이 존립하고 지배하기 위한 가장 본질적인 조건은 부가 개인의 수중에 쌓이는 것, 즉 자본의 형성과 증식이다. 자본의 조건은 임금노동이다. 임금노동은 오로지 노동자들 상호간의 경쟁 위에서만 유지된다. 부르주아지가 싫든 좋든 촉진시키지 않을 수 없는 공업의 진전은 경쟁에 의한 노동자들의 고립 대신에 연대에 의한 혁명적 단결을 가져온다. 이리하여 대공업의 발전과 더불어, 부르주아지가 생산물을 생산하고 전유하는 기반 자체가 부르주아지의 발 밑에서 무너져간다. 부르주아지는 다른 무엇보다도 자기 자신의 무덤을 파

전진하는 노동자.

1. 부르주아와 프롤레타리아

는 일꾼을 생산하는 셈이다. 부르주아지의 몰락과 프롤레타리아트의 승리는 다 같이 피할 수 없는 일이다.

2. 프롤레타리아와 공산주의자

공산주의자들은 프롤레타리아 전체와 어떠한 관계를 맺고 있는가?

공산주의자들은 다른 노동자 정당들에 대립하는 별도의 당을 결성하지 않는다.

그들은 프롤레타리아트 전체의 이해관계와 동떨어진 이해를 갖지 않는다.

그들은 자신만의 종파적 원칙을 내세워서 프롤레타리아운동을 이 원칙에 뜯어맞추려고 하지 않는다.

공산주의자들은 오직 다음과 같은 점에 의해서만 다른 노동계급 정당들과 구별된다. 공산주의자들은 각국에서 진행되는 프롤레타리아의 투쟁에서 국적에 상관없이 프롤레타리아트 전체의 공동 이해를 제기하고 전면에 내세운다. 또 공산주의자들은 부르주아지에

공산주의자들은 노동계급의 정당들 중 가장 선진적이며 가장 단호한 부분이다. 1917년 레닌의 연설 모습.

대한 노동계급의 투쟁이 여러 발전 단계를 거치는 동안 언제 어디에서나 운동 전체의 이해를 대변한다.

그러므로 공산주의자들은 실천적인 측면에서 볼 때 모든 나라의 노동계급 정당들의 가장 선진적이며 굳센 부분으로서 다른 모든 정당들을 앞으로 밀고 나아가며, 이론적인 측면에서 볼 때 프롤레타리아 대중에 비하여 프롤레타리아운동의 진행 경로와 조건들, 그리고 그것의 궁극적이고 전반적인 결과를 명료하게 인식한다.

공산주의자들의 당면 목적은 다른 모든 프롤레타리아 정당들과 마찬가지로 프롤레타리아트를 계급으로 형성시키고, 부르주아 지배를 타도하며, 프롤레타리아트가 정치권력을 장악하도록 하는 데 있다.

공산주의자들의 이론적 명제들은 결코 어떤 몇몇의 세계 개혁가에 의해 고안되거나 발견된 사상이나 원칙들에 입각하지 않는다.

그 명제들은 다만 현존하는 계급투쟁의 현실적인 제 관계, 다시 말해 우리 눈앞에서 진행되고 있는 역사적 운동을 일반적으로 표현한 것일 뿐이다. 지금까지의 소유관계를 폐지한다는 것은 결코 공산주의만의 고유한 특징이 아니다.

모든 소유관계들은 끊임없는 역사적 변동, 끊임없는 역사적 변화를 겪어왔다. 예컨대 프랑스혁명은 봉건적 소유를 폐지하고 그것을 부르주아적 소유로 바꾸어놓았다.

공산주의의 특징은 소유 일반의 폐지가 아니라 부르주아적 소유의 폐지에 있다.

그런데 현대의 부르주아적 사적 소유는 계급적대, 즉 소수에 의한 다수의 착취에 기초하고 있는 생산물의 생산 및 점유 형태 중에서 최종적이고도 가장 완전한 표현이다.

이러한 의미에서 공산주의자들은 자신의 이론을 '사적 소유의 철폐'라는 한 마디의 말로 요약할 수 있다.

우리 공산주의자들은 자신의 노동으로 취득한 재산, 다시 말해 온갖 개인적인 자유와 활동과 자립의 기초가 되는 재산의 권리를 폐지하려 한다는 비난을 받아왔다.

자신의 노동으로 정당하게 번 재산이라고! 당신들은 부르주아적 소유에 선행한 소부르주아적·소농민적 소유를
두고 말하는가? 그러한 소유는 폐지할 필요가 전혀 없다. 공업의 발전이 이미 그것을 폐지해왔으며, 지금도 나날이 폐지하고 있으니까.

그렇지 않다면 당신들은 현대 부르주아지의 사적 소유를 두고 말하는 것인가?

임금노동이 노동자들에게 재산을 만들어주는가? 결코 그렇지 않다. 임금노동이 만들어내는 것은 자본, 즉 임금노동을 착취하는 재산일 뿐이다. 임금노동을 착취하는 이 부르주아적 소

부르주아지의 사적 소유.

유는 새로운 착취를 위하여 새로이 공급되는 임금노동이 없으면 증식될 수 없는 소유이다. 현대의 소유형태는 자본과 임금노동의 적대에 기초한다. 이 적대의 양 측면을 고찰하여보자.

자본가가 된다는 것은 생산 속에서 단순히 개인적인 지위뿐만 아니라 사회적인 지위까지 차지한다는 것을 의미한다. 자본은 공동체의 생산물로서 오직 대다수 사회 성원들의 공동 활동에 의해서만, 궁극적으로는 사회 성원 전체의 공동 활동에 의해서만 가동될 수 있는 것이다.

요컨대 자본은 개인적인 힘이 아니라 사회적인 힘이다.

따라서 만약 자본이 공동체의 소유, 즉 사회 성원 전체에 속하는 소유로 변한다 하더라도 개인적 소유가 사회적 소유로 변하는 것은 아니다. 변하는 것은 단지 소유의 사회적 성격뿐이다. 소유는 그 계급적 성격을 상실할 뿐이다.

이제 임금노동으로 넘어가자.

임금노동의 평균가격은 최저임금, 다시 말하면 노동자가 노동자로서의 생활을 유지하는 데 필요한 생활수단의 총액이다. 따라서 임금노동자가 자신의 노동으로 얻는 것은 고작 자신의 생존을 연장하고 재생산하는 데 그칠 뿐이다. 우리는 노동 생산물의 개인적 전유를 폐지하려는 것이 결코 아니다. 다시 말해 인간의 생활을 유지하고 재생산하는 데 요구되는 개인적 전유, 타인의 노동을 지배할 수 있게 해주는 그 어떤 잉여도 남기지 않는 개인적 전유를 폐지하려는 것이 아니라는 말이다. 우리가 폐지하고자 하는 것은 전유의 비참한 성격이다. 노동자로 하여금 자본의 증식을 위해서만 생존하게 만들며, 지배계급의 이익이 요구하는 한에서만 생존을 허용하는, 전유의 비참한 성격 말이다.

> 부르주아지에게 자유란 매매의 자유를 의미한다. **매매의 자유란?**

부르주아 사회에서 살아 있는 노동은 축적된 노동을 증가시키는 수단일 뿐이지만, 공산주의 사회에서 축적된 노동은 노동자의 삶을 확장시키고 풍요롭게 하며 고양시키는 수단이다.

그러므로 부르주아 사회에서는 과거가 현재를 지배하나, 공산주의 사회에서는 현재가 과거를 지배한다. 부르주아 사회에서는 자본이 독자성과 개성을 갖고 있는 반면, 살아 있는 인간은 독자성과 개성을 잃는다.

그런데 이러한 상태의 폐지를 부르주아지는 개성과 자유의 폐지라고 부른다! 사실 그렇다. 우리가 부르주아적 개성, 부르주아적 독자성, 부르주아적 자유를 폐지하려 한다는 것은 의심할 나위가 없다.

오늘날의 부르주아적 생산관계 내에서 자유란 거래의 자유, 사고 파는 자유를 의미한다.

그런데 매매가 없어지면 매매의 자유도 없어지는 법. 매매의 자유에 관한 이야기는 자유에 관한 부르주아지의 다른 모든 호언장담과 마찬가지로, 매매가 금지되던 그 시절 중

2. 프롤레타리아와 공산주의자

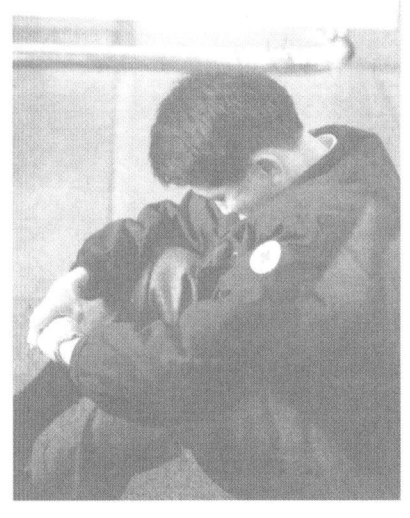

세시대의 예속된 상인들에게나 의미 있는 것이다. 매매의 폐지와 부르주아적 생산관계의 폐지와 부르주아 그 자체의 폐지를 주장하는 공산주의자들에게는 아무런 의미를 갖지 못한다.

당신들은 우리가 사적 소유를 폐기하려 한다고 해서 놀라고 있다. 그러나 오늘날 당신들의 사회에서는 사회 성원의 10분의 9에게 이미 사적 소유가 폐지되어 있다. 소수에게 사적 소유가 집중되어 있는 것은 이들 10분의 9에게는 사적 소유가 존재하지 않기 때문이다. 그렇다면 당신들은, 사회의 압도적 다수가 아무런 소유물도 갖지 않는 것을 필수조건으로 하는 그런 소유형태를 폐지하려 한다고 우리를 비난하는 셈이다.

한마디로 당신들은 우리가 당신들의 소유를 폐기하려 한다고 우리를 비난하는 것이다. 바로 그렇다. 우리는 실제로 그렇게 하려고 한다.

당신들은 노동이 더는 자본으로 화폐로, 지대로, 간단히 말해서 독점 가능한 사회적 힘으로 전화할 수 없게 되는 그 순간부터, 다시 말해서 개인적 소유가 더는 부르주아적 소유로 전화할 수 없게 되는 그 순간부터 인격이 사라진다고 말한다.

따라서 당신들은 부르주아, 즉 부르주아적 소유자 외에는 그 누구에 대해서도 인격을 인정하지 않는다고 자백하는 셈이다.

오늘날 부르주아지의 사회에서는 이미 사회 성원의 10분의 9에게 사적 소유가 폐지되어 있다.

그렇다면 그러한 인격은 마땅히 폐지되어야 한다.

공산주의는 그 누구로부터도 사회적 생산물을 전유할 힘을 박탈하지 않는다. 공산주의는 다만 이러한 전유에 의하여 타인의 노동을 자신에게 예속시키는 힘을 박탈할 따름이다.

사적 소유를 폐지하면 일체의 활동이 정지되고, 전반적으로 게으름이 만연하게 될 것이라는 비난이 있다.

그렇다고 한다면 부르주아 사회는 이미 오래전에 게으름 때문에 멸망하지 않으면 안 되었을 것이다. 왜냐하면 부르주아 사회에서는 일하는 사람들은 아무것도 얻지 못하고, 무엇인가 얻는 자들은 일하지 않기 때문이다. 따라서 이러한 모든 걱정은 결국 자본이 없어지면 임금노동도 없어진다는 말과 동어반복이 된다.

물질적 생산물의 공산주의적 전유 및 생산양식에 대해 제기된 모든 반대는 정신적 생산물의 공산주의적 전유 및 생산양식에까지 확대된다. 부르주아에게는 계급적 소유의 폐지가 생산 그 자체의 폐지처럼 보이듯이, 그들에게는 계급적 문화의 폐지 또한 문화 일반의 폐지와 동일하게 여겨진다.

그들이 놓치기 아까워하는 그 문화가 대다수의 대중에게는 사람을 기계의 부속물로 만드는 것에 지나지 않는다.

그러니 자유니 교양이니 법이니 뭐니 하는 당신들의 부르주아적 관념을 바탕으로 부르주아적 소유의 폐지에 대해 왈가왈부하려거든 더는 우리와 논쟁할 생각을 말라. 당신들의 법이란 것이 실상은 당신들의 계급의지, 풀어 말하자면 당신네 계급이 존재하기 위한 경제적 조건들에 의해 그 본질적 성격과 방향이 규정된 의지를 법제화한 것에 지나지 않듯이, 당신들의 사상 역시 부르주아적 생산관계와 부르주아적 소유관계의 산물에 불과한 것이 아닌가.

당신들은 편견에 사로잡혀 당신들의 부르주아적 생산관계 및 소유관계가 생산의 발전 과정에서 나타나는 일시적이며 역사적인 것이 아니라 마치 자연 및 이성의 영원한 법칙인 것처럼 가장하고 있는데, 이 점에서 당신들은 이미 몰락해버린 과거의 모든 지배계급들과 똑같다. 고대적 소유나 봉건적 소유에 대해서 당신들 스스로가 명백히 알고 있는 사실을 당신들 자신의 부르주아적 소유에 적용하려 하면 왜 더는 모르겠다고 잡아떼는 것인가.

가족의 폐지라니! 공산주의자들의 이 비열한 의도에 대해서는 가장 극단적인 급진주의자들까지도 격분하고 있다.

현대의 부르주아적 가족은 무엇에 기초하고 있는가? 그것은 자본, 즉 사적인 이익에 기초하고 있다. 현대적 가족이 완전하게 발전된 형태는 오직 부르주아지 내에서만 찾아볼 수 있다. 하지만 현대의 부르주아 가족은 프롤레타리아 가족의 실질적 해체와 공창(公娼)에 의해 보완된다.

부르주아적 가족은 이러한 보완물이 사라지면 당연히 함께 사라질 것이며, 또 양자는 자본의 소멸과 함께 사라질 것이다.

당신들은 우리가 아동에 대한 부모의 착취를 중지시키려 한다고 우리를 비난하는가? 그것도 죄라면 우리는 이 죄를 인정하마.

그런데 당신들은 우리가 가정교육을 사회교육으로 바꿔놓음

참정권을 쟁취하기 위해 더비 경마장에서 한 여성이 자신의 몸을 던지다.

으로써 인간의 가장 고귀한 관계를 파괴한다고 주장한다.

그렇다면 당신들이 말하는 교육이란 무엇인가! 당신들의 교육은 사회에 의하여 규정받지 않는다는 말인가? 과연 당신들의 교육은 교육을 둘러싸고 있는 사회적 조건들에 의해 규정받지 않으며, 직접적이든 간접적이든 사회의 간섭에 의해 학교에 의해 규정받지 않는다는 말인가? 공산주의자들은 교육에 대한 사회의 개입을 고안해내지 않는다. 다만 그 개입의 성격을 변화시켜 교육을 지배계급의 영향으로부터 벗어나게 할 따름이다.

가족과 교육에 관한, 그리고 부모와 자녀 간의 화목한 관계에 대한 부르주아들의 입에 발린 이야기는 프롤레타리아의 모든 가족적 유대가 대공업에 의하여 갈가리 찢겨져 나갈수록, 그리하여 어린이들이 단순한 판매품이나 노동도구로 전락할수록 더욱더 혐오스러워진다.

그런데 당신들 공산주의자들은 부인공유제를 도입하려 하는 것이 아닌가! 부르주아지 전체가 입을 모아 비명을 지른다.

부르주아들은 자신들의 아내를 단순한 생산도구로밖에 생각

2. 프롤레타리아와 공산주의자

하지 않는다. 그래서 생산도구를 공동으로 이용해야 한다는 말을 들은 부르주아들은 여성들도 똑같은 처지에 빠질 것이라고 생각하게 되는 것이다.

한낱 생산도구에 지나지 않는 여성의 처지를 타파하는 것, 바로 그것이 우리 공산주의자들의 지향이라는 것을 그들은 생각조차 하지 못하고 있다.

우리의 부르주아지들이 부인공유제에 대해 보내는 도덕적 의분만큼 우스꽝스러운 일은 세상에 없을 것이다. 그들의 주장에 의하면, 공산주의자들이 부인공유제를 공개적이고 공식적으로 도입하려 한다나 어쩐다나. 공산주의자들은 부인공유제를 도입할 필요가 없다. 부인공유제는 태곳적부터 존재해온 것이 아니던가.

부르주아들은 공식적인 매춘은 말할 것도 없거니와, 그들을 위해 일하는 노동자의 아내와 딸을 농락하는 것으로도 만족하지 않고, 자신들의 아내를 서로 유혹하는 것을 주된 쾌락으로 삼고 있다.

부르주아적 결혼은 사실상 부인공유제이다. 그들은 기껏해야 공산주의자들이 위선적이고 은폐된 부인공유제 대신에 공식적이고 공인된 부인공유제를 도입하려 한다고 비난할 수 있을 뿐이다. 그러나 그건 그렇다 치고 현재의 생산관계가 폐지되면 그 생산관계에서 비롯된 부인공유제, 즉 공식적·비공식적 매춘 역시 소멸할 것임은 자명한 일이다.

다음으로 공산주의자들은 조국과 국적을 없애버리려 한다는 비난을 받고 있다.

한낱 생산도구로밖에 취급받지 못하는 여성의 처지를 타파하기 위해 순교한 에밀리 데이비슨.

부르주아지의 부인공유제. 동두천 기지촌—한국의 여성들을 공유하는 미군들.

노동자에게는 조국이 없다. 그들에게 없는 것을 어떻게 빼앗는단 말인가. 하지만 프롤레타리아트는 우선 정치적 지배권을 장악하여 민족적 계급으로 올라서야 하며, 스스로를 민족으로 정립해야만 하기 때문에 비록 부르주아지가 생각하는 의미에서는 아닐지라도 아직은 그 자체가 민족적이다.

민족 간의 민족적 차이와 대립은 부르주아지의 성장, 상업의 자유, 세계시장, 생산양식에 있어서의 유사성과 그에 상응하는 생활조건의 유사성으로 인해 나날이 사라져가고 있다.

프롤레타리아트의 지배는 이러한 차이와 대립을 더욱 빨리 사라지게 할 것이다. 적어도 문명국들 내에서의 통일된 행동은 프롤레타리아트 해방의 첫째 조건 중 하나이다.

한 사람에 의한 다른 사람의 착취가 폐지되는 정도에 따라 한 민족에 의한 다른 민족의 착취도 폐지될 것이다.

한 민족 내에서의 계급대립이 사라짐에 따라 민족 상호간의 적대적인 관계도 사라질 것이다.

2. 프롤레타리아와 공산주의자

문명국들 내에서의 통일된 행동은 프롤레타리아트 해방의 첫째 조건. G8 제노바회담 반대시위. 30만 군중이 이탈리아를 뒤흔들었다.

종교적·철학적 관점에서, 그리고 일반적으로 이데올로기적인 관점에서 제기되는 공산주의에 대한 비판은 이제 상세하게 해명할 가치가 없다.

인간의 물질적 생존조건, 그의 사회적 관계, 그의 사회적 생활과 더불어 인간의 관념, 견해, 개념, 한마디로 인간의 의식 또한 변화한다는 것을 이해하는 데에 그렇게 깊은 통찰이 필요하단 말인가?

사상의 역사는 정신적 생산이 물질적 생산과 더불어 변화한다는 것 외에 또 무엇을 증명하고 있단 말인가? 한 시대의 지배적 사상은 늘 지배계급의 사상이었을 뿐이다.

흔히 사람들은 한 사회 전체에 혁명을 일으키는 사상에 대해 이야기한다. 그러나 그것은 낡은 사회 내부에서 새로운 사회의 요소들이 형성되었다는 사실을 이야기하는 것일 뿐이며, 구시대의 생활조건들이 와해됨에 따라 구시대의 사상도 함께 와해되고 있다는 사실을 말하는 것에 지나지 않는다.

고대 세계의 멸망이 가까워졌을 때, 고대의 종교들은 기독교에 의해 정복되었다. 지난 18세기의 기독교사상이 계몽사상의 타격을 받고 분쇄되고 있을 때, 봉건사회는 당시만 해도 혁명적이었던 부르주아지와 목숨을 건 투쟁을 치렀다. 신앙의 자유, 종교의 자유는 정신의 영역에서도 자유경쟁이 지배한다는 것을 표현한 것이었을 뿐이다.

사람들은 말할 것이다. "종교적 · 도덕적 · 철학적 · 정치적 · 법적 사상이 역사의 발전 과정 속에서 부단히 변천해온 것은 의심할 나위 없다. 그러나 종교, 도덕, 철학, 정치, 법 그 자체는 이러한 변천 속에서 늘 유지되어왔다. 뿐만 아니라 세상에는 자유, 정의와 같이 모든 사회에 공통된 영원한 진리가 있다. 그런데 공산주의는 이 영원한 진리를 부정한다. 공산주의는 도덕이나 종교를 개조하는 대신 그것들을 부정한다. 따라서 공산주의는 지금까지의 모든 역사 발전에 역행한다."

이러한 비난은 결국 무엇으로 귀결되는가? 지금까지 존재한 모든 사회의 역사는 계급대립 속에서 진행되었으며, 이러한 대립은 시대마다 각기 다른 형태를 취하였다.

그러나 그 계급대립이 어떤 형태를 취하든 간에, 사회의 일부가 다른 일부를 착취한다는 점만큼은 과거의 모든 시대에 공통된 사실이다. 그렇다면 지난 시대의 사회적 의식이 아무리 다양하고 아무리 상이하다 하더라도 그것이 일정하게 공통된 형태 속에서 움직인다는 것은 조금도 놀라운 일이 아니다. 그리고 지난 시대의 사회적 의식은 계급대립이 완전히 사라진 뒤에야 비로소 완전히 해체된다.

공산주의혁명은 과거로부터 전해 내려오는 모든 소유관계와 가장 철저하게 결별하는 것이다. 따라서 공산주의혁명이 자신의 발전 과정에서 과거로부터 전해 내려온 사상과 가장 철저하게 결별한다는 것은 놀랄 만한 일이 아니다.

이제 공산주의에 대한 부르주아지의 비난은 그냥 놓아두기로 하자.

우리는 이미 앞에서 노동자혁명의 첫걸음은 프롤레타리아트를 지배계급으로 끌어올리는 것과 민주주의를 쟁취하는 것이라는 점을 살펴보았다.

프롤레타리아트는 자신의 정치적 지배를 이용하여 부르주아지로부터 모든 자본을 차례차례 빼앗고, 모든 생산도구를 국가의 수중에, 즉 지배계급으로 조직된 프롤레타리아트의 수중에 집중시키며 가능한 한 신속히 생산력을 증대시키게 될 것이다.

이것은 물론 처음에는 소유권과 부르주아적 생산관계를 전제적(專制的)으로 침해함으로써만 이루어질 수 있다. 이 전제적 침해는 경제적으로는 불충분하고 불안정한 것처럼 보일지 모르지만 운동이 경과하면서 스스로를 극복해갈 것이다. 전제적 침해는 생산양식을 전면적으로 변혁시키는 피할 수 없는 방책이다.

나라마다 그 방책은 다를 수 있을 것이다.

그러나 가장 선진적인 나라에서는 다음과 같은 것들이 아주 일반적으로 적용될 수 있을 것이다.

1. 토지 소유의 폐지와 모든 지대를 국가 경비로 전용.

사회주의 선구자 오언이 뉴래너크에 설립한 이상적 공동체. 공장 노동자들을 위한 기숙사 및 학교를 포함한 방직 공장 등이 있다.

2. 소득에 대한 고율의 누진세.

3. 모든 상속권의 폐지.

4. 모든 망명자와 반역자의 재산 몰수.

5. 국가자본 및 배타적인 독점권을 가진 국립은행을 통하여 신용을 국가의 수중으로 집중.

6. 운송수단을 국가 수중으로 집중.

7. 국가가 소유하는 공장 및 생산도구의 증대. 공동 계획에 의거한 토지의 개간 및 개량.

8. 모두에게 동등한 노동의 의무 부과. 농업을 위한 산업군대의 육성.

9. 농업과 공업의 결합. 도농간의 격차 점진적 해소. 인구 분포의 전국적 균일화.

10. 공립학교에서 모든 어린이에 대한 무상교육 실시. 오늘날과 같은 아동들의 공장노동 폐지. 교육과 생산활동의 결합 등등.

2. 프롤레타리아와 공산주의자

발전 과정을 거치는 가운데 계급적 차이들이 소멸되고 모든 생산이 연합된 개인들의 수중에 집중되면 공권력은 그 정치적 성격을 상실하게 될 것이다. 본래 정치권력이란 한 계급이 다른 계급을 억압하기 위해 사용하는 조직된 폭력이다. 만일 프롤레타리아트가 부르주아지에 대항하는 투쟁에서 스스로를 단일한 계급으로 조직할 수밖에 없다고 한다면, 만일 프롤레타리아트가 혁명을 통해 스스로 지배계급이 된다면, 그리하여 지배계급으로서 낡은 생산관계를 폭력적으로 폐지하게 된다면, 그렇다면 이러한 낡은 생산관계의 폐지와 더불어 프롤레타리아트는 계급대립의 존립조건들과 계급 일반을 폐지하게 될 것이며, 결국에는 자기 자신의 계급적 지배까지도 폐지하게 될 것이다.

계급과 계급대립으로 얼룩진 낡은 부르주아 사회 대신에, 개인의 자유로운 발전이 만인의 자유로운 발전의 조건이 되는 연합체가 나타날 것이다.

3. 사회주의 및 공산주의 문헌

1. 반동적 사회주의

1) 봉건적 사회주의

프랑스와 영국의 귀족들은 자신들의 역사적 지위로 말미암아 현대 부르주아 사회를 비판하는 소책자를 써야 할 사명을 지니고 있었다. 1830년 프랑스 7월혁명과 영국의 선거법 개정운동에서 봉건귀족들은 혐오스런 졸부들에게 또다시 패배하였다. 이후 귀족들은 더는 의미 있는 정치적 대결을 벌일 수 없었고, 그들에게는 문필상의 투쟁만이 남게 되었다. 하지만 문필을 사용하는 영역에서도 왕정복고 시대에 사용하였던 낡은 미사여구는 통하지 않게 되어버렸다. 귀족들은 사람들의 공감을 얻기 위하여 자신들의 이익은 안중에 두지 않은 채 오직 착취당하는 노동자계급의 이익을 위해 부르주아지를 비난하는 고소장을 작성하지 않을 수 없었다. 이처럼 귀족들은 한편으로는 그들의 새로운 주인을 풍자하는 노래를 부름으로써, 다른 한편으로는 주인의 귀에다가 다가오는 재앙의 불길한 예언을 속삭임으로써 복수를 가했던 것이다.

이렇게 하여 봉건적 사회주의는 성립하였다. 봉건적 사회주의의 일부는 장송곡이요, 일부는 비방문이며, 일부는 과거의 메아리요, 일부는 미래에 대한 협박이다. 때로는 신랄하고 재치 있는 독설적인 비판으로 부르주아지의 간담을 서늘하게 하였지만, 현대사의 진로를 전혀 이해할 수 없었던 그들은 늘 우스꽝스런 결과만을 연출하였다.

귀족들은 사람들을 자기편으로 결집시키기 위해 프롤레타리아트의 동냥주머니를 깃발 삼아 흔들었다. 그러나 사람들은 귀족의 뒤를 따라나서자마자 그들의 엉덩이에 새겨진 낡은 봉건적 문장(紋章)을 발견하고는 큰소리로 비웃으며 흩어졌다.

프랑스 정통주의자와 영국 청년단의 일부가 이러한 희극을 연출하였다.

봉건주의자들은 그들의 착취양식이 부르주아지의 착취양식과 달랐음을 강조하지만, 지금에 와서 보면 시대에 뒤떨어진 전혀 다른 정세와 조건 아래서 그들이 착취했다는 사실을 잊어버리고 있다. 자신들의 지배하에서는 결코 현대의 프롤레타리아트가 존재하지 않았음을 입증하면서도, 현대의 부르주아지가 자신들의 사회질서가 낳은 필연적 산물임을 잊고 있는 것이다.

더군다나 그들은 부르주아지에 대한 자신들의 비판이 갖고 있는 반동적 성격을 숨기지 않는다. 그들이 부르주아에 대해 비난

__이문열, 『황제를 위하여』
봉건주의자들은 과거도 또 다른 착취의 시대였음을 고의로 망각한다. 이문열에게 과거는 민중의 고통으로 얼룩진 세월이 아니라 우리가 돌아가야 할 유토피아다.

을 가하는 주된 이유는 부르주아 체제하에서 낡은 사회 전체를 산산이 부숴버릴 하나의 계급이 성장하고 있다는 데 집중된다.

귀족들이 부르주아지를 비난하는 이유는 부르주아지가 프롤레타리아트를 만들어내고 있기 때문이 아니라, 부르주아지가 혁명적 프롤레타리아트를 만들어내고 있기 때문인 것이다.

그러므로 정치적 실천에서 귀족들은 노동자계급을 짓밟는 모든 강압적 조치에 동참한다. 그리고 일상생활에서는 그들의 온갖 호언장담에도 불구하고 공업의 나무에서 떨어지는 황금사과를 줍기 위해 허리를 굽히며, 진리와 사랑과 명예를 버리고 양모와 사탕무와 주정(酒精)을 팔 기회를 놓치지 않는다.

성직자가 언제나 봉건영주와 손을 잡았던 것처럼, 성직자 사회주의 역시 봉건적 사회주의와 손을 맞잡고 있다.

기독교적 금욕주의에 사회주의적 색채를 입히는 것처럼 쉬운 일은 없다. 기독교 역시 사적 소유와 결혼 그리고 국가를 극구 반대하지 않았던가? 기독교는 그 대신 자선과 구걸, 독신과 금욕, 수도원 생활과 교회를 설교하지 않았던가? 기독교 사회주의는 성직자가 귀족들의 분노에 끼얹어주는 성수(聖水)일 뿐이다.

2) 소부르주아 사회주의

부르주아지에 의해 파멸당한 계급, 현대 부르주아 사회에서 날로 그 생활조건이 악화되고 사멸되어가고 있는 계급은 봉건귀족만이 아니다. 중세의 시민과 소농민은 현대 부르주아지의 선구자였다. 상공업의 발전이 뒤진 나라에서는 이 계급들이 아직도 신흥 부르주아지와 더불어 잔존하고 있다.

현대 문명이 성숙한 나라에서는 소부르주아라고 하는 새로운 계급이 형성되어왔다. 이 계급은 프롤레타리아트와 부르주아지 사이를 왔다 갔다 하면서 부르주아 사회의 보완물로서 스스로를 계속 재생산하고 있다. 하지만 소부르주아계급의 개별 성원들은 경쟁의 작용에 의해 끊임없이 프롤레타리아트로 전락하고 있다. 현대의 공업이 발전함에 따라 그들은 현대 사회를 구성하는 독립된 한 부분으로서 자기 지위를 잃고, 공업과 농업과 상업에서 감시인이나 관리인 혹은 점원으로 대체될 시점이 임박하였음을 목도하고 있다.

프랑스와 같이 농민이 인구의 절반을 훨씬 넘는 나라에서는 부르주아지에 대항하여 프롤레타리아트의 편에 선 문필가들이 부르주아체제를 비판할 때 농민과 소부르주아의 기준을 사용한 것이나, 이들 중간계급들의 관점에서 노동계급을 강력하게 옹호하고 나선 것은 너무 당연한 일이었다. 이렇게 해서 소부르주아적 사회주의가 생겨났다. 시스몽디는 프랑스에서뿐만 아니라 영국에서도 이러한 문헌의 우두머리이다.

이 사회주의 학파는 현대적 생산관계의 모순을 매우 날카롭게 분석하였으며, 경제학자들의 위선에 찬 변명들을 낱낱이 폭로하였다. 그리고 기계와 분업의 파괴적 작용, 자본과 토지 소유의 집중, 과잉생산, 공황, 소부르주아와 소농민의 필연적 몰락, 프롤레타리아트의 빈곤, 생산의 무정부성, 부의 분배에서

_박현채, 『민족경제론』
때로 현 사회의 모순에 날카로운 눈을 지닌 사람조차도 새로운 사회의 주역을 노동자계급이 아니라 몰락해가는 소부르주아계급에게서 찾곤 한다.

나타나는 심각한 불균형, 국가 상호간의 피나는 경제전쟁, 낡은 도덕과 낡은 가족관계 및 낡은 민족성의 와해를 반박할 여지가 없이 증명하였다.

그러나 설사 그 긍정적인 목적에서 보더라도, 소부르주아 사회주의는 생산 및 교환의 낡은 수단을 복구시키길 열망하며, 더불어 낡은 소유관계와 낡은 사회를 복구시키길 바란다. 혹은 생산과 교환의 현대적 수단에 의하여 이미 파괴되어버렸으며, 파괴될 수밖에 없는 낡은 소유관계의 틀 속으로 생산과 교환의 현대적 수단들을 또다시 억지로 밀어넣으려 한다. 어느 경우에나 반동적인 동시에 공상적인 것이다.

제조업에서는 길드동맹이, 농업에서는 가부장적 관계가 소부르주아 사회주의가 내놓는 마지막 약속이다.

사람을 도취시키는 자기 기만의 모든 효과들이 완고한 역사적 사실 앞에서 무력해지자 결국 이 소부르주아 사회주의는 우울증의 비참한 발작으로 끝나버렸다.

3) 독일 사회주의 혹은 '진정한' 사회주의

프랑스의 사회주의 및 공산주의 문헌은 권력을 쥐고 있는 부르주아지의 억압하에서 출현한 문헌이자, 이 권력에 대항하는 투쟁의 표현이었다. 그런데 이 문헌이 독일에 유입되어 들어온 시점은 독일의 부르주아지가 이제 막 자국의 봉건 절대주의와 대결하기 시작하던 무렵이었다.

독일의 철학자들, 얼치기 철학자 및 문필 애호가들은 이 문헌들에 열렬히 매달렸지만, 이러한 문헌들이 프랑스로부터 독일로 이주해 들어올 때 프랑스의 사회적 조건도 함께 이주해 들어온 것이 아니라는 사실을 잊어버리고 말았다. 독일의 사회적 상황과 마주치면서 이 프랑스판 문헌들은 그것이 지닌 직접적·실천적 의미를 완전히 상실당한 채 순수 문헌적 외양만을 띠고 말았다. 그것은 인간 본질의 실현에 관한 한가한 사변으로 나타날 수밖에 없었다. 이리하여 18세기의 독일 철학자들에게는 프랑스대혁명이 제기했던 여러 가지 요구들이 '실천적 이성' 일반이 제기하는 요구들인 양 간주되었고, 혁명적인 프랑스 부르주아지가 제출한 의지 표명 역시 그들의 눈에는 순수의지, 즉 마땅히 그렇게 될 수밖에 없는 의지의 법칙인 것으로, 다시 말해 진정한 인간의 의지 일반의 법칙인 것으로 파악되었다.

독일 문필가들의 모든 저작물은 오로지 새로운 프랑스 사상을 자신들의 낡은 철학적 양심과 조화시키는 것, 좀더 정확히 말하자면 자신들의 철학적 관점을 버리지 않은 채 프랑스 사상을 섭취하는 것에 불과하였다.

이러한 섭취는 사람들이 외국어를 습득할 때 사용하는 방식, 즉 번역에 의한 방식으로 이루어졌다.

수도승들이 고대 다신교 시대의 고전 사본에다가 가톨릭 성인들의 엉터리 전기를 덧씌웠던 것은 잘 알려진 사실이다. 독일 문필가들은 세속적인 프랑스 문헌을 가지고 바로 그와 정반대의 일을 하였다. 그들은 프랑스 원전에다 자신들의 터무니없는 철학적 헛소리를 써넣었다. 예를 들면 화폐의 경제적 기능에 대한 프랑스인들의 비판에다 "인간적 본질의 소외"라 썼고, 부르주아 국가에 대한 프랑스인들의 비판에는 "추상적 보편자의 폐위"라 써넣었던 것이다.

이렇게 프랑스에서 이루어진 발전에다 자신들의 철학적 상투어를 끼워넣는 것에 대해 그들은 '행동의 철학'이니 '진정한 사회주의'니, 또는 '독일의 사회주의 과학'이니 '사회주의의 철학적 논증'이니 하는 식으로 작위를 부여하였다.

이리하여 프랑스의 사회주의 및 공산주의 문헌은 완전히 껍데기만 남고 말았다. 이 문헌들이 독일인의 수중에 들어와 다른 계급에 대한 한 계급의 투쟁을 표현하지 않게 되었으므로 독일인들은 자신들이 '프랑스인의 편파성'을 극복했노라고 확신하게 되었으며, 현실의 요구가 아닌 진리의 요구를, 프롤레타리아트의 이익이 아니라 '인간 본질'의 이익을, 다시 말해 아무 계급에도 속하지 않고 실체도 없으며 철학적 환상의 안개 속에서만 존재하는 '인간 일반'의 이익을 대변했다고 믿게 되었다.

학창 시절에 쓴 습작들을 그렇게도 진지하고 거창한 것으로 생각했던 독일 사회주의는 보잘것없는 재고품을 대단한 물건인 양 약장수처럼 떠들어대더니, 세월이 흐르자 점차 현학 속에 깃든 원래의 순진성마저 잃어갔다.

봉건영주와 절대군주에 대항하는 독일인의 투쟁, 특히 프로이센 부르주아지의 투쟁은, 다시 말하여 독일의 자유주의운동

_이진경, 『탈주선 위의 단상들』
한 세기 전, 라인 강 서쪽의 귤(프랑스의 사회주의사상)은 라인 강 동쪽에서는 탱자(독일의 '진정한' 사회주의)가 됐다. 오늘날 남한의 우리에게 저 난해한 프랑스의 '좌파' 사상가들은 귤인가, 탱자인가? '계급' 대신 '소수자'를, '혁명' 대신 '탈주'를 이야기하는 것은 과연 얼마나 새로운 것일까?

은 점차 본격화되었다.

  이렇게 되자 '진정한' 사회주의는 이 자유주의적·정치적 운동에 사회주의적 요구들을 대립시키면서, 자유주의, 대의제국가, 부르주아적 경쟁, 부르주아적 출판의 자유, 부르주아적 법률, 부르주아적 자유와 평등에 대해 전통적인 방식의 파문선고를 내리면서, 이러한 부르주아운동에서 얻을 것은 아무것도 없고 잃을 것은 모든 것이라며 사람들에게 설교할 절호의 기회를 얻게 되었다. 독일 사회주의는 프랑스인들의 비판을 단조롭게 되풀이한 것이었지만, 프랑스인들의 비판이 현대 부르주아 사회와 그에 상응하는 물질적 생활조건 및 정치제도, 즉 독일에서는 이제 겨우 쟁취할 대상으로 논의되기 시작한 바로 그 모든 전제조건들을 이미 전제하고 있는 것인 양 착각하였다.

  성직자, 교사, 지주, 공무원들을 거느린 독일의 절대주의 정부에게 독일 사회주의는 고맙게도 위협적인 세력으로 떠오르고 있는 부르주아지를 내쫓아주는 허수아비 노릇을 해준 셈이었다.

  '진정한' 사회주의는 독일 정부가 노동자들의 봉기를 진압할 때 사용한 채찍과 탄환의 쓴맛을 달래줄 달콤한 사탕이었던 것이다.

  이처럼 '진정한' 사회주의는 독일 부르주아지에 대항하는 투쟁의 무기로서 정부에 봉사하는 한편, 동시에 독일 속물들의 이익, 반동적인 이익을 직접 대변하였다. 독일에서 16세기 이래 이어져왔고, 그때부터 끊임없이 다양한 형태로 재현되어왔던 소부르주아지가 현 상황에서 실제적인 사회적 토대를 이루고 있다.

소부르주아계급을 보존한다는 것은 독일의 현 상태를 보존한다는 것을 의미한다. 부르주아지의 산업적·정치적 지배는 한편으로는 자본 집중에 의해, 다른 한편으로는 혁명적 프롤레타리아트의 등장에 의해 소부르주아지의 파멸을 예고한다. 소부르주아지에게 '진정한' 사회주의는 이 두 마리 새를 잡을 하나의 돌로 생각되었다. 그리하여 '진정한 사회주의'는 전염병처럼 번졌다.

사변의 거미줄로 엮고, 화려한 웅변의 꽃으로 수놓고, 연모(戀慕)의 이슬에 함빡 젖은 이 의상, 독일 사회주의자들이 '영원한 진리'라고 하는, 말라빠진 그들의 육신을 감추기 위해 걸친 이 신비한 의상은 대중 속에서 독일 사회주의라는 상품 판매량을 증대시키는 데 크게 기여하였다. 한편 독일 사회주의측에서도 소부르주아 속물들을 위한 떠버리 대변인으로서 자기의 소명을 점점 더 자각하여갔다.

독일 사회주의는 독일 민족을 모범민족으로, 독일의 속물들을 모범적 인간으로 선언하였다. 독일 사회주의는 이 모범적 인간이 보이는 비열하고 천박한 속성 하나하나마다, 실제의 모습과는 정반대되는 심오하고 고상한 사회주의적 해석을 부여하였다. 마침내 독일 사회주의자들은 공산주의의 '난폭하고 파괴적인' 경향을 거론하면서 이에 정면으로 반대한다고, 이어 자신들은 일체의 계급투쟁에 대해 지고지순하고 불편부당한 경멸을 보낸다고 선언하기에 이르렀다. 현재(1847년) 독일에서 나돌고 있는 이른바 사회주의 및 공산주의 출판물들은 극소수를 제외하면 모두 이런 불결하고 무기력한 문헌의 영역에 속한다.

2. 보수적 혹은 부르주아 사회주의

부르주아지의 일부는 부르주아 사회의 지속적인 생존을 위하여 사회적 질병들을 치료하고자 한다.

경제학자, 인도주의자, 노동계급의 처지를 개선하려는 자, 자선사업가, 동물학대방지협의회 회원, 금주협회 조직자 등 각양각색의 보잘것없는 개량주의자들이 이에 속한다. 이러한 부르주아 사회주의는 완전한 체계로까지 발전하기도 한다.

그 예로 우리는 프루동의 『빈곤의 철학』을 들 수가 있다.

사회주의적 부르주아들은 현대적 사회조건들이 안고 있는 모든 장점은 유지하되, 이 조건들에서 불가피하게 발생하는 투쟁과 위험만은 배제하려 한다. 그들은 사회의 기존 상황을 그대로 유지하되, 그것을 변혁시키고 해체시키는 요소만은 없애려 한다. 그들은 프롤레타리아트 없는 부르주아지를 원하고 있는 것이다. 부르주아지는 물론 자신이 지배하고 있는 세계를 최상의 세계라고 생각한다. 부르주아 사회주의는 이런 편리한 관념을 다양하면서도 어느 정도까지는 완벽한 체계로 발전시킨다. 그러한 체계를 실행에 옮겨 곧장 새로운 예루살렘으로 나아가기를 프롤레타리아트에게 촉구하지만, 부르주아 사회주의가 프롤레타리아트에게 사실상 요구하는 것은 기존 사회의 울타리 안

_김대중 '민주주의와 함께 하는 시장경제'
세계화의 '장점'은 받아들이되 그 '단점'은 치유하자. '시장'의 경쟁주의를 강화하되 사회안전망은 튼튼히 하자. 김대중 정부는 중산층과 서민을 위한다면서 실제로는 천만 명의 빈민을 양산해놓았다.

에 머물러 있는 것과 부르주아에 대한 그 모든 증오스러운 생각들을 내던져버리라는 것이다.

체계적이지는 않으나 보다 더 실제적인 또 다른 유형의 사회주의가 있다. 이 유형의 사회주의는 노동자계급에게 그 어떤 정치적 개혁도 무익하며 오직 물질적 생활조건상의 개선만이, 다시 말해 경제적 관계의 개선만이 유익하다는 사실을 논증함으로써 노동계급이 목도하는 일체의 혁명운동을 평가절하고자 한다. 그러나 이 사회주의가 말하는 물질적 생활조건의 개선이란 결코 혁명에 의해서만 달성될 수 있는 부르주아적 생산관계의 폐지가 아니라, 이 생산관계의 기반 위에서 실현되는, 따라서 자본과 노동 간의 관계에는 아무런 변화도 일으키지 못하는, 고작해야 부르주아지의 지배에 소요되는 비용을 줄이고 부르주아적 국가운영을 간소화하는 행정적 개선을 의미한다.

부르주아 사회주의는 단순한 비유로 언급될 때에만 적절한 표현을 얻는다.

노동계급의 이익을 위한 자유무역! 노동계급의 이익을 위한 보호관세! 노동계급의 이익을 위한 감옥 개선! 이러한 것이 부르주아 사회주의의 마지막 말이자 유일하게 진지한 말이다.

부르주아 사회주의란 한마디로, 노동자계급의 이익을 위한 부르주아지라는 주장으로 요약될 수 있다.

3. 비판적 · 공상적 사회주의 및 공산주의

우리가 여기서 논하려는 것은 현대의 모든 대혁명에서 프롤레타리아트의 요구를 표현한 바뵈프와 여타의 문헌이 아니다.

프롤레타리아트가 자신의 목적을 달성하기 위해 시도한 최초의 직접적 행동은 봉건사회가 붕괴하고 있던 전반적 격동의 시기에 이루어졌다. 하지만 당시 프롤레타리아트 자체가 미숙한 상태에 있었기 때문에, 또 프롤레타리아트의 해방을 위한 경제적 조건이 결여되어 있었기 때문에 그들의 시도는 필연적으로 실패하였던 것이다. 프롤레타리아트의 해방을 위한 조건은 아직 생성되지 않았으며, 오직 다가오는 부르주아 시대에 의해서만 생성될 수 있는 것이었다. 따라서 프롤레타리아트운동의 초기 운동 과정에서 나온 혁명적 문헌들이 반동적 성격을 가졌던 것은 필연이었다. 그것은 보편적인 금욕주의와 조잡한 평균주의를 설교하였다

현대의 사회주의 및 공산주의 이론체계, 즉 생시몽, 푸리에, 오언 등의 이론체계는 우리가 앞에서 말한 시기, 즉 프롤레타리아트와 부르주아지 간의 투쟁이 충분히 발전하지 못한 초기에 생겨났다. (1절 「부르주아와 프롤레타리아」를 보라.)

이러한 이론체계의 설립자들은 계급적대를 목격하였을 뿐만 아니라, 지배적인 사회형태 내부에서 그 사회를 와해시키는 요소들이 작동하고 있다는 사실까지 통찰하고 있었다. 그러나 아직 유아기에서 벗어나지 못한 프롤레타리아트는 그들에게 아무런 역사적 창의성도 어떠한 독립적인 정치적 운동도 갖지 못한

계급으로 보였다.

공업의 발전과 더불어 계급적대가 심화되어 나가는 법. 그들이 보는 경제 상황은 아직은 프롤레타리아트의 해방을 위한 물질적 조건들을 제공하지 않았으며, 따라서 그들은 프롤레타리아트의 해방을 위한 조건들을 창출하기 위한 새로운 사회과학, 새로운 사회법칙들을 찾아나섰던 것이다.

역사적 행동 대신에 그들 개인의 창의적인 노력이, 역사적으로 형성되는 해방의 조건 대신에 환상적인 여러 조건이, 그리고 프롤레타리아트가 점진적이고 자연발생적으로 계급으로 조직화되는 과정 대신에 이 발명가들이 고안해낸 처방에 따른 사회 조직이 자리를 차지할 수밖에 없었다. 자신들의 사회적 계획을 선전하고 실행에 옮기는 것으로 미래의 역사가 만들어지는 것으로 그들은 보았던 것이다.

그들은 자신의 계획을 작성하는 과정에서 가장 고통받는 계급인 노동자계급의 이익에 주된 관심을 쏟고자 하였다. 그러나 오직 가장 고통받는 계급이라는 관점에서만 프롤레타리아트는 그들에게 의미를 가질 따름이었다.

계급투쟁이 아직 성숙하지 못하였고 또 그들 자신을 둘러싼 환경이 미숙하여, 이들 사회주의자들은 자신들이 모든 계급적 대를 초월했다고 생각한다. 그들은 심지어 가장 좋은 조건에 있는 성원들까지 포함한 모든 사회 성원들의 처지를 개선하려고

_정인, 『소외된 삶의 뿌리를 찾아서』
현실의 문제를 폭로하는 데 그치고 노동자계급이 가야 할 길을 제시하지 못했다는 점에서 비판적 사회주의에 머물렀다.

한다. 그렇기 때문에 그들은 항상 아무 구별도 없이 사회 전체에, 아니 우선적으로 지배계급에 호소하는 습성을 보인다. 사람들이 일단 자신들의 이론체계를 이해하기만 한다면, 자신들의 이론체계야말로 가능한 최상의 사회에 대한 가능한 최상의 계획임을 누가 부인하겠는가?

그러므로 그들은 모든 정치적 행동, 특히 모든 혁명적 행동을 거부한다. 그들은 평화적인 수단으로 자신들의 목적을 이루고자 하며, 필연적으로 실패하게 되어 있는 자그마한 실험들이나 실천사례의 힘에 의해 새로운 이상사회로 가는 길을 닦으려 애쓴다.

미래사회에 대한 이러한 환상적 묘사는 여전히 프롤레타리아트가 매우 미숙한 상태에서 벗어나지 못하여 자기 자신의 입지에 대해 환상적인 생각밖에 갖지 못하던 때에 그려진 것이어서 사회의 전반적 변혁을 바라는 프롤레타리아트의 최초의 본능적 갈구에 다름 아니다.

그러나 이러한 사회주의 공산주의 출판물들 속에는 의미 있는 비판적 요소들이 없지 않다. 이 문헌들은 기존 사회의 모든 원칙들을 공격한다. 그러므로 이 문헌들은 노동계급의 계몽을 위한 지극히 귀중한 자료들로 가득 차 있다. 도시와 농촌 간의 차별 폐지, 가족제도의 폐지, 개인의 사적 이익을 위한 산업 경영의 폐지, 임금제도의 폐지, 사회적 조화의 선언, 국가 기능들의 단순한 생산 관리 기구로의 전환 등에서 제안된 실천적 조치들은 오직 계급적대의 소멸에 달려 있는 문제들이었다. 그런데 당시에는 계급적대가 이제 막 출현하는 중이어서 이 문헌들에서는 계급적대가 초기의 희미하고 막연한 형태로만 인식되었던 것이다. 그러므로 이 제안들은 매우 공상적인 성격을 띤다.

비판적·공상적 사회주의 및 공산주의가 차지하는 의미는 역사가 발전함에 따라 감축된다. 현대의 계급투쟁이 발전해갈 수록, 그리하여 계급투쟁이 더욱 명료한 모습을 취해갈수록 계급투쟁으로부터 동떨어져 있는 이 몽상적 입지, 그리고 계급투쟁에 대한 몽상적 공격들은 모든 실천적 가치와 이론적 정당성을 잃게 된다. 그러므로 이러한 이론체계의 창시자들이 여러 측면에서 혁명적이었음에도 불구하고 그 제자들은 대부분 보잘것없는 반동적 종파를 형성하게 된다. 그들은 자기 스승들이 가졌던 본래의 견해들을 굳게 고수하면서 프롤레타리아트가 거두는 진보적 역사 발전을 외면한다. 그러므로 그들은 처음부터 끝까지 계급투쟁을 무마시키고 계급대립을 화해시키려 애쓴다. 그들은 여전히 자신들의 사회적 유토피아를 실험에 의해 실현하는 것을 꿈꾼다. 고립된 '팔랑스테르'나 집단촌락 혹은 예루살렘의 축소판이라 할 수 있는 '작은 이카리아'를 건설하고자 꿈꾸는 것이다. 나아가 이 모든 공중 누각을 실현하기 위해 부르주아지들의 자비와 지갑에 호소하지 않을 수 없다. 점차로 그들은 앞서 서술한 반동적이고 보수적인 사회주의자들의 부류로 떨어지게 된다. 공상적 사회주의자들이 보수적 사회주의자들과 다른 것은 그들이 보다 더 체계적인 현학을 갖고 있다는 점, 그리고 자신들의 사회과학이 만들어내는 기적적인 힘에 대한 열광적이고 미신적인 신념을 갖고 있다는 점뿐이다.

그러므로 그들은 노동계급의 편에 선 모든 정치적 행동을 반대한다. 그들이 보기에 그러한 행동은 새로운 복음에 대한 맹목적 불신에서 나오는 것일 뿐이다.

영국의 오언주의자들은 영국의 차티스트를 반대하며, 프랑스의 푸리에주의자들은 프랑스의 개혁파를 반대한다.

4. 기존의 여러 반정부당에 대한 공산주의자의 태도

 기존의 노동자 정당들, 예컨대 영국의 차티스트나 미국의 농업개혁파들에 대한 공산주의자의 입장은 이미 2절에서 명확히 밝혀졌다.
 공산주의자들은 노동자계급의 당면한 목적과 이익을 위하여 투쟁하지만, 이와 동시에 현재의 운동에서 그 운동의 미래를 대변한다. 프랑스에서는 공산주의자들이 보수 및 급진 부르주아지에 맞선 투쟁에서 사회민주당과 동맹을 맺었지만, 그렇다고 해서 프랑스대혁명의 전통이 물려준 그네들의 공론과 환상을 비판할 권리까지 포기하지는 않는다.
 스위스에서 공산주의자들은 급진파를 지지한다. 그러나 이 당의 일부는 프랑스적인 의미에서 민주주의적 사회주의자로, 일부는 급진적 부르주아로 구성되어 있음을, 다시 말해 상호 적대적인 요소들로 구성된 사실을 놓치지 않는다.
 폴란드에서 공산주의자들은 토지개혁을 민족해방의 선결조건으로 내세우고 있는 정당, 1846년 크라쿠프 봉기를 일으킨 바로 그 당을 지지한다.
 독일에서 공산주의자들은 부르주아지가 절대군주, 봉건지주

공산주의자들은 민주주의 세력과 연대한다. 일본 제국주의와 싸우기 위한 중국의 국공합작은 그 가장 극적인 사례였다. 회담 후 함께 사진을 찍은 장제스와 마오쩌둥. (앞줄 가운데와 오른쪽)

와 소부르주아에 대항하여 혁명적으로 행동하는 한 부르주아지와 함께 싸운다.

그러나 공산주의자들은 부르주아지와 프롤레타리아트의 적대적 관계에 대한 명확한 인식을 노동계급에게 주입하는 일을 단 한순간도 멈추지 않는다. 그것은 독일의 노동자들이 부르주아지의 집권과 함께 필연적으로 도입하게 될 사회·정치적 여러 조건들을 이제는 부르주아지를 공격하는 무기로 사용하도록 하기 위함이며, 독일의 반동계급들이 타도되고 나면 부르주아지에 대항하는 투쟁을 즉각 개시하기 위한 것이다.

공산주의자들은 독일에 주된 관심을 기울이고 있다. 왜냐하면 독일은 부르주아혁명의 전야에 있기 때문이다. 독일의 부르주아혁명은 17세기의 영국이나 18세기의 프랑스에 비하여 유럽문명의 보다 선진적인 문명하에서 수행되고 있으며, 훨씬 성숙한 프롤레타리아트에 의해 전개되고 있기 때문이다. 독일의 부르주아혁명은 프롤레타리아혁명의 직접적인 서곡이다.

한마디로 공산주의자들은 어디에나 현존하는 사회·정치제도에 반대하는 모든 혁명운동을 지지한다.

이 모든 운동에서 공산주의자들은 소유문제가 어느 정도 발전했는가와 무관하게 소유문제를 운동의 근본적인 문제로써 전면에 내세운다.

마지막으로 공산주의자들은 모든 나라의 민주주의 정당들 간의 단결과 상호 협력을 위해 어디서나 노력한다.

만국의 노동자여, 단결하라!

공산주의자들은 자신의 견해와 의도를 감추는 것을 경멸한다. 공산주의자들은 자신들의 목적이 기존의 모든 사회질서를 폭력적으로 타도함으로써만 달성될 수 있다는 것을 공공연하게 선언한다. 지배계급들로 하여금 공산주의혁명 앞에 벌벌 떨게 하라. 프롤레타리아가 잃을 것이라곤 쇠사슬뿐이요, 얻을 것은 세계이다.

만국의 노동자여, 단결하라!

1848년 1월

4. 기존의 여러 반정부당에 대한 공산주의자의 태도

1872년 독일어판 서문

국제적 노동자단체였던 공산주의자동맹은 1847년 당시 아직은 비밀조직일 수밖에 없었던바, 그해 11월 런던에서 개최된 총회에서 당의 이론적·실천적 강령을 상세하게 작성, 출판하기 위해 아래의 서명자들에게 그 원고를 작성하여줄 것을 위임하였다. 이렇게 하여 '공산당선언'이 탄생하게 되었다. 원고는 2월혁명이 일어나기 몇 주일 전, 런던으로 보내져 인쇄되었다. 처음 독일어로 출판된 『공산당선언』은 독일, 영국, 미국에서 적어도 12종의 서로 다른 판본으로 거듭 출간되었다. 영어로는 1850년 런던에서 헬렌 맥팔레인(Helen Macfarlane)이 번역하여 『붉은 공화주의자』에 처음 발표되었으며, 1871년에는 미국에서 적어도 3종의 서로 다른 번역본들이 출판되었다. 프랑스어로는 1848년 6월 봉기 직전에 파리에서 처음 출판되었고, 최근 뉴욕의 『사회주의자』에 다시 게재되었으며, 현재 또 다른 번역본이 준비되고 있다. 폴란드어로는 최초의 독일어판이 나온 지 얼마 안 되어 런던에서 출판되었다. 러시아어로는 1860년대에 제네바에서 출판되었으며, 덴마크어로 된 번역본 역시 최초의 독일어판이 나온 뒤 곧이어 출간되었다.

지난 25년 동안 상황이 아무리 크게 변했다 하더라도 이『공산당선언』에 개진되어 있는 일반적인 기본 원칙들은 대체로 오늘날에도 여전히 옳다. 여기저기 몇몇 세세한 부분은 개작될 수 있으리라. 하지만『공산당선언』에서도 밝히고 있듯이, 이러한 기본 원칙을 실천에 적용하는 것은 언제 어디서나 당대의 역사적 조건들에 의존할 것이다. 그러므로『공산당선언』의 제2절 끝에서 제시된 혁명적 방책들은 결코 그 자체가 중요한 의의를 가지고 있는 것은 아니다. 오늘날 이 부분은 여러 가지 점에서 다르게 서술되어야 할 것이다. 지난 25년에 걸친 대공업의 거대한 발전과 이에 따른 노동자계급의 당 조직의 성장에 비추어볼 때, 그리고 우선 2월혁명의 실천적 경험과 더 나아가 최초로 프롤레타리아트가 2개월간 권력을 장악하였던 파리 코뮌의 실천적 경험에 비추어볼 때, 이 강령의 몇몇 군데는 오늘날 낡은 것이 되어버렸다. 특히 코뮌은 "노동자계급이 기존의 국가기구를 단순히 장악하여 그것을 자기 자신의 목적을 위해 운영할 수는 없다"(『프랑스의 내란에 대한 국제노동자협회 총평의회의 격문』, 독일어판을 보라. 거기서는 이 점이 더 상세하게 설명되어 있다)는 것을 실증해주었다. 또 사회주의 문헌에 대한 비판(제3절)은 1847년까지의 것만을 다루고 있으므로 오늘날에 와서 볼 때 충분하지 못한 것임은 너무도 명백하다. 이와 마찬가지로 각종 반정부당에 대한 공산주의자들의 입장을 언급한 부분(제4절)도 기본적으로는 오늘날에도 옳지만, 오늘날 실천에 옮기기에는 이미 낡아버렸음이 분명하다. 왜냐하면 정치정세가 완전히 달라졌고 또 거기에 열거된 당들이 역사 발전에 따라 대부분 지상에서 사라져버렸기 때문이다.

그러나 『공산당선언』은 역사적 문헌이 되었으며, 우리는 더는 그것을 바꿀 권리가 없다고 생각한다. 다음 판에는 아마 1847년부터 오늘에 이르기까지의 시간적 간격을 메워주는 서론을 덧붙일 수 있을 것이다. 이 판은 갑자기 출판하게 되어, 우리로서는 그렇게 할 시간이 없었다.

1872년 6월 24일, 런던에서
카를 마르크스 · 프리드리히 엥겔스

1883년 독일어판 서문

　이 판의 서문에는 유감스럽게도 나 혼자 서명할 수밖에 없다. 유럽과 미국의 노동자계급 전체는 마르크스로부터 어느 누구에게서보다도 더 큰 은혜를 입었지만, 그 마르크스는 이제 하이게이트 묘지에 누워 있으며 그의 무덤 위에는 벌써 풀이 자라나고 있다. 그가 떠난 이상 『공산당선언』을 뜯어고치거나 보충한다는 것은 결코 있을 수 없는 일이다. 따라서 나는 다음과 같은 사실을 더욱 분명히 밝혀둘 필요가 있다고 생각한다.
　『공산당선언』을 뚫고 흐르는 기본 사상, 즉 특정 역사적 시기의 경제적 생산과 거기서 뒤따라 나올 수밖에 없는 사회조직은 그 시대의 정치사와 지성사의 토대를 이루며, 이에 상응하여 (원시공동체적 토지소유가 붕괴한 이래) 역사 전체는 계급투쟁, 즉 서로 다른 사회 발전 단계에서의 피착취계급과 착취계급 사이의 투쟁, 피지배계급과 지배계급 사이의 투쟁의 역사였다는 사상, 그러나 지금 이 투쟁은 착취당하고 억압받는 계급(프롤레타리아트)이 동시에 사회 전체를 착취와 억압과 계급투쟁으로부터 영원히 해방하지 않고서는 자신을 착취하고 억압하는 계급(부르주아지)에게서 해방될 수 없는 단계에 이르렀다는 사상, 이 기본

사상은 전적으로 또 오로지 마르크스의 것이다.

   나는 이것을 이미 여러 차례 말한 바 있다. 그러나 이제야말로 이것이 『공산당선언』 자체의 앞머리에 놓일 필요가 있다.

1883년 6월 28일, 런던에서
프리드리히 엥겔스

1890년 독일어판 서문

『공산당선언』은 그 나름의 역사를 갖고 있다. 『공산당선언』은 출현하자마자 (초판 서문에 열거된 번역본들이 증명하고 있듯이) 당시 많지는 않으나 과학적 사회주의의 선봉에 섰던 이들의 열광적인 환영을 받았다. 그러나 1848년 6월 파리 노동자봉기가 실패로 끝나면서 반동이 시작되었고, 이와 더불어 『공산당선언』은 이내 뒷전으로 밀려났으며, 1852년 11월에 있었던 쾰른 공산주의자들에 대한 유죄판결로 마침내 '법에 따라' 파문당했다. 2월혁명에서 시작된 노동운동은 공식 무대에서 사라지고, 이와 함께 『공산당선언』도 뒤로 물러나게 되었던 것이다.

유럽의 노동자계급이 지배계급의 권력에 대항하여 새로운 진격을 개시할 만큼 또다시 충분히 강해졌을 때 국제노동자협회가 탄생했다. 이 협회의 목적은 유럽과 미국의 전투적인 노동자계급 전체를 하나의 대군(大軍)으로 결집시키는 것이었다. 따라서 협회는 『공산당선언』에 실린 원칙들에서 출발할 수는 없었다. 협회는 영국의 노동조합들이나 벨기에, 이탈리아와 스페인의 프루동주의자들, 그리고 독일의 라살파까지 모두 포용하는 강령을 가져야만 했다. 마르크스는 바쿠닌이나 무정부주의자들도 인정하지 않을 수 없을 만큼 훌륭한 솜씨로 인터내셔널 규약 전문을 작성했다. 『공산당선언』에서 제시된 명제들의 궁극적인 승리를 위해서 마르크스는 전적으로 노동자계급의 지적 성숙에 기대를 걸었다. 통일된 행동과 토론을 하다 보면 노동자계급의 지적 성숙은 반드시 이루어질 수밖에 없다고 본 것이다. 자본에 대항하는 투쟁 속에서 일어난 사건들과 승패의 교차, 특히 승리보다는 패배를 지켜보면서 투쟁하는 사람들은 그때까지 써온 자신들의 만병통치약이 전혀 듣지 않는다는 것을 깨닫지 않을 수 없으며, 또 노동자 해방의 참된 조건들을 철저히 통찰하기 위해 좀더 머리를 쓰지 않을 수 없게 되었다. 그리고 마르크스는 옳았다. 1874년 인터내셔널이 해산되었을 때의 노동자계급은 1864년 인터내셔널이 창설되었을 때의 노동자계급과는 완전히 달랐다. 라틴계 나라들의 프루동주의, 독일 특유의 라살주의는 사멸해가고 있었다. 당시 가장 보수적이었던 영국의 노동조합까지도 차츰 바뀌어 1887년 스완시 대회에서는 의장이 조합의 이름으로 "우리는 이제 대륙의 사회주의를 두려워하지 않는다"고 말할 정도까지 되었다. 대륙의 사회주의라면 1887년에는 전적으로 『공산당선언』에 담겨 있는 이론이었던 것이다. 이처럼 『공산당선언』의 역사는 1848년 이후 현대 노동운동의 역사를 일정 정도 반영하고 있다. 오늘날 그것이 모든 사회주의 문헌 가운데 가장 널리 보급된 국제적 문헌이며, 시베리아에서 캘리포니아에 이르기까지 모든 나라 수백만 노동자의 공동 강령임은 의심할 여지가 없다.

그러나 『공산당선언』이 나왔을 때, 우리는 이것을 사회주의 공산당선언이라고 부를 수 없었다. 1847년에는 두 부류의 사람들이 사회주의자라고 불리고 있었다. 하나는 각종 공상적 체계의 신봉자들, 특히 영국의 오언주의자들과 푸리에주의자들인데 이 두 조류는 당시에 점점 사멸해가는 조그만 종파로 이미 축소되어 있었다. 또 다른 하나는 가지각색의 사회 돌팔이 의사들로, 이들은 자본과 이윤에는 전혀 손대지 않은 채 온갖 만병통치약과 갖가지 미봉책으로 사회의 재앙을 없애려 했다. 어느 경우에나 그들은 모두 운동 밖에 있으면서 오히려 '교양 있는' 계급의 지지를 구한 사람들이었다. 그 반면 노동자들 가운데 단순한 정치변혁만으로는 충분하지 못하다는 것을 확신하고 사회의 근본적 개혁을 요구한 사람들이 있었는데, 그들은 당시 자신들을 공산주의자라고 불렀다. 이들의 공산주의는 아직 잘 다듬어지지 못한, 단지 본능적이고 다소 조잡한 공산주의이기는 했으나, 공상적 공산주의의 두 체계, 즉 프랑스 카베의 '이카리아' 공산주의와 독일의 바이틀링의 공산주의를 만들어낼 만큼 충분히 힘 있는 것이었다. 1847년에 사회주의는 부르주아운동을 뜻했고, 공산주의는 노동계급운동을 뜻했다. 적어도 대륙에서 사회주의는 지체 높은 분들의 것이었으나 공산주의는 그 정반대였다. 그때 우리는 이미 '노동자의 해방은 노동자계급 자신의 일이어야 한다'는 의견을 단호하게 고수하고 있었으므로, 그 두 가지 명칭 가운데 무엇을 선택할지에 대해서는 주저할 것이 없었다. 이후에도 우리는 이 명칭을 버리려고 생각한 적이 결코 없었다.

"만국의 노동자여, 단결하라!" 지금으로부터 42년 전, 프롤레타리아트가 최초로 자기 자신의 요구를 들고 나섰던 파리 혁명의 전야, 우리가 이 구호를 전 세계를 향해 외쳤을 때, 이에 호응하는 목소리는 아주 작았다. 그러나 1864년 9월 28일 서유럽 대다수 나라들의 노동자들이 한데 모여 영광스러운 국제노동자협회를 결성했다. 물론 이 인터내셔널 자체는 겨우 9년밖에 존속하지 못했다. 그러나 인터내셔널이 기초를 닦아놓은 전 세계 프롤레타리아트의 영원한 동맹은 의연히 살아 있고 그 어느 때보다도 더 강고해지고 있는바, 이에 대해서는 오늘의 현실보다 더 좋은 증거가 있는가. 왜냐하면 내가 이 글을 쓰고 있는 오늘, 유럽과 미국의 프롤레타리아트는 1866년 인터내셔널 제네바 대회에서 처음으로 주창되었고, 1889년 파리 노동자대회에서 다시 주창되었던 8시간 노동제의 법제화를 위해, 이 동일한 당면 목표를 위해, 하나의 깃발 아래, 하나의 군대로서, 최초로 결집하여 자신들의 전투력을 점검하고 있기 때문이다. 그리고 오늘날의 이 광경은 전 세계의 자본가와 지주들로 하여금 지금 전 세계의 노동자들이 진정으로 단결되어 있다는 사실을 목도하도록 할 것이다.

   마르크스가 지금 내 곁에서 이 광경을 자신의 눈으로 지켜볼 수만 있다면!

1890년 5월 1일, 런던에서
프리드리히 엥겔스

제3부 논쟁 안내

첫번째 논제_자본주의 국가에 대하여

두번째 논제_소유의 사회화에 대하여

세번째 논제_폭력혁명에 대하여

네번째 논제_모든 역사는 계급투쟁의 역사인가

다섯번째 논제_1백50년 후에도 반복되는 오류들

첫·번·째·논·제
자본주의 국가에 대하여

부르주아지의 이러한 발전 단계들에 발맞추어 그에 상응하는 정치적 진전이 수반되었다. 부르주아지는 봉건영주의 지배하에서는 피억압자의 신분이었고, 중세의 도시(코뮌)에서는 무장을 갖춘 자치단체였다. 어떤 곳에서는 독립적인 도시공화국을 이루기도 하였고(이탈리아와 독일에서처럼), 어떤 곳에서는 납세의무를 진 군주국가의 제3신분이기도 하였다(프랑스에서처럼). 그러다가 매뉴팩처 시기에 오면 부르주아지는 귀족에 대항하는 세력으로서 신분제군주국가 혹은 절대군주국가에 봉사하면서 사실상 대군주 일반의 초석 역할을 하였다. 대공업과 세계시장이 형성된 이후 부르주아지는 현대 대의제국가에서 마침내 배타적인 정치적 지배권을 장악하였다. 현대의 국가권력은 부르주아계급 전체의 공동 업무를 관장하는 위원회에 불과하다.

현대 국가에 대한 마르크스와 엥겔스의 이론은 다음의 저작들에서 전개된다. 마르크스『헤겔 법철학 비판』(홍영두 옮김, 아침, 1989), 마르크스 · 엥겔스「독일 이데올로기」(『칼 맑스 프리드리히 엥겔스 저작 선집』 1, 박종철출판사, 1997. 이하『저작 선집』으로 표기), 마르크스「1848년에서 1850년까지의 프랑스에서의 계급투쟁」(『저작 선집』 2), 마르크스「루이 보나빠르뜨의 브뤼메르 18일」(『저작 선집』 2), 마르크스「프랑스에서의 내전―첫번째 초교」(『저작 선집』 4), 엥겔스「가족, 사적 소유 및 국가의 기원」(『저작 선집』 6). 하지만『공산당선언』에 나오는 위의 문구보다 더 현대 국가에 대한 마르크스와 엥겔스의 관점을 잘 보여주는 말은 없다. 얼마나 명쾌한가! "현대 국가는 부르주아지의 집행위원회다!"

1. 현대 국가는 부르주아지의 집행위원회

미국의 정치학자 M. 카노이는 그의 저서『국가와 정치이론』(한기범 외 옮김, 한울, 1985)에서 마르크스와 엥겔스의 국가론을 다음의 세 명제로 요약하고 있다.

제1명제 국가는 인간정신의 보편적 발달이나 인간의지의 집합으로부터가 아니라 생산관계로부터 출현한 것이다. 이는 헤겔의 국가론을 비판하는 과정에서 나온 사상이다. 헤겔은 인류 역사를 절대정신의 발전 과정으로 재구성하면서 독재국가 프로이센을 인륜(人倫)의 구현체인 '이성적' 국가로 이상화했다. 이는 프로이센의 반동적 군주정을 합리화해주는 사상이었다. 따라서 프로이센 군주정에 대항한 민주화투쟁에서 자신의 정치적·사상적 경력을 시작한 젊은 시절의 마르크스에게는 이 헤겔주의적 국가론에 대항해 투쟁하는 것이 무엇보다 급선무였다. 그는 국가가 시민사회의 모순을 해결하는 절대정신의 구현체라는 헤겔의 사상을 비판하면서, 국가는 오히려 시민사회의 모순으로부터 파생되었으면서도 시민사회로부터 분리되어 이에 대해 지배권을 행사하는 관료기구에 불과하다고 주장했다. 여기서 '시민사회'라는 개념은 부르주아지의 주도 아래 이루어지는 자본주의적 경제활동을 의미하는 것이다. 이후 마르크스와 엥겔스의 연구성과가 무르익으면서, 이는 '자본주의 생산관계'로 보다 분명해진다.

제2명제 생산관계로부터 출현한 국가는 공동선을 대표하는 것이 아니라 생산에 고유한 계급구조의 정치적 표현이다. 뒤에서 살펴보겠지만, 마르크스와 엥겔스에게 생산관계는 반드시 계급투쟁을 전제한다. 이에 따르면, 생산관계로부터 비롯된 상부구조인 국가는 계급투쟁의 기관, 즉 지배계급의 위로부터의 계급투쟁의 기관일 수밖에 없다. 그러나 마르크스와 엥겔스가 이러한 결론에 도달한 것은 단지 논리적 추론에 따른 것만은 아니었다.

마르크스와 엥겔스가 참여한 독일 민주화투쟁은 독일 부르주아지의 미온적 태도로 말미암아 지지부진했다. 이는 부르주아지가 민중과 연합하여 절대군주정을 무너뜨린 1789년 프랑스혁명 당시의 프랑스 상황과는 너무도 다른 것이었다. 그 이유는

1789년 상황과는 달리 이미 서유럽 자본주의가 일정하게 발전한 상황에서 독일 부르주아지가 군주정과 귀족계급에 대하여 적대적인 입장이었을 뿐만 아니라 당시 막 역사의 무대에 등장한 프롤레타리아트에 대해서도 적대적이었기 때문이다. 독일 부르주아지로서는 한편으로는 군주정과 귀족계급에 대항해 민중과 연합하여 민주주의혁명을 일으킬 필요를 느끼면서도, 다른 한편으로는 군주정 및 귀족계급과 타협하여 민중 특히 도시 프롤레타리아트를 억압하려는 유혹에 보다 강력하게 끌리고 있었다.

이는 프랑스대혁명 이후 부르주아지의 '가장 진보적인' 부분(급진민주주의자들)에서 주장하던 '민주공화국'이 전체 민중의 것이 아니라 부르주아지를 위한, 부르주아지에 의한, 부르주아지의 국가일 뿐임을 보여주는 것이었다. 부르주아지가 추구한 현대 국민국가는 '자유·평등·우애'의 실현이 아니라 새로운 지배계급인 부르주아지가 자신들의 지배를 유지하기 위한 수단으로서 그 존재 의의가 있었던 것이다. 마르크스와 엥겔스는 1848년 유럽혁명 이전에 이미 이를 꿰뚫어보고 있었고, 따라서 1848년 혁명의 와중에서도 이 혁명이 1789년의 프랑스대혁명과 같은 궤도를 그리지는 않을 것이라 예견했다. 실제로 각국에서 혁명은 부르주아지와 기존의 군주정, 귀족 지배체제 사이의 어정쩡한 타협으로 끝났다.

제3명제 결
국, 부르주아 사회에서 국가는 부르주아지의 억압적 무기다. 역사 속의 다른 모든 지배계급과 마찬가지로 부르주아지는 자신들의 계급 지배 도구인 현대 국민국가를 통해서 프롤레타리아트를 억압한다. 1848년 프랑스 2월혁명의 와중에서 애초에 민중과 연합하여 혁명을 주도했던 프랑스 부르주아지는 생존권 옹호를 외치고 나선 노동계급의 6월봉기를 잔인하게 진압한 뒤 급속하게 반동으로 돌아섰다. 이 극명한 사례에 대해 다룬 마르크스의 문헌이 바로 「1848년에서 1850년까지의 프랑스에서의 계급투쟁」이다.

2. 하지만, 단지 그것만은 아닌?

하지만 비슷한 시기 마르크스의 또 다른 문헌인 「루이 보나빠르뜨의 브뤼메르 18일」만 봐도 마르크스의 국가론이 "국가는 부르주아지의 집행위원회"라는 것보다는 훨씬 더 복잡한 무엇이었음을 알 수 있다. 이 책에서 마르크스는 프랑스에서 노동자들의 6월봉기가 진압되고 난 뒤 그 혼란 속에서 나폴레옹의 조카인 루이 보나파르트가 제2제국이라는 독재국가를 건설하는 과정을 분석했다.

마르크스에 따르면 '보나파르트 국가'는 단순히 부르주아지의 직접적인 계급 지배 수단이라고 할 수는 없었다. 이는 지방의 소농이나 룸펜 계층을 직접적인 지지기반으로 하는 국가였으며,

부르주아지에 대해서는 일정한 자율성을 확보하고 있었다. 마르크스는 이러한 국가가 현대 국가의 '정상적' 모습이라기보다는 일종의 '예외'라 보았다. 그리고 이런 예외적 양상이 가능하게 된 것은 2월혁명 이후 프랑스에서 부르주아지나 프롤레타리아트 모두 서로에 대해 압도적인 우위를 점하지 못한 팽팽한 계급 역관계가 계속되었기 때문이다. 이런 가운데 루이 보나파르트를 정점으로 하는 국가 관료기구가 이들 모든 계급에 대해 위로부터 자신의 권력을 행사했던 것이다.

이는 현대 국가가 어떤 상황에서는 단순히 '부르주아지의 집행위원회'라고만 불릴 수는 없음을 의미하는 것이다. 물론 이 경우에도 현대 국가가 계급투쟁과 그로부터 비롯된 지배의 수단이라는 데는 변함이 없지만 말이다.

이와 같은 마르크스·엥겔스의 국가론을 다시 정리해본다면 이렇게 될 것이다. 국가는 생산관계라는 토대에 의해 규정되는 상부구조다. 역사 속의 모든 국가는 생산관계로부터 비롯되는 계급투쟁 속에서 지배계급의 지배 수단이었다. 그리고 이런 계급 지배 수단으로서 국가의 주된 활동은 피지배계급에 대한 억압이다. 그렇다고 국가가 언제나 지배계급에 의해 직접 장악되어 있는 것은 아니다. 특히, 현대 국가는 현대 자본주의 사회의 지배계급인 부르주아지에 대해 어느 정도 자율적인(즉, 시민사회로부터 파생되지만 그것으로부터 분리되어 있는) 관료기구로 이루어져 있다. 이런 '상대적인 자율성'은 특정한 시점에서 아주 두드러지게 나타난다. 특히, 부르주아지가 타 계급에 대해 안정적인 우위를 확보하지 못한 상황에서는 국가 관료기구가 부르주아지의 경제적 지배를 보장하는 것을 전제로 부르주아지로부터 상당한 자율성을 누리면서 지배를 행사할 수도 있다.

물론 이때도 부르주아지의 경제적 지배에 대한 보장이 전제되어야 한다는 점에서 현대 자본주의 사회에서 국가의 자율성은 항상 제한적인 것이다. 그러나 부르주아지가 늘 정치적으로도 지배적인 것은 아니라는 것, 즉 국가가 항상 당연히 '부르주아지에 의한' 집행위원회인 것은 아니라는 것을 유념할 필요가 있다.

3. '다른' 혁명이 필요하다!

이러한 마르크스·엥겔스의 국가론을 제대로 이해하기 위해서는 그들이 살았던 당시의 역사적 상황을 놓쳐서는 안 된다. 현대 국민국가라는 것은 당시만 해도 여전히 낯선 것이었다. 우리는 늘 현대 국가의 시각에서 '고려'나 '조선'을 바라보며, 심지어는 고대의 국가들까지 그렇게 생각하는 경향이 있다. 하지만 뚜렷한 영토를 가지며, 그 영토의 거주자들이 자신들이 '국민'임을 뚜렷이 자각하고, 중앙에서 지방에 이르는 정연한 관료체계를 가진 그런 국가는 인류 역사 속에서 극히 최근의 현상일 뿐이다.

17세기 서유럽에 등장한 절대주의국가는 영토의식과 관료제, 상비군의 확충을 통해 국민국가의 토대를 놓았다. 그리고 1789

년 대혁명을 통해 등장한 프랑스 국가는 '국민'이라는 분명한 의식에 기반을 둔 현대 국민국가를 낳았다(프랑스혁명군이 처음으로 유럽 봉건연합군을 무찌른 발미전투에서 프랑스혁명군의 선동 장교는 "국민 만세!"를 외쳤다). 마르크스와 엥겔스는 바로 이 현대 국민국가가 '국민'이라는 외피에도 불구하고 결국 부르주아지의 정치적 지배의 장(場)일 뿐이라고 보았던 것이다.

사실 마르크스와 엥겔스가 살았던 시대만 해도 현대 국민국가는 영국이나 프랑스 등 일부 국가를 제외한 유럽의 대부분의 지역에서 여전히 '미래의' 과제였다. 1848년 전까지만 해도 민주공화국의 건설이야말로 혁명세력의 숭고한 목표였다. 마르크스와 엥겔스 자신만 해도 작은 제후국들로 나뉘고 프로이센과 합스부르크의 군주정이 세력을 양분한 조국 독일을 하나의 통일된 민주공화국으로 만들려는 정치운동에서 시작했다. 이 과제는 독일에서만도 마르크스와 엥겔스가 인생의 황혼기에 접어든 1871년에야(마르크스와 엥겔스가 꿈꾸었던 것과는 전혀 다른 반동적인 방식으로) 실현된다.

하지만 유럽 대륙의 대부분의 혁명가가 프랑스대혁명을 자신들의 나라에서 반복한다는 '환상' 속에서 이 과제에 집중하고 있을 당시에 마르크스와 엥겔스는 오히려 이러한 '환상'이 부르주아지의 계급 지배에 봉사하는 것임을 주장했던 것이다(당시 독일의 소부르주아 민주주의자들이 이러한 적전 분열, 즉 대동단결의 파괴에 대해 얼마나 분개했을지 상상해보라!). 이는 1848년 혁명이 닥치기 직전만 해도 역사를 너무 앞서간 것으로 보일 수 있었다. 그러나 평상시에는 수십 년이 걸렸을 일들을 단 몇 달 동안 압축하여 펼쳐 보이는 혁명의 시간대 속에서, 프랑스 6월봉기의 처절한 진압과 독일 부르주아지의 배신 등을 통해 마르크스와 엥겔스의 예견은 너무도 정확히 입증되었다.

프랑스 부르주아지가 독일이라는 적국과 손잡고 내부의 프롤레타리아트 항전세력을 진압한 또 한 번의 학살, 즉 1871년의 파리 코뮌은 마르크스·엥겔스의 국가론의 타당성을 최종적으로 입증해주는 것으로 보였다. '국민'이라는 수사는 각국 지배계급이 서로 손잡고 '국민 내부의' 피지배계급을 학살하는 광경 속에서 그 허상을 드러냈다. 이에 대한 마르크스의 설명은 파리 코뮌에 대한 그의 글 「프랑스에서의 내전」에 잘 나와 있다.

여기서 더 나아가 마르크스는 기존의 국가와는 확연히 다른 노동계급의 국가상을 제시하고 있다. 그는 노동계급 세력이, 파리 코뮌의 예에서처럼, 혁명 과정에서 기존의 국가 관료제와 상비군을 완전히 파괴하고 그것을 대체하는 자신들만의 기관을 건설해야 한다고 역설했다. 그것은 부르주아지의 집행위원회를 대신하는 프롤레타리아트의 집행위원회인 것뿐만이 아니다. '집행위원회'라는 형식 자체도 변화해야 한다. 파리 코뮌이 보여준 것처럼, 유권자들이 선출과 소환을 자유로이 하며 입법과 집행을 동시에 실행하는 대표들로 이루어진 평의회체계가 필요하다. 그것은 기존의 모든 국가와는 달리 계급 지배를 위한 국가가 아니라 그러한 계급 지배를 폐절해 나가는 국가가 취해야 할 필연적인 모습이다.

4. 이후의 마르크스주의 국가론 : 베른슈타인, 레닌, 그람시

그러나 이러한 마르크스·엥겔스의 국가론은 사회주의운동이 전개되는 가운데 그 계승자들의 사고 속에서 기구한 운명을 겪었다. 독일 사회민주당이 1890년대 들어 독일 의회 내의 다수파로 등장하면서 선거를 통한 평화혁명의 전망까지 등장하자, '국가=계급지배 수단'이라는 도식도 완화되어 해석되기 시작했다. 특히 '수정주의'를 주창한 E. 베른슈타인은 국가를 사회주의적 정책을 도입하는 중립적이고 효과적인 수단으로 보는 영국 페이비언 사회주의의 관점을 받아들여 마르크스의 국가관을 사실상 부정했다(『사회주의의 전제와 사민당의 과제』, 강신준 옮김, 한길사, 1999. 이외에도 P. 게이의 『민주사회주의의 딜레마 : 베른슈타인의 마르크스에 대한 도전』, 김용권 옮김, 한울, 1994 등의 책을 참고할 수 있다).

한편 만년의 엥겔스도 사후에 발표된 「칼 맑스의 '1848년에서 1850년까지의 프랑스에서의 계급투쟁' 서문」(『저작 선집』 6)에서, 독일에서는 사회민주당 주도로 이제까지와는 전혀 다른 형태의 혁명이 이루어질 수도 있을 것이라고 암시한 바 있다. 독일 사회민주당 지도부는 이 글의 특정 부분을 일부러 비공개로 하면서까지 이를 평화혁명, 선거혁명에 대한 강력한 옹호로 활용하려 했다. 예를 들어, 다음의 문장은 그렇게 읽힐 소지가 다분하다.

보통선거권의 이러한 성공적인 활용과 함께, 프롤레타리아트의 전혀 새로운 투쟁방법이 효과를 발휘하였으며 또 이는 더욱 신속히 발전하였다. 부르주아지의 지배가 조직되는 국가장치들은 노동자계급이 바로 이러한 국가 장치들과 투쟁할 수 있는 훨씬 더 많은 칼자루를 제공한다는 것이 밝혀졌다. 사람들은 개별 나라의 의회, 지방평의회, 산업재판소 등의 선거에 참가하였으며, 차지한다면 프롤레타리아트의 충분한 부분이 발언권을 갖게 되는 모든 직위를 놓고 부르주아지와 싸웠다. 그래서 부르주아지와 정부는 노동자 당의 비합법적인 행동보다는 합법적인 행동을, 반란의 성과보다는 선거의 성과들을 훨씬 더 두려워하게 되는 일이 벌어졌다. 왜냐하면 거기에서도 투쟁의 조건들이 본질적으로 변화했기 때문이었다. 1848년까지는 모든 것에서 최후를 결정하였던 구식의 반란이나 바리케이드 시가전은 현저하게 낡은 것이 되었다.(『저작 선집』 6, 438쪽)

하지만 정작 엥겔스의 주된 논점은 다른 데 있었다. 그는 제국주의 단계에 들어서 유럽에 국민국가가 보다 공고화되면서 1848년형의 가두투쟁식 혁명 형태가 단순 반복될 수는 없게 되었다는 것을 강조하면서, 마르크스와 자신의 국가관을 부정하기보다는 민중 내 다수를 혁명세력으로 끌어들여야 할 필요성을 힘주어 지적했을 뿐이다.

기습의 시대, 자각하지 못한 대중들의 선봉에서 자각한 소수가 수행하는 혁명의 시대는 지나갔다. 사회조직의 완전한 개조가 문제인 곳에서는 대중 스스로가 함께 거기에 있어야 하며, 문제가 되는 것이 무엇이며 무엇을 위해 그들이 신명을 바쳐 발을 들여놓는지를 그들 스스로 이미 파악하고 있지 않으면 안 된다. 이것이 최근 오십 년의 역사가 우리에게 가르쳐준 바이다. 그러나 대중에게 그들이 무엇을 해야 하는가를 이해하게 하는 데에는 장기간의 지속적인 작업이 필요하다. 우리가 지금 행하고 있는 것이 바로 이러한 작업이며, 게다가 이 작업은 적들을 절망에 빠뜨리는 성과를 거두고 있다.(『저작선집』 6, 442쪽)

베른슈타인류의 입장에 대해 정면으로 도전하면서 마르크스·엥겔스의 국가관을 되살린 것이 바로 블라디미르 일리치 레닌의 『국가와 혁명』(김영철 옮김, 논장, 1988)이다. 이 책에서 레닌은 「프랑스에서의 내전」에서의 마르크스 사상을 되살리면서 국가 관료기구가 부르주아지의 계급 지배와 긴밀히 결박되어 있음을 다시 한 번 강조한다. 따라서 프롤레타리아혁명 과정에서 기존 국가기구는 철저히 파괴되어야 한다. 레닌은 프롤레타리아 국가의 독특성에 대한 마르크스의 주장 역시 되살린다. 그는 1905년 1차 러시아혁명 과정에서 등장한 소비에트라는 기관에서 마르크스가 주장한 것과 같은 새로운 국가 형태, 즉 민주주의 형태를 발견한다.

실제로 레닌의 사상은 1917년 러시아 10월혁명을 통해 현실화된다. 그러나 부르주아지의 권력기구는 철저히 파괴되었으되, 그의 유토피아적 비전(요리사가 국가 회계를 담당한다)까지 실현되지는 못했다. 관료기구가 되살아나고, 소비에트는 부르주아 의회제도만큼이나 행정기관에 종속되어 형해화되었다.

이후, 마르크스·엥겔스·레닌의 국가관은 현대 사회주의운동사 속에서 끊임없이 의심받고, 시험에 처해지고, 되살아나고, 정정되어왔다. 예를 들어, 10월혁명을 서유럽의 풍토 속에서 단순히 반복하려던 모든 시도들이 실패에 처하면서 선진 자본주의 나라의 운동가들 사이에서는 레닌까지의 고전적 국가론만으로는 부족하다는 자각이 대두되었다. 특히, 제2차 세계대전 이후 서구 세계에 등장한 복지국가의 존재는 커다란 도전이었다. 베른슈타인의 입장이 최종적으로 승리한 것처럼 보이기도 했다. 그러나 그런 국면은 오래가지·못했다. 1960년대에 선진 자본주의 세계에서 사회투쟁이 재발하고, 1970년대 자본주의의 또 한 번의 세계적 불황과 함께 복지정책을 철회하려는 우파의 시도가 자본주의 국가를 통해 이루어짐으로써(대처·레이건·콜 정부) 마르크스·엥겔스·레닌의 사상의 기본적 정당성은 재평가를 받았다.

그럼에도 불구하고 서구에 그토록 오랜 기간 복지국가가 존재할 수 있었던 것, 그리고 수많은 역사적 부침에도 불구하고 선진 자본주의 세계에서는 기존 국가를 전복하려는 노동계급의 혁명이 한 번도 성공하지 못했다는 사실에 대해서는 해명이 필요했다. 이에 대해 가장 적극적인 대답을 내놓은 이가 바로 이탈리아공산당의 초기 지도자인 안토니오 그람시였다. 그는 이탈리아에서 10월혁명을 본받으려던 시도가 일단 실패하고 무솔리니의 파시즘체제가 들어선 뒤 감옥에 갇힌 상태에서 이탈리아의 독특한 국가구조를 분석하기 시작했다(『그람시의 옥중수고 Ⅰ : 정치편』, 이상훈 옮김, 거름, 1999).

이를 통해 그는 '부르주아지의 집행위원회'(현대 국가)가 고전적 사상들이 던져주는 이미지보다 훨씬 더 복잡한 메커니즘을 지니고 있음을 분명히 했다. 핵심은 현대 국민국가가 민중들에게 실질적인 경제적 이해를 제공하거나 이데올로기적인 영향을 끼침으로써 단순한 '억압' 이상의 적극적인 역할들, 즉 피지배계급의 '동의'를 이끌어내는 역할을 수행한다는 것이었다. 이런 적극적인 역할들은 생산관계라는 결정적 지점에서 지배가 유지되는 데 중요한 기반이 되어준다. 그런 활동을 그람시는 '헤게모니'라 부른다. 모든 나라의 부르주아지가 다 이렇게 성공적으로 헤게모니를 수행하는 국민국가를 갖는 것은 아니다. 이는 직접적인 국가 관료기구 이외에도 사회의 모든 영역 속에서 헤게모니를 만들어내는 데 저마다 역할을 하는 지배계급측의 '유기적 지식인'들의 적극적인 활동을 통해서만 가능한 것이다.

이는 달리 말하면 노동계급이 혁명을 성공시키기 위해서는 '최후의 결전' 이전부터 그들 자신의 '유기적 지식인'의 활동을 통해서 지배계급의 헤게모니가 성공적으로 (재)형성되는 것에 균열을 내고 자신들의 지적·도덕적 역량을 물질적 힘으로 다져가야 한다는 의미이다. 이런 활동의 중심에 바로 '현대의 군주', 노동계급의 혁명적 대중정당이 있다.

그람시의 주장은 현실이 '국가=계급지배 수단'이라는 고전적 명제로 다 설명될 수 없음을 보여주는 것이다. 하지만 이런 그람시의 국가관은 베른슈타인류의 '국가=중립적 기관'이라는 관점과는 분명히 다르다. 그의 사상은 현대 국가의 주된 기능이 계급지배의 유지라는 것을 부정하는 데 목적이 있는 것이 아니고, 그러한 기능이 국가 관료제 안팎의 광범하고 복합적인 사회활동들, 그리고 때로는 민중들에게 상당한 양보까지도 제공하는 그런 활동들을 통해 이루어지는 것이라는 점을 밝히는 데 목적이 있는 것이다.

말하자면 현대 국민국가, 즉 '부르주아지의 집행위원회'는 꼭 부르주아지로만 구성된 것도 아니고, 항상 성공적으로 회의가 성립되는 것도 아니며, 부르주아지에게만 이익이 되는 의제만을 다루는 것도 아니고, 자신을 보완해주는 외부의 다양한 기관들을 필요로 하지만, 어쨌든 역시 '부르주아지의 집행위원회'라고나 해야 할 무엇이라는 것이다.

노동자·민중운동이 주목해야 할 것은 바로 이러한 현대 국민국가 내의 동요와 분열, 모순이다. 진보세력은 현존 국가의 틀 안에 갇혀서도 안 되고 그렇다고 국가의 바깥에서 이를 포위해 들어간다고 생각해서도 안 된다. 현존 국가의 안팎에 걸쳐 광범한 전선을 형성하면서, 현재의 제한된 민주주의 지형을 아래로부터의 민주주의의 폭발로 이끌 가능성들을 발견하고 형성해 가야 한다.

두·번·째·논·제
소유의 사회화에 대하여

모든 소유관계들은 끊임없는 역사적 변동, 끊임없는 역사적 변화를 겪어왔다. 예컨대 프랑스혁명은 봉건적 소유를 폐지하고 그것을 부르주아적 소유로 바꾸어 놓았다. 공산주의의 특징은 소유 일반의 폐지가 아니라 부르주아적 소유의 폐지에 있다. 그런데 현대의 부르주아적 사적 소유는 계급적 적대, 즉 소수에 의한 다수의 착취에 기초하고 있는 생산물의 생산 및 점유 형태 중에서 최종적이고도 가장 완전한 표현이다. 이러한 의미에서 공산주의자들은 자신의 이론을 '사적 소유의 철폐'라는 한마디의 말로 요약할 수 있다.

1. '연합 사회'와 소유의 문제

대안사회 건설의 핵심적인 문제 중의 하나가 소유문제임에도 불구하고 이에 대한 마르크스와 엥겔스의 직접적인 언급은 생각보다 적다. 『공산당선언』(이하 『선언』) 이외에 우리가 발견할 수 있는 가장 분명한 언급은 『자본』 1권의 다음과 같은 문장이다.

> 자본주의적 생산양식으로부터 생겨난 자본주의적 취득양식, 즉 **자본주의적 사적 소유는 자기 노동에 기초한 개인적인 사적 소유**에 대한 제1의 부정이다. 그러나 자본주의적 생산은 하나의 자연적인 과정의 필연성에 따라 그 자신의 부정을 낳는다. 즉 부정의 부정인 것이다. 이 부정은 사적 소유를 다시 생산하지는 않지만 자본주의 시대의 성과인 협업과 토지 공유 및 노동 자체에 의해 생산된 **생산수단의 공유를 기초로 하는 개인적 소유를** 만들어낸다.(『자본』 1권, 제7편 「자본의 축적 과정」, 제24장 '이른바 본원적 축적' 중 제7절 '자본주의적 축적의 역사적 경향', 이론과 실천, 1989, 920쪽. 강조는 인용자)

여기서 마르크스는 '사적 소유'와 '개인적 소유'를 구분하면서, '사적 소유'는 부정되어야 하나 '개인적 소유'는 오히려 소유의 사회화를 통해 비로소 실현되는 것이라고 말한다. 『선언』에 나타나는 소유문제에 대한 언급도 비슷한 맥락이다.

> 따라서 자본이 사회의 모든 성원들에 속하는 공동의 소유로 변한다고 해도 개인적 소유가 사회적 소유로 변하는 것은 아니다. 단지 소유의 사회적 성격만이 변할 뿐이다. 소유는 그 계급적 성격을 상실한다. (『저작 선집』 1, 414쪽)

공산주의는 사회적 생산물들을 전유할 힘을 그 누구로부터도 빼앗지 않는다. 공산주의는 다만 이러한 전유에 의하여 타인의 노동을 자신에게 예속시키는 힘을 빼앗을 따름이다. (『저작 선집』 1, 415~416쪽)

이러한 '개인적 소유'에 대한 엥겔스의 고전적인 해설은 이렇다. 개인적 소유란 소비수단의 소유이고, 사회적 소유란 생산수단의 소유다. 즉, 소비수단에 한해서는 개인적 소유가 인정되지만, 생산수단에 한해서는 사회적 소유가 확립되어야 한다.

생산물이 처음에는 생산자를 예속시키고 다음에는 전유자까지 예속시키는 자본주의적 전유방식은 현대적 생산수단 자체의 본성에 기초한 다음과 같은 생산물의 전유방식으로 대체된다. 한편으로는 생산을 유지하고 확장하기 위한 수단으로서의 직접적으로 **사회적인 전유**. 다른 한편으로는 생활수단 및 향유수단으로서의 직접적으로 **개인적인 전유**.(『저작 선집』 5, 308쪽. 강조는 인용자)

그러나 이는 생산수단에 대해 '공동의 소유에 기초한 개인적 소유의 재건'을 이야기한 마르크스의 위와 같은 언급을 제대로 발전시킨 것이라고 보기는 어렵다. 일찍이 이 문제에 주목한 것은 일본의 마르크스주의 경제학자 히라타 기요아키(혹은 히라다 류메이, 平田淸明)였다. 그는 자본주의의 발전 과정은 '개체적 사적 소유의 부정'이고, 탈자본주의화 과정(곧 대안사회의 건설과정)은 '개체적 소유의 재건'이라고 말한다. 그는 위의 『자본』 1권

구절을 이렇게 풀이한다.

> 자본가적 사적 소유는 자기 노동을 기초로 하는 개체적 사적 소유의 제1의 부정이다. 여기에서 부정되는 것은 개체적 소유이지 사적 소유는 아니다. 그러나 자본가적 생산은 사회적 생산을 발전시킴으로써 그 자신의 부정을 낳는다. 이것은 부정의 부정이다. 그것은 사적 소유 그 자체의 부정이며 동시에 한 번 부정되었던 '개체적 소유의 재건'이다. 단지 여기에서 재건되어야 할 개체적 소유란 **예전의 사적 개체적인 소유**가 아니라 자본가 시대에 달성되었던 것, 협업, 토지 및 생산수단의 공동점유를 기초로 하는 개체적 소유, 즉 **사회적으로 개체적인 소유**이다. 이 사회적으로 개체적인 소유의 기초 위에 자유로운 개체성의 연합으로서의 사회 형성이 개화된다. 이것이 '자본가적 축적의 역사적 경향'이다. (平田淸明, 『경제원론 : 시민사회의 경제학 비판』, 강석규 옮김, 풀빛, 1987, 154쪽. 강조는 인용자)

이러한 해석은 자연히 국유화 일변도의 기존 사회주의관에 대한 비판으로 이어진다. 국유화를 통해서든 다른 어떤 수단을 통해서든 사회주의에서 중요한 것은 그러한 소유제도 자체가 아니라 그것을 통해 '사회적으로 개체적인 소유'를 만들어내는 것, 즉 새로운 '연합사회'의 구성원이 될 '사회적 개인'들의 기반을 만드는 것이다.

그리고 더 나아가서는 서구적 '개인' 관념의 공과(功過)에 대해 마르크스주의가 어떻게 평가해야 하는가 하는 논의로까지

이어진다. 자본주의를 넘어선 사회에서 '개인'은 부정되어야 할 것이 아니라 새로운 형태로 재건되어야 할 것이다. "한 사람 한 사람의 자유로운 발전이 만인의 자유로운 발전의 조건이 되는 연합사회"라는 『선언』의 규정보다 더 강력히 이를 강조할 수는 없을 것이다. 히라타는 "사회적 성격을 지닌 개인적 소유의 재건"에 대한 연구작업을 통해 이미 1960년대에 사회주의 사회에서 '시민사회'적 영역이 차지해야 할 중요성을 강조하는 데 이르렀다.

혹 어떤 이들은 소유의 대안에 대한 이러한 관점을 특정한 소유형태와 직접 연결시킨다. 페레스트로이카 이후 특히 이러한 경향이 두드러지는데, 국내에서는 황태연과 송태경이 대표적인 논자다.

지금은 민주당의 이데올로그가 된 황태연은, 한때 자신이 마르크스주의자라고 주장하던 시절, '개인적인 소유'를 『자본』 3권의 주식회사 분석과 연결시키는 논의를 제시했다. 이를 통해 그는 노동자가 주식을 소유하는 노동자 소유 주식회사가 "사회적으로 개체적인 소유"의 가장 이상적인 모델이라고 주장하기에 이른다. 송태경도 비슷한 논지에 입각해 있으나 다만 노동자 소유 주식회사보다 스웨덴에서 한때 추진되었던 임노동자기금이나 협동조합기업이 보다 이상적인 모델이라고 주장하는 차이점이 있다(『자유인들의 연합체를 위한 선언』, 자유인, 1993). 두 사람 모두 기존의 국유화 방식에 대해서는 극히 비판적인데, 이는 다시 레닌주의 전통에 대한 정치적 비판으로 이어지곤 한다.

그러나 "사회적으로 개체적인 소유"를 특정한 소유형태와 직접 연관지어 이해하는 이러한 태도는 문제가 있다. 사실 마르크스의 언급은 구체적인 어떤 소유형태와 직접 연결된 것이 아니다. 어떠한 소유형태가 실험되든 가장 중요한 것은 사회와 개인이 새로운 화해에 이르는 연합사회의 실현 여부라는 점을 강조한 것으로 이해되어야 한다. 그리고 이는 경제제도의 문제를 넘어서 '사회'와 '개인'을 어떻게 이해하고 이에 어떻게 접근해야 하는가 하는 보다 근본적인 질문과 연관된 것이다.

마르크스와 엥겔스가 부르주아적 '개인' 관념, 즉 자유주의의 '개인' 관념을 신랄히 비판하는 것은 분명하다. 그러면서 자본주의의 발전을 통해 실제 관찰되는 현실은 이러한 '개인' 관념과 모순됨을 지적한다. 생산의 협동적 성격이 증대하는 것에서 알 수 있듯이 오늘날 인간의 '사회적' 성격은 유례없이 고양되어 있다. 자본주의 사회의 노동자들에게 이는 더 말할 필요도 없는 상식이다.

하지만 그러면서도 마르크스와 엥겔스는 근대 사회에서 발전된 '개인' 관념을 또한 계승하려 한다. 다시 한 번 강조하지만, 이는 "한 사람 한 사람의 자유로운 발전이 만인의 자유로운 발전의 조건이 되는(즉, 이 둘이 서로 모순되지 않는) 연합사회"라는 『선언』 2장의 마지막 문장에서 역사상 가장 아름다운 표현을 부여받았다. 동독의 사회주의 작가 슈테판 헤름린은 동독이 붕괴하고 나서야 "한 사람 한 사람의 자유로운 발전"이 "만인의 자유로운 발전"의 조건이 되어야 한다는, 그 역은 아니라는, 이 문장의 의미를 비로소 제대로 이해할 수 있었다고 고백한다. 이 점에서 마르크스·엥겔스의 이상은 스탈린주의나 동아시아의

'가부장적' 사회주의와는 분명히 구별되는 것이다. 이는 '평등'의 이름으로 '자유'를 억압하는 것이 아니며, 오히려 프랑스대혁명의 3대 이상인 '자유 · 평등 · 우애'의 동시 실현을 추구하는 것이다.

즉, 마르크스와 엥겔스는 자유주의적 '개인' 관념을 부정하면서도 그 합리적 핵심을 계승한다는 도전적인 과제를 제기하는 것이다. 당연히 여기서는 '소유'뿐만 아니라 '주체형성'의 문제, '의사소통'의 문제 등도 중요하다. 노동자 · 민중이 사회운동 속에서 실천적으로 해결해 나가야 할 핵심과제가 바로 이것, 새로운 '사회적 개인'들의 등장이다.

2. 소유문제의 대안은 무엇인가

그러면 21세기 사회주의운동의 소유문제 대안은 무엇이 되어야 하는가? 가장 기본적인 원칙은, 자본주의적 사적 소유가 지양되어야 한다는 것은 당연하지만, 그것이 국유기업 형태가 되어야 할지 아니면 임노동자기금이나 협동조합기업, 노동자 소유 주식회사 등등의 형태가 되어야 할지는 구체적인 상황에 따라 다르게 접근해야 한다는 것이다.

국유화 방식이 된다 할지라도, 국가의 민주화 그리고 기업 내의 민주적 통제가 충분히 실현된다면, 이는 "사회적으로 개체적인 소유"로 작동할 수 있다. 특히 독점성이 높은 기업의 경우에는 전 국민의 "개인적 소유"가 보장되려면 오히려 국유화 방식이 가장 온당할 수 있다. 예를 들어, 현대자동차나 한국통신이 노동자 소유의 기업이 되었다고 상상해보라. 이때 이것은 현대자동차나 한국통신 노동자 집단에 의한 나머지 국민의 소외로 나타날 수도 있지 않겠는가?

그리고 이러한 국유기업과 연기금 소유 기업, 노동자 소유 주식회사, 협동조합기업, 중소 규모 사기업 등이 공존하는 게 대안사회로 나아가는 이행기 경제의 바람직한 모습일 수 있다. 실제로 민주노동당의 경제 부분 강령도 이런 구상에 입각해 있다. 이는 자칫 절충주의적인 것이 될 수도 있지만, 우리 경제를 변혁하는 데 가장 중요한 고리가 되는 지점들(소위 관제고지, 管制高地, commanding heights)에 대해 어떻게 접근할지에 대한 진지한 연구와 책임 있는 전략적 판단이 동반되기만 한다면 그런 혐의에서 자유로울 수 있다.

그러면 여기서 현재 논의되고 있는 다양한 '소유의 사회화' 형태에 대해 따져보자.

우선, 국공유기업이 있다. 사회주의는 여전히 광범한 공공 부문을 요구한다. 단, 과거 사회민주주의나 현실사회주의의 공공 부문과는 달리 이는 국가 관료집단이나 기업 엘리트들에 의해 관료적으로 운영되어서는 안 된다. 이는 다양한 경제 주체들이 참여하는 경제정책위원회(민주노동당 경제 강령 참고)의 계획에 따라야 하며, 해당 기업의 노동자와 소비자 집단, 지역주민 등이 참여하는 보다 세밀한 참여계획 과정에 종속되어야 한다. 이러한 국공유화 방식의 단초를 보여주는 사례로는 1970년대에 영국노동당 좌파가 추진한 국민기업위원회(National Enterprise Board)가 있다. 다양한 경제 주체들이 이사회에 참여하는 일종의 국가지주회사인 국민기업위원회가 주요 기업들의 주식을 지배하여 공기업화하는 방안이다(고세훈, 『영국노동당사』, 나남출판, 1999, 9장과 10장 ; 김성구 엮음, 『사회화와 이행의 경제 전략』, 이후, 2000 참조).

또한, 임노동자기금이나 공적 성격이 강한 연금기금이 소유하는 기업도 대안으로 고려해볼 수 있다. 1970년대 스웨덴 노동운동에서 등장한 임노동자기금안은 주요 기업들의 주식이 노동조합 소유·운영의 임노동자기금에 자동으로 적립되어 일정 기간이 지나면 노동조합총연맹이 경제의 상당 부분을 통제하게 하는 사회화 방식을 모색한 바 있다(신정완, 『임노동자기금 논쟁과 스웨덴 사회민주주의』, 여강출판사, 2000 참조). 최근에는 노동계급이 주 소유자이며 실제 민주적 통제를 실시하는 연금기금이 주요 기업을 소유·지배하는 방안도 모색되고 있다.

국공유 기업만큼이나 고전적인 모델로는 협동조합기업이 있다. 마르크스는 분명히 협동조합기업을 대안사회의 중요한 구성요소로 보았다(「국제노동자협회 발기문」, 『저작 선집』 3). 협동조합은 국공유기업에 비해 노동자들의 민주적 통제가 보다 수월하다는 장점이 있지만, 이제까지는 주로 소규모 기업에 제한된 실험에 그쳤다는 한계가 있다. 협동조합기업군을 형성하여 대규모 협동조합기업의 가능성을 보여준 예외적 사례로는 스페인 바스크 지방의 몬드라곤 협동조합 복합체가 있다(W. F. 화이트 외, 김성오 옮김, 『몬드라곤에서 배우자』, 나라사랑, 1992). 한편, 일각에서 주장하는 노동자 소유 주식회사는 협동조합기업으로 나아가는 과정의 한 과도적 단계로 이해되어야 한다. 왜냐하면 주식제도 자체는 대안사회에서 폐지되어야 할 것이기 때문이다.

마지막으로, 중소 규모의 기업들은 이행기 경제에서 계속 사적 소유 기업으로 존재하게 될 것이다. 하지만 이 경우에도 기업 내부에서는 노사 공동경영제도가 관철되어야 하며, 외적으로는 기업 간 협동 네트워크에 참여함으로써 사회 전반의 계획적 경제운영에 기여해야 한다.

3. 당장 어떠한 실천 강령이 필요한가

그럼 이러한 이행기 경제로 나아가기 위해서 진보정치세력이 주장해야 할 당면 강령은 무엇인가? 『선언』에는 열 개 항의 구체적인 강령이 제시되어 있다.

1. 토지 소유의 폐지와 모든 지대를 국가 경비로 전용.
2. 소득에 대한 고율의 누진세.
3. 모든 상속권의 폐지.
4. 모든 망명자와 반역자의 재산 몰수.
5. 국가자본 및 배타적인 독점권을 가진 국립은행을 통하여 신용을 국가의 수중으로 집중.
6. 운송수단을 국가 수중으로 집중.
7. 국가가 소유하는 공장 및 생산도구의 증대. 공동 계획에 의

거한 토지의 개간 및 개량.

8. 모두에게 동등한 노동의 의무 부과. 농업을 위한 산업군대의 육성.

9. 농업과 공업의 결합. 도농간의 격차 점진적 해소. 인구 분포의 전국적 균일화.

10. 공립학교에서 모든 어린이에 대한 무상교육 실시. 오늘날과 같은 아동들의 공장노동 폐지. 교육과 생산활동의 결합 등등.

여기서 흥미로운 것은 이 강령들이 『선언』 전체의 급진적인 어조에 비하면 차라리 온건한 요구들이라는 점이다. 이 중에서 누진세나 금융기관의 국공유화 등은 케인스주의 시기에 자본주의 국가들에서도 이미 채택되었던 것들이다. 혹자는 이를 마르크스와 엥겔스 생존 당시 세계 자본주의가 아직 초보적인 발전단계에 머물러 있었기 때문에 강령도 지금 보기에 상당히 온건한 수준에 머물 수밖에 없었던 것이라고 설명하기도 한다. 그러나 이는 지나치게 도식적인 설명이다. 왜냐하면 오늘날 자본가 세력이 케인스주의에서 신자유주의로 전향한 상황에서, 『선언』의 10대 강령은 다시금 자본주의의 지배적 경향과 대립되는 급진적 요구로서의 성격을 되찾고 있기 때문이다. 금융기관의 국공유화, 운송수단의 국가 수중으로의 집중(철도 사유화 반대!), 공공 무상교육(교육의 시장화 반대!), 누진세 실시 등이 모두 그렇다.

마르크스와 엥겔스는 '사적 소유의 철폐' 과정이 고도의 전략적 접근을 요구하는 것이라고 생각했음에 틀림없다. 따라서 강령에 대해 이들은 당시의 공상적 사회주의자들이 생각했던 것처럼 하나의 대안 모델을 '도입'하는 차원이 아니라 어떻게 하면 자본가계급 권력의 현실적 고리들을 효과적으로 끊어나갈까 하는 전략적 고려를 중심으로 접근했던 것이다. 그것은 자본가계급의 경제적·정치적·이데올로기적 권력의 '침해'를 추구한다는 점에서 사회민주주의 정당들이 흔히 선호하는 '최소 강령'과도 다르며, '지금' '여기'에서 "노동계급을 지배계급으로 성숙"시키고 "민주주의를 쟁취"해 나갈 매개를 끊임없이 고민한다는 점에서 어떠한 구체적인 실현 방도도 지니지 못한 선언적인 '최대 강령'과도 다르다. 마르크스와 엥겔스의 다음과 같은 언급을 보자.

> 노동자들은 민주주의자들이 매번 혁명적이지 않고 다만 개량적인 형태로 내놓게 될 제안들을 극단으로까지 밀고 가서 그러한 제안들을 사적 소유에 대한 직접적 공격으로 전화시켜야 한다. 예컨대 만일 소부르주아들이 철도와 공장들을 사들이자고 제안한다면, 노동자들은 반동분자들의 재산인 그 철도와 공장들을 국가가 거침없이 무상 몰수하라고 요구해야 한다. 민주주의자들이 비례세를 제안하면 노동자들은 누진세를 제안한다. 민주주의자들 자신이 적당한 정도의 누진세를 제의한다면 노동자들은 대자본이 누진세를 무느라고 망해버릴 수밖에 없을 정도로 급속히 높아지는 누진율이 적용되는 누진세를 고수한다. 민주주의자들이 국채의 조정을 요구한다면 노동자들은 국가의 파산선고를 요구한다. 그러므로 노동

자들의 요구는 언제나 민주주의자들의 양보와 방책에 준하여 결정되어야 한다. (『저작 선집』 2, 125~126쪽)

이러한 강령을 '이행기 강령(transitional programme)'이라고 부른 바 있는 트로츠키는 『선언』의 10대 강령에 대해 이렇게 지적한다.

평화로운 의회활동의 시대에 '낡은' 것으로 보였던 『선언』의 열 가지 요구들은 오늘날에는 그 참다운 의의를 완전히 되찾았다. 반면에 사회민주주의적 '최소 강령'은 속절없이 낡은 것이 되어버렸다. (B. 까갈리쯔끼 외, 「『공산주의당 선언』 출간 90주년에 부쳐」, 카피레프트모임 편역, 『선언 150년 이후』, 이후, 1998)

지금 우리에게 『선언』 10대 강령의 기본정신을 제대로 구현한 강령적 요구는 과연 무엇일까? 한국 자본주의의 핵심에 있는 재벌과 해외 자본, 국가 관료기구를 극복하고, 노동계급을 전 민중의 지도계급으로 부상시킬 쟁점은 무엇일까? 이제, 우리의 운동은 거대한 대중적 정치투쟁을 일굴 이러한 실천적 고민으로 성큼 나아가야만 한다.

세·번·째·논·제
폭력혁명에 대하여

본래 정치권력이란 한 계급이 다른 계급을 억압하기 위해 사용하는 조직된 폭력이다. 만일 프롤레타리아트가 부르주아지에 대항하는 투쟁에서 스스로를 단일한 계급으로 조직할 수밖에 없다고 한다면, 만일 프롤레타리아트가 혁명을 통해 스스로 지배계급이 된다면, 그리하여 지배계급으로서 낡은 생산관계를 폭력적으로 폐지하게 된다면, 그렇다면 이러한 낡은 생산관계의 폐지와 더불어 프롤레타리아트는 계급대립의 존립조건들과 계급 일반을 폐지하게 될 것이며, 결국에는 자기 자신의 계급적 지배까지도 폐지하게 될 것이다.

1. 소위 폭력혁명론의 두 차원

마르크스·엥겔스의 소위 폭력혁명론에는 두 가지 차원이 혼재되어 있다. 하나는 부정하기 힘든 과학적 명제라는 차원이고, 다른 하나는 정세적 특수성이라는 차원이다.

첫번째 차원은 『선언』에 간결하게 정리되어 있다. "국가는 지배계급의 조직된 폭력이다. 자본주의 국가는 자본가계급의 조직된 폭력이다. 따라서 노동계급은 자본주의체제를 극복하기 위해 현존 국가에 도전해야 하고 이는 대항 폭력을 요구할 수밖에 없다." 역사상 어느 누구도, 지배계급의 가장 환상적인 이데올로그가 아니라면 국가가 조직된 폭력이라는 것 자체를 부정할 수는 없었다. 엥겔스는 이를 증명하기 위해 선사시대까지 거슬러올라가기도 했다(「가족, 사적 소유 및 국가의 기원」 참조).

두번째 차원은 국가 폭력의 역사적 발전 과정과 연관된다. 마르크스와 엥겔스는 우호적인 독자가 보기에도 지나치게 쉽게, 그리고 너무 자주 '폭력'을 말하는 것 같다. 그 한 이유는 지금 우리가 겪고 상상하는 폭력과 마르크스와 엥겔스 생존 당시의 폭력이 너무나 다르다는 것이다. 당시의 '폭력'은 지금에 비하면 거의 목가적인 수준이었다. 마르크스와 엥겔스가 '폭력혁명'이라고 할 때 이는 바리케이드전을 의미했다. 당시에는 탱크도 장갑차도 없었다. 무기라고는 소총이 주된 것이었는데 그조차도 지금의 소총에 비하면 살상력이 한참 떨어지는 것이었다. 마르크스와 엥겔스의 주 참고 대상이었을 프랑스대혁명, 7월혁명이 바로 이러한 바리케이드전으로 치러졌고, 『선언』이 예언한 1848년 유럽혁명 역시 이러한 바리케이드전으로 진행됐다.

그러나 이미 마르크스와 엥겔스 생전에 이러한 양상에 커다란 변화가 나타났다. 파리 코뮌은 어쩌면 고전적 바리케이드전의 최후의 모습이었을 것이다. 부르주아지는 파리 노동자들의 봉기를 서민 구역에 대한 무차별 포격으로 진압했다. 대공업적이고 절멸전적인 폭력 앞에 수공업적이고 낭만적인 대항 폭력은 압도당하고 말았다. 엥겔스 자신이 「칼 맑스의 '1848년에서 1850년까지의 프랑스에서의 계급투쟁' 서문」(『저작 선집』 6)에서 선거와 의회의 활용을 강조하면서, 그 이유로 자본주의 국가에서 행해지는 이러한 폭력성의 증대를 들고 있다. 그는 더는 바리케이드전식의 혁명은 생각할 수 없으며, 따라서 새로운 혁명은 이것과는 다른 어떤 혁명, 즉 부르주아 민주주의 공간의 최대한 활용을 통해 다수자인 민중이 국가를 포위하는 형태가 될 것이라 예상했다. 독일 사회민주당 간부들은 이를 선거혁명의 옹호로 독해하기까지 했다. 그러나 이를 위해서는 엥겔스의 다음과 같은 언급을 의도적으로 삭제해야 할 수밖에 없었다. 병석의 엥겔스가 이에 대해 마지못해 동의해주었다고는 하지만 말이다.

이것은 장래에는 시가전이 더는 아무런 역할을 수행할 수 없다는 것을 의미하는가? 결코 그렇지 않다. 그것은 조건들이 1848년 이래로 시민 투사들에게는 훨씬 더 불리하게, 군에게는 훨씬 더 유리하게 되었다는 것을 의미할 뿐이다. 그러므로 장래의 시가전은 상황의 이러한 불리함이 다른 계기들에 의해 상쇄될 때에만 승리할 것이다. 따라서 시가전은 대혁명이 훨씬 더 진행된 후보다는 그 초기에 일어나는 일이 더 드물 것이며, 더 큰 세력을 가지고 수행되어야만 할 것이다. 그러나 그와 같은 큰 세력은 프랑스대혁명 전 기간, 파리의 1870년 9월 4일과 10월 31일에 그랬던 것처럼, 소극적인 바리케이

드 전술보다는 공공연한 공격을 선호할 것이다."(『저작 선집』 6, 441쪽)

레닌의 『국가와 혁명』(김영철 옮김, 논장, 1988)은 이러한 국가 폭력의 인플레이션을 누구보다도 분명히 자각한 상태에서 오히려 폭력혁명의 중요성을 더욱 강조했기에 문제작이다. 레닌의 책은 역사상 가장 파괴적인 전쟁(기관총과 탱크와 잠수함과 폭격, 그리고 화학무기까지)이었던 제1차 세계대전의 한복판에서 씌어졌다. 레닌은 폭력혁명에 더는 어떠한 유의 낭만주의도 개입될 수 없다는 것을 철저하게 인식하고 있었다.

그럼에도 불구하고 그가 그 어떤 마르크스주의자보다도 폭력혁명을 강조하지 않을 수 없었던 것은, 지난 백 년간의 반공 이데올로기가 말하는 것처럼 그가 '마귀'였기 때문은 아니었다. 그는 제국주의 시기에 국가 폭력이 유례없는 수준으로까지 고양되는 것을 바라보면서 '국가 = 지배계급의 조직된 폭력', '자본주의 국가 = 부르주아지의 조직된 폭력'이라는 과학적 명제를 더 깊이 자각하지 않을 수 없었다. 자본주의의 최고 단계인 제국주의 시대에 가장 극악한 단계로 상승한 국가 폭력에 대항하는 길은 가장 단호한 형태의 대항 폭력뿐이다. 혁명은 현존 국가를 파괴해야 한다. 그것도 아주 철저히. 그 핵심인 기존 상비군제와 관료제를 파괴해야 한다.

그리고 전혀 다른 형태의 국가(프롤레타리아 독재)를 건설해야 한다. 마르크스가 「프랑스에서의 내전」에서 강조했던 것처럼, '프롤레타리아 독재'는 바로 '프롤레타리아 민주주의'다. 기존의 대의제·관료제와 철저히 의식적으로 단절하면서 전혀 새로운 민주주의 메커니즘을 만들어나가는 국가, 스스로 의식적으로 사멸해가는 국가.

　레닌의 폭력혁명론은 마르크스와 엥겔스 생존 당시와는 또 다른 색조로 당대 민중으로부터 지지를 얻었다. 당시 민중은 이미 4~5년간의 전쟁에서 볼장 다 본 상태였다. 한마디로 전쟁터에서 죽느니 혁명이라도 일으키다가 죽는 게 하나도 아깝지 않은 시절이었다. 또한 전쟁이 일상화되면서 시민사회의 일상적 삶에 무장과 폭력, 죽음이 낯설지 않은 것으로 정착된 시절이기도 했다. 제2차 세계대전이 일어나기 전까지 유럽 사회에서는 좌우익을 가리지 않고 각종 민병대와 자경단이 횡행했다. 코민테른 문건에 그토록 자주 나오는 '노동자 민병대'가 노동자들에게 하나도 과격하게 느껴지지 않던 시절이었다.

　이런 상황에서 레닌의 폭력혁명론은 그다지 과격할 것도 없는 것이었다. 물론 그럼에도 불구하고 실제 혁명은 러시아에서만 성공했다. 헝가리혁명은 헝가리 지배계급이 부른 루마니아 군대에 의해 진압되었다. 독일혁명은 5년 넘게 끌다 결국 불발로 그치고 말았다. 서유럽에서 가장 혁명 가능성이 높았던 이탈리아에서도 일시적으로나마 부르주아지가 다시 기선을 잡았다. 물론 이는 극우반동세력의 폭력혁명, 즉 파시즘 쿠데타에 길을 내주었지만 말이다. 프랑스와 영국에서는 혁명의 기미조차 보이지 않았다. 레닌의 명제들로 모두 설명이 안 되는 부분들이 분명 존재했던 것이다.

2. 현대의 이론들 : 그람시, 알튀세르, 풀란차스

앞에서 이야기한 것처럼 그람시의 사상은 코민테른 노선의 실패에 대한 진지한 해명이다(『그람시의 옥중수고』 I , II). 여기서 그는 자본주의 국가가 '폭력'에만 기반하지는 않는다는 점을 강조했다. 자본주의 국가는 갖가지 물질적 양보, 시민사회의 조직화, 이데올로기 공세 등을 통해 '동의'를 또한 생산한다. 폭력혁명을 주장하는 것만으로는 안 된다. 발전된 자본주의 사회에서 혁명은 기동전과 진지전의 반복을 요구하는 장기전이다.

그렇다고 해서 그람시가 마르크스 · 엥겔스 · 레닌의 혁명론에 존재하는 과학적 핵심을 부정하는 것은 아니다. 비록 '동의'를 생산한다고는 해도 자본주의 국가의 핵심은 여전히 '폭력'에 있다. '진지전'은 항상 '기동전'을 동반해야 한다. 장기전은 언젠가는 폭력을 동반할 한 고비를 넘어서야 한다.

알튀세르는 이를 '억압적 국가기구'와 '이데올로기적 국가기구'의 구분으로 설명했다. 현대 국가는 이 두 부분으로 구성되는데, 군대와 경찰 등으로 이루어진 억압적 국가기구는 오직 '파괴'될 수 있을 뿐, 노동자 · 민중 세력에 의해 단순히 '장악'되거나 '활용'될 수는 없다. 하지만 학교, 언론 등으로 이루어진 이데올로기적 국가기구는 장구한 변혁 과정을 요구한다. 알튀세르는 그람시와 마찬가지로 마르크스 · 엥겔스 · 레닌의 주요 명제를 보존하면서 선진 자본주의 국가에 대한 이론을 보완하려 했다고 할 수 있다.

폭력혁명론과 긴밀한 연관을 지닌 마르크스주의 국가이론은 알튀세르의 제자인 그리스 출신 마르크스주의 정치학자 풀란차스에 이르러 정점에 도달했다(박병영 옮김, 『국가, 권력, 사회주의』, 백의, 1994). 풀란차스는 그람시, 알튀세르의 주장을 보다 발전시켰다. 기존의 사회민주주의자나 레닌주의자들은 국가를 중립적 도구로 보든 파괴해야 할 무엇으로 보든, 어쨌든 국가를 한 덩어리의 실체, 즉 통째로 접수하거나 혹은 전적으로 파괴해야 할 무엇으로 본다는 점에서 공통점을 지니고 있었다. 이에 반해 풀란차스는 국가를 '계급투쟁의 장'으로 본다. 즉, 국가는 계급투쟁의 현재 상황을 충실히 반영한다는 점에서 항상 지배계급에 이롭게 구조화되어 있지만, 국가를 이루는 다양한 권력관계 내에는 또한 노동계급의 힘이 관통하기도 한다. 노동계급은 국가를 그대로 접수하거나 일격에 파괴하는 것이 아니라 이를 '민주화'하고 '변형'해야 한다. 노동계급은 국가 내에 자신의 힘을 관통시키기 위해 노력해야 하며, 대의제민주주의 내부에서의 공격(제도권 정치)과 직접민주주의를 통한 포위(대중운동 정치)의 양면 전략을 통해 현존 국가의 구조를 변화시켜야 한다.

풀란차스에게서도 폭력혁명론의 어떤 측면은 여전히 현실성을 지닌다. 그는 이를 '단절적 변혁'의 필연성으로 설명한다. 노동자 · 민중 세력이 국가기구의 민주화를 일정 수준 이상으로 밀어붙이면 이는 필연적으로 긴장과 대결을 유발한다. 이에 대해서는, 풀란차스와 비슷한 입장인 스페인공산당 이론가 클라우딘의 주장을 들어보자.

선진 자본주의 내의 국가와 사회의 복잡성, '권력 중심'의 다양성을 본다면, 지난 혁명들의 모델이었던 단 하나의 결정적 대결은 가능성이 적은 것 같다(오늘날의 상황에서 그것은 반드시 무장충돌을 수반하지는 않을 것이다). 아직도 논의의 여지는 있으나, 가장 가능성이 있는 것은 세력균형에서의 결정적 이동은 **연속적 충돌과 부분적 파괴**로부터 생겨나리라는 것이다. (중략) 후진국에서의 혁명과 서유럽의 선진 자본주의 국가들 중의 한 나라에서의 혁명 사이의 기본적 차이는, 만약 선진 자본주의 국가에서 혁명이 일어나려면 오직 주·객관적으로 사회주의를 지향하는 다수가 있을 때에만 가능할 것이라는 사실에 있다. 이것은 우리가 서술해온 종류의 민주적 과정을 강제할 수 있는 사회적 블록의 존재를 요구한다. (중략) 그러나 우리는 이 과정이 순수하게 혁명적일 것이라고 생각하는 것, 그리고 무장충돌의 모든 위험을 제거한다는 것은 착각이라고 주장한다. 물론 사회주의 세력은 가능하다면 이런 충돌을 피하고 그 과정의 처음부터 끝까지 민주적 수단에 의해 평화적 이행을 강제할 수 있도록 해야 할 것이다. 그러나 그 과정이 단지 민주적 수단에만 의존하지는 않는다. (김유향 옮김, 『유로코뮤니즘과 사회주의』, 새길, 1992, 147쪽. 강조는 원저자)

하지만 알튀세르와는 달리 풀란차스는 억압적 국가기구조차도 '외부에서' 파괴되는 것만은 아니라고 본다. 억압적 국가기구 '내부의' 분열이 더 결정적이다. 어쩌면 군대의 자진 해체를 낳았던 러시아혁명의 경험도 이러한 이론으로 설명될 수 있는 것일지 모른다. 그러나 풀란차스가 직접 염두에 둔 사례는 1974년의 포르투갈혁명이었다. 이때 포르투갈혁명의 주력군 중 하나는 군부 내의 반동파와 대결한 진보적 장교들이었던 것이다. (강명세 옮김, 『군부독재, 그 붕괴의 드라마』, 사계절, 1987)

3. 폭력혁명론, 프롤레타리아독재론, 어떻게 볼 것인가

제2차 세계대전 이후 혁명이 주로 제3세계에서 진행되었다는 사정은 폭력혁명에 대한 전형화된 사고를 낳는 데 일조했다. 마오쩌둥의 장기 인민항전전략, 체 게바라의 포코 전략(소수 게릴라의 농촌 거점 '포코'를 만들고 선도투쟁을 벌여 혁명을 이룬다는 전략), 니카라과 산디니스타민족해방전선의 대중봉기전략 등등. 이에 따라 부르주아 민주주의 아래서의 혁명의 문제는 실천적 문제로서 진지하게 논구되지 못했다.

양차 대전 사이 독일 바이마르공화국에서의 독일 사회민주당의 경험, 오스트리아 사회민주노동당의 경험, 스페인 인민전선의 경험, 프랑스 인민전선의 경험 등은 선진 자본주의에서도 평화혁명의 전망이 결코 낙관적이지는 않음을 보여주는 것이었다. 대표적으로 스페인에서 인민전선은 군부 파쇼세력의 쿠데타와 뒤이은 내전을 통해 '폭력적으로' 거세되었다.

그러나 전후에는 이러한 과거의 경험이 1920~1930년대라는 특수한 상황, 즉 자본주의 세계체제의 위기라는 정세를 배경으로 한 것이라는 주장이 설득력을 얻은 것처럼 보였다. 미국의 우산 아래서 케인스주의 정도의 계급 타협에 만족하게 된 서구 사회민주당들은 자본주의 국가에 잘 적응했다. 사회민주당보다는 더 진지하게 사회주의 변혁을 주창한 서구 공산당들마저도 선진 자본주의 사회에서 평화혁명의 가능성을 확신함으로써 그런 분위기에 일조했다(예를 들어, 모스크바선언). 서구 공산당들은 광범한 반독점 민중세력이 연합하여 선거를 통해 '선진 민주주의(혹은 진보적 민주주의)' 정권을 수립할 수 있다고 보았다. 선진 민주주의 정권은 주로 독점자본에 한정된 사회화 조치를 통해 사회주의를 향해 평화적으로 나아갈 수 있다는 것이었다(스페인공산당 우파의 지도자였던 S. 카리오의 저작 『유로코뮤니즘과 국가』를 더 참고해볼 것. 앞의 클라우딘의 저작은 이 책에 대한 비판으로 씌어진 것이다).

그러나 1973년의 칠레 쿠데타는 모든 낙관론을 원점으로 돌려놓았다. 대선에서 사회당과 공산당의 합작으로 아옌데 후보를 대통령에 당선시키는 데 성공한 칠레 민중연합은 세계 역사상 최초로 선거혁명을 통해 사회주의 이행을 이루려 했다. 이는 서구 공산당의 평화혁명론이 검증될 수 있는 기회였다. 하지만 역사의 대답은 미국의 사주를 받은 피노체트 장군의 잔인한 쿠데타였다.

이런 결과에 대해 칠레 좌파뿐만 아니라 서구 공산당들 내에서도 논의가 분분했다. 이탈리아공산당 서기장 베를링구에르는 극우반동세력의 쿠데타를 막기 위해서는 광범한 인민전선을 형성해야 한다고 주장했다. 필요하다면 부르주아지나 우익 정치세력과도 손을 잡아야 한다. 이탈리아공산당은 이를 솔선 수범하여 1970년대 내내 이탈리아의 부패한 만년 집권당 기독교민주당과 '역사적 타협'을 이루었다.

하지만 풀란차스를 비롯한 유럽 공산당 내 좌파는 중간층, 특히 신중간층을 획득하기 위한 적극적인 통일전선의 시도는 필요하지만 이는 우파에 대한 양보로 얻어질 수 있는 게 아니며 오히려 사회운동들을 고양시키고 직접민주주의의 진지를 건설함으로써만 추진될 수 있다고 반박했다. 영국의 마르크스주의자 밀리반드는 서유럽에서도 만약 진지한 사회주의 변혁이 추진된다면 필연적으로 미국과의 공모 아래 반동세력의 폭력적 대응이 벌어질 것이라고 전망하면서, 오직 대중 권력의 구심을 사회 곳곳에 건설함으로써만(즉, 의식적으로 이중권력 상태를 만듦으로써만) 이를 극복할 수 있다고 주장했다(정원호 옮김, 『마르크스주의 정치학 입문』, 풀빛, 1989). 그는 프랑스에 미테랑 사회당 정권이 들어설 경우 그런 선택에 놓일 것이라 보았는데, 프랑스 사회당은 1980년대 초 집권하자마자 적절한 시점에 자신의 사회주의 강령을 포기했기 때문에 역사는 그런 장관을 허락하지 않았다.

밀리반드의 전망은 결코 기우가 아니었다. 이탈리아공산당이 한창 상승일로에 있던 1970년대에 이탈리아에서는 공산당 집권 시 쿠데타를 일으킬 것을 결의하고 이를 준비한 광범한 비밀결사(P-2)가 존재했다. 이는 CIA, 기독교민주당, 가톨릭 교회, 마피아, 독점자본가, 군부, 경찰의 합작품이었다. 일본에서도 1970년대 한때 일본 공산당이 10퍼센트 지지를 넘어섰을 때, 공산당이 집권할 경우 자위대가 도쿄를 장악한다는 계획이 입안·추진됐다. 프랑스는 1960년대 초까지 쿠데타가 가능한 나라였고, 1968년 5월 노동자·학생 봉기 때 드골은 무력진압 가능성을 열어두고 있었다.

제3차 세계대전의 정세가 도래하거나 전 세계가 거대한 혼돈에 휩싸이지 않는 한(물론 이런 가능성은 이제 SF 소재만은 아니게 되었지만), 집권은 결국 선거를 통해 이루어질 수밖에 없다. 과거에도 러시아혁명과 서유럽의 혁명운동은 전 세계적인 대혼란이라는 배경 아래서 가능했던 것이다.

그러나 자본주의를 극복하는 과정은 선거혁명론의 태평한 몽상과는 상당히 다른 길을 밟을 것이다. 새로 집권한 진보정치세력이 진지한 이행 강령을 추진하면 사회는 즉각 사실상의 내전 상태에 빠질 것이다. 물론 이것이 곧바로 군사적 대결을 의미하지는 않는다. 처음에는 주로 정치적·이데올로기적 차원에서의 전쟁이 진행될 것이다. 칠레에서도 부르주아계급은 총선에서 좌파를 제압하려 하다가 이것이 실패로 끝나자 군부 쿠데타로 나아갔던 것이다.

이러한 대결의 국면에서 집권 노동자정당은 오로지 대담한, 더욱 대담한 행보를 통해서만 이를 헤쳐나갈 수 있을 것이다. 헌법을 보다 민주적으로 개혁하고, 보수세력들의 모든 약점(구조적이고 역사적으로 누적된 부정부패)을 폭로하며, 국제관계를 최대한 활용하고(미 제국주의에 대한 적극적 대응), 중간층 내에서 진보적 사회운동(특히 여성, 환경)을 북돋우며, 그리고 무엇보다도 노동자·민중이 주도하는 대중 권력기관들을 공장을 비롯한 사회 곳곳에 건설함으로써 말이다.

그러다 보면 결국 '폭력'이나 '단절'이라는 말에 값하는 사건이 실제로 닥칠 수 있다. 그것은 가장 바람직한 경우에는 1991년 여름 러시아에서 체제유지세력과 개혁세력 사이에서 나타났던 것처럼 소극(笑劇)의 형태를 띨 수도 있고, 좀더 스펙터클할 수도 있다. 하지만 일단 그 국면을 노동자·민중 운동이 성공적으로 넘기면 국가기구의 대대적인 변형(민주화)이 본격적으로 시작될 것이다. 바로 이런 맥락에서, 가장 비폭력적인 변혁과정에서도 고전 혁명이론의 기본적인 문제의식은 여전히 진실로서 남는 것이며, 평화혁명론과 폭력혁명론은 사실은 대립되어야 할 무엇이 아닌 것으로 밝혀지는 것이다.

역시 이 문제에 대한 해답으로는, 다음과 같은 엥겔스의 말보다 더 나은 것을 발견하기 힘들다.

문 : 사적 소유의 폐지는 평화적인 방법으로 가능한가?
답 : 그렇게 되면 좋을 것이며, 공산주의자들은 물론 그렇게 되는 것을 누구보다도 덜 반대할 것이다. 공산주의자들은 일체의 음모가 무익할 뿐만 아니라 해롭기까지 하다는 것을 매우 잘 알고 있다. 공산주의자들은 혁명이 의도적으로 또 자의적으로 일어나는 것이 아니며, 혁명이란 언제 어디서나 개별적인 당파들이나 계급 전체의 의지 및 지도에는 전혀 의존하지 않는 정세의 필연적인 결과였다는 것을 매우 잘 알고 있다. 그러나 또한 그들은, 거의 모든 문명국들에서 프롤레타리아트의 발전이 폭력적으로 억압되고 있으며 공산주의자들의 반대자들이 그렇게 함으로써 혁명을 목표로 전력투구하는 셈이

라는 것도 잘 알고 있다. 만일 억압받는 프롤레타리아트가 이로 인해 마침내 혁명으로 내몰리게 된다면, 우리 공산주의자들은 지금 말로써 옹호하는 것 못지않게 행동으로써 프롤레타리아트의 과업을 옹호할 것이다(「공산주의의 원칙들」, 『저작선집』 1, 331쪽).

네 · 번 · 째 · 논 · 제
모든 역사는 계급투쟁의 역사인가

지금까지 모든 사회의 역사는 계급투쟁의 역사이다. 자유민과 노예, 귀족과 평민, 영주와 농노, 길드의 장인과 직인, 한마디로 억압자와 피억압자는 항상 대립하면서 때로는 은밀하게, 때로는 공공연하게 끊임없는 투쟁을 벌여왔다. 이 투쟁은 매번 사회 전체의 혁명적 개조로 끝났거나, 아니면 투쟁하는 계급들이 함께 몰락하는 것으로 끝났다.

『공산당선언』은 위와 같이 시작된다. "모든 사회의 역사는 계급투쟁의 역사", 이 명제야말로 『공산당선언』을 둘러싼 비방, 곡해의 핵심 소재였다. 트로츠키는 이 명제 자체가 "계급투쟁의 한 쟁점"이 되었다고까지 말했다(『선언 150년 이후』). 보수적인 강단 사회과학자들이 반복적으로 그 죽음을 선언하는 것이 바로 이 명제라는 점을 생각해보기만 하면 된다. 마르크스와 엥겔스에서 비롯된 과학적 사회주의를 언급할 때마다 비판자들이 내뱉는 한마디, "당신들은 '아직도' 계급투쟁을 중심에 놓고 세상을 바라보는가?" 그러나 전 세계의 진보세력은 이 물음에 정중하게 "그렇다"고 이야기한다. 그래서 우리는 이 역사적 명제 뒤에 이렇게 덧붙여도 좋을 지경이다.

"또한 이 명제가 제출된 이래, 계급투쟁의 역사는, 어떤 측면에서, 이 명제를 인정하는 자들과 그렇지 않은 자들의 투쟁의 역사이다."

1. '계급투쟁'이란 무엇인가

우선 '계급투쟁'이란 도대체 무엇인가? 1987년 이후 우리 사회에도 일상적인 모습의 하나가 된 파업투쟁의 장면이 쉽게 떠오를지도 모르겠다. 물론 이는 계급투쟁이 나타나는 구체적인 모습의 하나다. 하지만 이것이 계급투쟁의 전부는 아니다. 이는 단지 그것이 나타나는 한 모습일 뿐이다. 적어도 마르크스와 엥겔스의 관점에서는, 강단 사회과학자들이 하는 것처럼 매년 파업 일수의 증감에 대한 통계를 내서 계급투쟁이 '있거나 없음'을 이야기할 수는 없다.

우리가 주목해야 할 점은, 마르크스·엥겔스에게 계급투쟁이란 것은 단순히 이러저러한 사회적 갈등을 말하는 게 아니라 계급으로 나타나는 사회적 관계 그 자체라는 점이다. "자유민과 노예, 귀족과 평민, 영주와 농노, 길드의 장인과 직인, 한마디로 억압자와 피억압자는 항상 대립하면서……." 여기서 핵심은 '대립하면서'에 있다.

유사 이래 모든 사회의 얼개는, 사람들을 먹여살리며 대를 잇게 하는 전 과정에서 이들을 억압하고 억압받는 상호관계로 분할하는 것이었다. 그리고 역사란 바로 이 억압자와 피억압자가 '자유민과 노예'에서 '부르주아지와 프롤레타리아트'까지 그 형태를 달리하는 과정이었다. 사람살이의 가장 핵심적인 문제는 먹고살 거리를 만들고 대를 이어가는 것('생산'과 '재생산')인데, 고대 도시국가에서는 자유시민이 노예로 하여금 노예노동에 종사하게 함으로써 이것이 이루어졌고, 중세 봉건사회에서는 영주가 농노를 장원으로 조직하고 이들의 생산물을 수탈함으로써 이루어졌다는 것이다. 그리고 마르크스의 훨씬 이후의 작업에 의해 더욱 분명해지는 바이지만(가장 쉬운 개설서로는 마르크스, 「임금, 가격, 이윤」, 『저작 선집』 3이 있다), 자본주의 사회에서는 생산수단을 소유한 부르주아지가 그렇지 못한 프롤레타리아트를 임금노동에 고용해 이들이 생산하는 잉여가치를 착취함으로써 이윤을 확보하는 것이 먹고사는 문제를 해결하는 핵심 얼개가 된다.

이것이 바로 『선언』을 쓸 당시 농익어가던 마르크스·엥겔스의 '역사유물론' 사상이다. 이에 대해서는 『독일 이데올로기』, 그리고 이후의 문헌인 「정치 경제학의 비판을 위하여: 서문」(『저작 선집』 2)을 더 읽을 필요가 있다.

아무튼 사회의 근저에는 억압하는 자와 억압받는 자 사이의 '대립'이 있다. 계급투쟁이란 무엇보다도 이것 자체이다. 사회가 그렇게밖에는, 즉 억압과 피억압의 상호관계를 전제하지 않고서는 존립할 수 없었다는 바로 그 점에서 일단 "모든 사회의 역사는 계급투쟁의 역사"다.

이 점에서 『공산당선언』이 이야기하는 계급투쟁이란 것은 굳이 피가 튀는 학살과 반란 이전에 계급분할 사회, 즉 이제까지 존재한 모든 사회들의 평온한 일상 그 자체다. 그리고 '아래로부터의' 계급투쟁, '피지배계급으로부터의' 계급투쟁 이전에 우선 '위로부터의' 계급투쟁, '지배계급으로부터의' 계급투쟁이다.

즉, 자유시민이 노예를 약탈하고 노예노동으로 조직하는 고대 도시국가의 일상, 봉건영주가 농노를 억압하고 생산물을 강탈하는 중세 장원의 일상, 그것이 계급투쟁이다. 마찬가지로 자본주의 사회에서도 노동자가 파업에 나서기 이전에 이미, '그/그녀'가 임금노동자로 고용되어 월급봉투에 목매달고 회사의 명령에 고개 숙이는 일상 자체가 계급투쟁인 것이다.

그리고 이러한 일상에서 언제나 먼저 도발하는 것은 '가진 자들'이다. 구조조정 계획을 선포하고 정리해고 명단을 선언하는 것은 그들이다. 비정규직이라는 고용형태를 만들어내는 것도 그들이다. 크리스마스 때 국회에 모여 노동악법을 통과시키는 것도 그들이다. 먼저 싸움을 만드는 것은 언제나 그들이다. 이들에게 속한 현학자들이 '계급투쟁의 죽음'을 선포하더라도, 언제나 즉각적으로 이 선언을 공염불로 만들어버리는 것은 지배계급 자신이다.

여기서 중요한 한 가지 의문도 풀린다. 마르크스와 엥겔스는 왜 '계급'에서 출발하지 않고 무작정 '계급투쟁'에서 출발하는 것일까,라는 의문 말이다. 대답은 이렇다. "계급보다 계급투쟁이 먼저"라고. 즉, 마르크스와 엥겔스에게는 생산·재생산을 위해 지배·피지배관계를 전제하지 않을 수 없는 사회구조 자체가 계급투쟁이기 때문에 계급투쟁의 결과로 계급이 존재하는 것이지 그 역은 아니다. "사회계급은 그들의 관계에 **선행하는 것이 아니라 오히려 그 결과로 생긴다**. 사회의 사회계급으로의 분할은 그들의 역사적 투쟁에 선행하는 것이 아니라 계급투쟁의 결과인 것이다."(에티엔 발리바르, 이해민 옮김, 「잉여가치와 사회계급」, 『역사유물론 연구』, 푸른산, 1990, 156쪽. 강조는 원저자)

2. 노동자계급의 입장에서 본 계급투쟁

이렇기 때문에 우리 눈에 나타나는 계급투쟁의 모습들은 서로 구별되는 다양한 수준으로 나타날 수밖에 없다. 계급투쟁의 당사자가, 주되게는 피억압자의 위치에 있는 자가 전혀 유형(有形)의 집단으로 조직되지 못하고 자신이 놓여 있는 모순적인 관계에 대해서 일말의 어렴풋한 의식조차 가지지 못한 상태도 존재할 수 있는데, 마르크스와 엥겔스의 문맥에서는 이때조차도 우리는 '계급투쟁'을 말해야 한다. 지배하고 지배당하는 관계는 의연히 존재하며, 사실 대개의 억압자들은 이때에도 항상 이미 자신들의 지배자적 위치에 대해 분명히 자각하고 정치적 세력으로 결집해 있기 때문이다. 곡학아세의 전문가들이 말하는 "계급투쟁의 종식"이란 것은 이러한 극히 비대칭적인 계급투쟁 상황을 말하는 것에 다름 아니다.

하지만 영국을 발원지로 자본주의 사회관계가 출현한 이후,

그것이 아무리 낮은 수준이라도, 임금노동자들의 집단적이고 의식적인 저항이 전혀 일어나지 않는 그런 상황은 존재하지 않았다. 노동조합은 그러한 저항의 기본적인 조직형태였고, 그 주요 활동은 임금과 고용, 노동조건을 둘러싼 투쟁이었다. 이를 우리는 흔히 '경제적 계급투쟁'이라 부르며, 자본주의 사회에서 계급투쟁의 가장 기초적인 형태로 본다.

흥미로운 것은 노동계급이 국가에 완전히 통합된 것으로 여겨지곤 하는 소위 전체주의 사회에서도 이러한 경제적 계급투쟁은 존재한다는 것이다. 독일 나치스 체제 아래에서 노동계급의 움직임에 대해 연구한 메이슨의 『나치스 민족공동체와 노동계급』(김학이 옮김, 한울, 2000)을 보면, 노동조합이 붕괴하고 모든 노동계급 생활이 국가에 통합된 나치스 질서 아래서도 임금과 고용을 둘러싼 경제적 계급투쟁 양상은 극히 왜곡되고 은폐된 형태로나마 계속 진행되었다. 심지어 저자는 이러한 경제적 계급투쟁의 은밀한 성장이 나치스로 하여금 세계대전의 개시라는 막다른 선택을 하지 않을 수 없도록 만들었다고까지 주장한다. 다시 한 번, "모든 역사는 계급투쟁의 역사"이다. 마르크스와 엥겔스가 단서를 단 것처럼, "때로는 은밀하게" "때로는 공공연하게" 하지만 "끊임없이" 말이다.

경제적 계급투쟁이 한 사업장을 넘어 한 산업, 한 지역, 한 국가 그리고 전 세계로 확장되는 가운데, 이는 필연적으로 '정치적 계급투쟁'으로 발전한다. 노동조합과 함께 역사상 노동자운동의 핵심적인 조직형태로 존재해온 노동자 정당이 바로 이 정치적 계급투쟁의 주요 기관이다. 그리고 이러한 일련의 발전 과정을 통해 노동자들이 드디어 강력한 세력으로 등장하면서, "저들(사장들)과 우리(노동형제·자매)"라는 구별로부터 혁명적 사회주의사상에 이르기까지, 그러한 세력화의 기반이 되는 의식·이념·문화가 형성된다. 이를 우리는 계급투쟁의 또 다른 차원, '이데올로기적 계급투쟁'이라고 부른다.

물론 이 경우에도 노동자들이 힘겹게 경제적 투쟁으로부터 정치적 투쟁, 이데올로기적 투쟁으로 발전하는 동안 자신들의 정치적 기관, 이데올로기적 기관을 이미 확보한 채 손쉽게 정치적·이데올로기적 우위를 누리는 것은 저들 지배자들, 부르주아계급이다.

그렇기 때문에 "모든 역사는 계급투쟁의 역사"이지만, 노동자계급의 역사는 그렇게 당연한 것이 아니다. 마르크스와 엥겔스 자신도 이를 어렴풋이 인식했기 때문에, 『공산당선언』에서 계급투쟁이 "매번 사회 전체가 혁명적으로 개조되는 것으로" 끝난다는 단정 뒤에 (그렇지 않고) "투쟁하는 계급들이 함께 몰락하는 것으로 끝날" 수도 있다는 단서를 달았던 것이다. 프롤레타리아트는 자신의 대안적 문명을 건설하여 계급사회를 지양하는 데 실패할 수 있는데, 이는 무엇보다도 경제적 계급투쟁으로부터 정치적·이데올로기적 계급투쟁으로 나아감으로써 자신을 하나의 강력한 '계급'으로 만들어나가는 것 자체가 힘겹고 거대한 과제이기 때문이다(우리 노동자들이 민주노동당을 건설하기까지 얼마나 지난한 과정을 밟아왔던가!).

그래서 셰보르스키 같은 현대의 정치학자들은 "계급투쟁의 역사는 곧 계급을 형성하기 위한 투쟁의 역사"라고 말한다(최형

익 옮김,『자본주의와 사회민주주의』, 백산서당, 1995). 그리고 영국의 마르크스주의 역사학자인 톰슨은 초기 영국 노동계급의 투쟁에 대한 자신의 기념비적 저작 제목을『영국 노동자계급의 형성』(나종일 외 옮김, 창작과비평사, 2000)이라고 달았다. 즉, 노동자계급의 역사는 노동자계급이 자신을 계급으로 '만들어내는(make)', 끊임없이 고되며 완강한 투쟁의 역사라는 것이다. "계급이란 사람들이 자신의 역사를 살아가는 과정에서 사람들에 의해 규정된다. 그리고 결국은 이것이 그 유일한 규정인 것이다."(위의 책)

마르크스와 엥겔스는『공산당선언』에서 이에 대해 풍부하게 이야기하지 않는다. 어떤 부분에서는 부르주아지의 전면적 우위에도 불구하고, 프롤레타리아트가 거의 자동적으로 하나의 계급세력으로 성장할 수 있다는 듯이 서술하기까지 한다. 그러나 마르크스와 엥겔스의 구체적인 현실 연구에서는 결코 그렇게 단순하지는 않다. 이는 프랑스에서의 계급투쟁에 대한 마르크스의 고전적 문헌들, 「1848년에서 1850년까지의 프랑스에서의 계급투쟁」, 「루이 보나빠르뜨의 브뤼메르 18일」, 그리고「프랑스에서의 내전」에서 잘 드러난다.

3. 과연 '모든' 역사가 계급투쟁의 역사인가

마지막으로, 현대에 들어서 등장한 "계급투쟁으로서의 역사"에 대한 강력한 반박들에 대해 간략하게나마 정리하고 넘어가야겠다. 물론 이는 상당히 번잡한 철학적 논의까지 동반하는 것이며, 『공산당선언』의 첫 장을 다 검토하고 나서야 좀더 본격적으로 논의할 수 있는 것이다.

하지만 일단 최근 논쟁의 기본 구도만을 보면, 포스트구조주의, 포스트모더니즘 등은 계급투쟁을 중심에 놓는 마르크스주의 역사관에 반대하면서, 다양한 사회적 세력들 간의 무수한 권력투쟁이 서로간에 무엇이 더 중요하다고 말할 수 없게 혼재하는 것으로 사회와 역사를 바라보려 한다.

과거 마르크스주의 입장에 있었던 이들 중에서도 이를 받아들여 소위 '포스트마르크스주의(post-Marxism, 즉 탈마르크스주의)'를 주장하는 사람들이 있다. 이들은 다양한 사회적 저항이 하나의 대항 블록으로 결합해야 한다는 점을 주장하는 점에서는 다양한 투쟁의 존재만을 이야기하는 사람들과 구별되지만, 이러한 블록을 형성하는 데 계급투쟁이 언제나 중심적인 역할을 하는 것은 아니라고 주장하는 점에서 최근의 '포스트' 사조들과 궤를 같이한다(E. 라클라우·C. 무페, 김성기 외 옮김, 『사회변혁과 헤게모니』, 터, 1990. 이에 대한 비판으로는, 이경숙·전효관 엮음, 『포스트마르크스주의?』, 민맥, 1992를 보라).

보다 구체적이고 설득력 있는 문제제기는 여성주의(페미니즘)운동과 생태주의운동으로부터 나오고 있다. 여성주의·생태주의 진영에서는 실제 역사연구 및 현실분석을 통해 계급투쟁 외에도 인류 사회와 역사를 설명하는 중요한 사회적 관계가 존재함을 밝혀왔다. 그것은 여성과 남성 사이의 모순이며, 자연과 인간 사이의 모순이다. 사실 여성·남성 사이의 투쟁을 계급투쟁에 버금가는 인류사의 주축으로 끌어올린 선구적 인물 중 한 명은 바로 엥겔스였다(「가족, 사적 소유 및 국가의 기원」, 『저작 선집』 6). 또한 마르크스는 『자본』에서 자본주의가 낳는 생태계의 위기에 대해 분명히 지적한 바 있다(J. 벨라미 포스터, 김현구 옮김, 『환경과 경제의 작은 역사』, 현실문화연구, 2001). 하지만 이러한 언급들이 이들의 사상체계에서 "모든 역사는 계급투쟁의 역사"라는 정도의 근본적 지위를 부여받지 못했다는 것은 분명하다.

이러한 비판들에 대한 마르크스주의 쪽의 대답 중 가장 진취적인 것은 프랑스 공산당원이었던 철학자 알튀세르의 '중층결정' 개념(이종영 옮김, 『마르크스를 위하여』, 백의, 1997)으로부터 출발하는 것이다. 이런 입장에 속한 마르크스주의자들은 인류의 사회·역사를 설명하는 독자적이고 중요한 축으로서 계급투쟁 이외의 사회관계들, 가령 '여성-남성' 사이의 모순, '자연-인간' 사이의 모순을 인정한다. 그러나, 그럼에도 불구하고 자본주의의 구체적 현실 속에서는 여전히 계급투쟁이 이러한 다양한 모순들을 특정한 지배체제로 묶어 세우는 중심적인 역할을 한다고 본다. 자본가계급의 지배질서가 집약되어 있는 현대국가를 통해서 계급 모순을 중심으로 다양한 모순들이 서로 얽히고설키는 게 우리가 살고 있는 이 사회다.

지역과 동아리를 넘어서 사회체를 작동하게 하는 다양한 모순의 실타래 중에서 계급전선은 보편성의 담지자로서 미궁을 빠져나갈 수 있는 한 가닥의 실마리를 제공한다. 그러므로 만약 자본의 축적이 다양한 억압들을 촉진하고, 그 지팡이 아래에서 이들을 고양하고 지속시키고 또한 결합시키고 통일시킨다면, 계급투쟁은 다른 것들 가운데의 한 가지 투쟁일 뿐만이 아니다. 그것은 전체 속에 특정한 사회 형성을 구조화하며 투쟁의 여타 양식들을 결정한다. (D. 벤사이드, 「되돌아온 유령을 환영하며」, 『선언 150년 이후』)

계급 모순으로 환원되지 않는 비계급적 모순들을 상정하면서도 우리의 세계를 하나의 통일물로서 조직하게 하는 것은 계급 모순, 즉 생산관계이고 우리의 세계는 그것에 의해 사회구성으로 조직된다. 비계급적 모순들은 상대적인 자율성을 가지면서도, 또 생산관계로 환원되지 않으면서도, 사회구성의 조직을 매개로 하여 상호 규정하고 그렇게 존재한다. (김성구, 「마르크스주의의 재구성의 경계 : 마르크스주의의 자기 정체성」, 『이론』 17호, 1997년 여름호)

이런 입장에서 현대 사회를 바라볼 때 중요한 것은 레닌이 말한 "구체적인 상황에 대한 구체적인 분석"을 통해 다양한 모순들의 얽힘을 드러내는 것이다. 하지만, 이때 그러한 분석의 첫 실마리는 역시 '계급투쟁'이 되는 것이다.

다·섯·번·째·논·제
1백50년 후에도 반복되는 오류들

『공산당선언』 3장에서 마르크스와 엥겔스는 다소 지루하게 느껴질 정도로 장황하게 당대의 사회주의·공산주의 사조들을 비판하고 있다. 여기서 언급되는 이름들은 이제는 백과사전의 한 귀퉁이에서나 찾아볼 수 있는 형편이라, 현대의 독자들에게는 마치 고대 우상의 이름들을 잔뜩 늘어놓으며 저주하는 구약성서의 한 구절처럼 느껴진다.

하지만 여기서 저자들이 비판하는 여러 사조들이 대표하는 어떤 역할은 현대의 최첨단 사상들 속에서도 여전히 반복되는 것이다. 우리는 특히 가장 치열하게, 그리고 가장 현대적으로 마르크스주의의 오류와 한계를 '극복'했다고 자처하는 현학자들에게서 이런 면모를 자주 발견할 수 있다. 그 이유는 간단하다. 세계 자본주의가 『선언』 당시와 마찬가지로 지금도 그 생명을 지속하고 있기 때문이다. 자본주의가 계속되는 한, 3장의 비판 대상이 된 사상들의 토대인 여러 사회집단들은 비록 그 이름을 바꾸고 외양은 조금 달라졌을지언정 의연히 존재하지 않을 수 없는 것이다.

우선 반동적 사회주의의 첫번째 조류로서 언급된 '봉건적 사회주의'를 보자.

마르크스와 엥겔스가 봉건적 사회주의의 토대라고 본 지주계급은 이미 제3세계에서도 사회집단으로서는 그 운명을 다했다. 토지 모순이 심각하게 존재하는 곳에서도 부르주아지와 구별되는 독자적인 대토지 소유계급은 찾아보기 힘들다. 그렇다면 자본주의의 발전을 되돌리려 하거나 부르주아지의 발걸음을 조금이라도 늦춰보려 한 지주계급의 사상도 현실에서 이미 사라진 것일까? 그러나 현실이 그렇게 단순하지가 않다. 마르크스주의 문헌들에서도 이미 지적하고 있는 것처럼, 상부구조는 토대에 대해서 일정한 자율성을 갖는다. 그래서 우리는 사회적 토대를 상실한 뒤에도 오랫동안 그 삶을 연장하는 신앙, 사상, 관습들을 쉽게 발견할 수 있다. 자본주의 이전의 지배계급이 이미 지상에서 사라진 뒤에도 자본주의 이전의 지배질서를 '유토피아'로 채색해서 미래의 대안으로 제시하는 사람들이 있다.

우리의 경우에는 작가 이문열이 대표적인 예다. 그는 양반 지주가 지배하던 조선시대를 그리워하며, 그 시대의 사상인 유학, 그중에서도 가장 반동적인 예학의 질서, 한마디로 가부장 질서를 이 시대의 '질병들'에 대한 치유책으로 내놓는다. 이를 위해 그는 자유주의자들과도 싸우고, 사회주의자들과도 싸우고, 여성주의자들과도 싸운다. 그렇다고 해서 이런 부류가 무슨 독자적인 정치세력을 형성할 수 있는 것은 아니다. 이미 이들이 대변할 수 있는 사회집단은 존재하지 않기 때문이다. 다만, 가장 수구적인 기득권 세력의 주위에서 그 비위를 맞춰줄 뿐이다.

다음으로 반동적 사회주의의 두번째 조류인 '소부르주아 사회주의'를 보자. 이러한 조류의 생명력은 봉건적 사회주의의 경우보다도 더 끈질기다. 『선언』에서 마르크스와 엥겔스가 현실의 경향을 과장하거나 혹은 지나치게 단순하게 묘사한 경우 중 대표적인 것이 소부르주아지의 몰락, 특히 그 속도에 대한 언급이다. 소부르주아지가 끊임없이 프롤레타리아화된다는 것 자체는 올바른 지적이지만, 그럼에도 불구하고 이들 중간계층이 일거에 사회집단으로서의 존재를 마감하는 일은 발생하지 않았다. 전 세계적으로 소부르주아지의 몰락과 프롤레타리아의 형성은 지역에 따라, 그리고 시대에 따라 불균등하게, 하지만 꾸준히 계속되어왔다. 이에 따라 소부르주아지의 사상이라고나 할 흐름도 자신의 모습을 새로이 하며 세계 곳곳에서 반복되어왔다.

우리의 경우에는 산업화의 초기에 소부르주아 급진사상이 소위 '운동권'을 지배했다. 심지어 1990년대 초반까지도 운동권을 지배한 감성은, 박정희 군사정권에서 비롯된 한국의 산업화는 미·일 제국주의에 철저히 종속된 것이기 때문에 결국 성공할 수 없으며 파국적으로 붕괴할 수 있을 뿐이라는 확신이었다. 대안은 민족·민중(노동계급의 역할이 분명치 않은 막연한 '민중')의 이해에 따라 근대화의 단추를 처음부터 다시 끼우는 것이다. 이론적으로는 박현채 선생의 『민족경제론』이 이를 대변했고, 흔히 민족문학진영이라 불리는 김지하 시인 등이 여기에 사뭇 묵직한 생명력을 부여했다.

자본 축적을 위한 군사정권의 잔인한 수탈과 억압 속에서 이 시대의 사상과 예술이 보여준 위대한 저항의 이력(履歷)은 부정할 수 없다. 하지만 그 수탈과 억압이 만들어놓은 남한 자본주의의 발전으로 인해 바로 이 질서를 극복할 주체(노동계급)가 새로이 등장했음에도 불구하고 과거 세대의 유산이 계속 자신의 존재를 연장하려 한다면 그것은 심각한 문제다. 한 세대 전(前) 운동의 유산은 이제 역사학의 연구 대상으로 제자리를 차지하는 것이 온당하다.

마르크스와 엥겔스가 반동적 사회주의의 마지막 참고문헌으로 제시한 '독일 사회주의' 혹은 '진정한 사회주의'는 당시 독일 상황에서 비롯된 특수한 사조이기 때문에 그 현대판을 이야기한다는 것은 좀 무리한 일일지 모른다.

다만 외국의 급진사상을 맥락 없이 수입해와서 자기 사회에서 전혀 급진적인 힘을 지니지 못하는 추상적 학문으로 팔아먹는 일은, 적어도 우리 사회에서는 요즘도 흔히 볼 수 있는 현상이다. 한국판 '진정 사회주의'라고나 할까? 프랑스나 이탈리아에서는 나름대로 1968년 이후의 실제 운동들과 연관을 맺으면서 출현한 사상들이 한국에 들어와서는 아무런 대중적 움직임과 연관을 맺지 못한 철학·미학사상쯤으로 왜소화되어버린다. 실천을 이야기한다 할지라도 고작 '탈주자', '소수자' 같은 관념적 주체들이 제시될 뿐이다.

이런 주장을 하는 사람들 중 대다수가 과거에는 '노동계급'을 혁명의 주체로 내세웠다가 소련이 망하자마자 이를 철회한 경험을 가지고 있다. 이제 이들이 새로이 이야기하는 '탈주자'나 '소수자'도, 과거에 이들이 말한 '노동계급'이 그렇게 쉽게 포기

될 수 있을 만큼 추상적이었던 것 그대로, 추상적으로만 들리는 것은 왜일까?

『선언』의 저자들은 이른바 '보수적·부르주아적 사회주의'를 반동적 사회주의의 여러 조류들과 구별하며 이들 모두와 대등한 정도의 중요성을 지니는 것으로 제시하고 있다. 이 흐름은 사실 '사회주의'라기보다는 부르주아지 내의 개혁적 사조, 즉 급진공화주의나 사회적 자유주의라 부르는 게 더 옳을 것이다. 마르크스와 엥겔스가 말한 대로 부르주아의 지배질서가 계속되는 한, 부르주아 질서에 대한 도전을 '통제'하고 그 도전을 '온건화'하기 위해 부르주아지측에서 자진해 개혁에 나서자는 흐름도 필연적으로 지속되기 마련이다.

한때 이런 유의 자유주의는 노동계급의 전과(戰果)를 풍부히 하는 데 일정한 우호적 역할을 한 적이 있다. 1930년대 케인스 등의 사회적 자유주의사상(혹은 수정자유주의사상)이 그 예다. 당시에는 자본주의체제의 위기가 워낙 뚜렷하고 노동계급의 도전이 너무도 치열했기에 부르주아계급의 사상적 대변자들 중 일부에서도 계획경제의 도입과 자본 소유권의 일정한 교정을 지지할 수밖에 없었던 것이다. 하지만 이는 어디까지나 이념과 실천 모든 면에서 노동계급의 힘이 놀라울 정도로 성장해 치열한 공세를 가했기 때문에 가능했던 것이다.

반대로 세계 노동계급이 수십 년 동안 수세적인 상황에 처해 있는 지금은 바로 이러한 부르주아 내부의 개혁사조야말로 노동계급의 무장해제에 가장 적극적인 역할을 수행한다. 영국노동당이 사회주의 강령을 버리고 중도우파 정당으로 나아가는 데 중요한 역할을 한 기든스의 『제3의 길』이 그 대표적인 예다. 이 역시 개혁적 자유주의의 계보에 바탕을 둔 것이지만, 1930년 대의 선배 사상들에 비하면 훨씬 우경화한 내용을 담고 있다. 그리고 부르주아 지식인의 일부가 노동계급 정치세력에 공감했던 1930년대와는 정반대로 이제는 이러한 사상 조류가 노동계급의 정치조직을 무장해제시키는 데 앞장서고 있다.

국내에서는 1990년대 사회주의운동의 쇠퇴와 함께 힘을 얻기 시작한 온건 개혁사상들, 즉 경실련 등의 시민단체들이 내세우는 시민사회론이 이러한 역할을 하고 있다. 이러한 단체들에 속한 대학교수들이 겉으로 그람시 등 위대한 좌파 사상가들의 이론을 내세우는 것과는 상관없이, 이들이 실제 가장 신경 쓰는 것은 기존 지배질서의 합리화와 안정화다. 그리고 보면, 이들 단체와 가까운 자칭 '진보적' 지식인들이 아무렇지 않게 보수정당의 대변자, 하수인으로 넘어가는 것은 지극히 정상적인 현상이라 하겠다.

마지막으로 우리가 살펴볼 것은 '비판적 · 공상적 사회주의'다. 엥겔스가 후에 『공상적 사회주의에서 과학적 사회주의로』라는 저작에서 '공상적 사회주의'라고 부른 이들, 생시몽, 푸리에, 오언 등이 이에 속한다. 마르크스와 엥겔스가 『공산당선언』에서 이들을 다루는 필치를 보면, 다른 조류들을 다루는 대목에 비해 훨씬 따뜻한 느낌이 묻어나오는 것을 발견할 수 있다. 노동계급이라는 새로운 주체의 가능성을 살피지 못하고 공동체를 설계하는 도상(圖上) 연습에 몰두하는 '한계'를 역시 매섭게 비판하지만, 공동체의 꿈만은 비웃지 않는다.

이런 식의 공동체에 대한 몽상은 우리 시대에도 숱하게 존재한다. 특히 국가 차원의 개혁을 통해 대안사회를 이루려던 시도들, 즉 사회민주주의와 레닌주의의 시도들이 애초의 기대와는 다른 결과를 빚으면서 소규모 공동체의 꿈이 부활하곤 했다. 자본주의가 낳는 또 다른 근본적 모순, 즉 생태계의 위기가 깊어지면서 이에 대한 급진적 대응으로 등장한 생태주의 내에서도 이러한 공동체주의의 부활이 발견된다. 무엇보다도 공상적 사회주의에 대한 비판의 가장 강력한 근거였던 노동계급의 혁명 역량에 대한 회의의 증대야말로 마르크스주의 이전의 유토피아주의로 회귀하는 흐름에 주된 토대가 되고 있다.

협동조합 등 소규모 공동체의 실험들 자체를 부정하거나 반박할 이유는 없다. 우리가 비판해야 할 것은 그것의 '한계'다. 협동조합이나 생태농장이 현실에서 살아남기 위해서도 간절히 필요한 것은 전 사회적 차원에서 자본주의 시장을 제압할 힘이 등장하고 그것이 전반적인 주도권을 장악하는 것이다. 그것은 역시 프롤레타리아트의 각성이며, 그 조직된 힘이고, 이들이 내세우는 전 사회적 대안의 승리다.

노동계급의 역량이 최종적 시험을 거친 것은 결코 아니다. 지난 1백 년의 실천을 겪으면서 역사 변혁의 역량으로 요구되는 바가 보다 복잡해지고 보다 구체화되었을 뿐이다. 새로운 시험의 기회는 열려 있다. 그리고 여기서 첫번째 수험생은 여전히 현대의 프롤레타리아트, 노동하며 살아가는 '그/그녀'들이다.

바로 이들의 가장 세속적인 꿈속에 뿌리내릴 수 없는 이상은 여전히 '공상'일 뿐이다. 혹자는 노동계급에 과도한 기대를 건 것이 『공산당선언』의 저자들의 가장 커다란 실패라고 말하지만, 진실은 정반대. 오히려 바로 그 기대야말로 이들이 인류에게 던져준 가장 현실적이고 가장 진지한 숙제다.

물론 마르크스와 엥겔스의 비판이 모든 면에서 시대를 초월하는 진리만을 내포한 것은 아니다. 무오류설은 과학적 사회주의와 거리가 멀다. 대표적인 것으로 종교와 사회주의의 결합 가능성에 대한 판단을 들 수 있다. 마르크스와 엥겔스는 '반동적 사회주의'를 다루면서 지나가는 말투로 짤막하게 기독교 사회주의를 비난하고 넘어간다. 물론 당대의 서구 기독교 상황에서는 이러한 비판이 올바른 것이었을지 모른다. 하지만 세계자본주의의 복잡한 운동 속에서 인류는 진보적 민중운동과 진지한 종교적 전통이 결합하는 사례를 목도한 바 있다. 자본주의에 대한 마르크스주의적 비판을 받아들이면서 라틴아메리카 민중운동에 결합한 해방신학운동이 그 대표적인 예다. 이러한 현상을 19세기적 종교 비판의 안목으로만 바라볼 수는 없다. 이런 대목들에서 우리가 『공산당선언』의 시대적 한계에 과도하게 얽매일 필요는 당연히 없다.

보 · 론
마르크스와 엥겔스의 생애

카를 마르크스는 1818년 5월 5일 독일의 남서부 모젤 강변의 트리어 시에서 변호사 하인리히 마르크스와 부인 헨리에테의 장남으로 태어났다. 그 후 2년 뒤 11월 28일에는 바르멘(현재는 인근 지역과 합쳐져 '부퍼탈'이라는 도시가 되어 있다)에서 프리드리히 엥겔스가 공장주 프리드리히 엥겔스와 부인 엘리자베스의 장남으로 세상에 나왔다. 트리어, 바르멘, 두 도시 모두 프로이센왕국의 영토였지만, 각각 프랑스대혁명의 강한 영향과 이른 산업화로 인해 독일의 다른 지역과는 사뭇 다른 자유주의적인 분위기를 풍겼다.

마르크스의 아버지 하인리히도 온건한 자유주의자로서, 본디는 유대계였지만 당시에는 이미 루터파 기독교로 개종한 상태였다. 그는 아들에게 법학공부를 시켜 안락한 중간계급의 삶을 물려줄 생각이었다. 그러나 이미 고등학교 졸업시험에서 "만일 우리가 만인을 위해 가장 헌신적으로 활동할 수 있는 입장을 선택한다면, 어떤 시련도 결코 우리를 굴복시킬 수 없을 것"이라는 위험한 이상주의를 토로한 바 있는 아들에게 이는 가당치 않은 일이었다.

1835년 본 대학 법학부에 진학했다가 다음해 베를린 대학 법학부로 옮긴 마르크스는 아버지의 그늘을 피하자마자 운동권 패거리들로 넘쳐나던 철학서클 '박사클럽'에 가입했다. 바우어 형제 등이 주도하던 이 클럽은 헤겔을 통해 정점에 이른 독일 철학이라는 무기로 프로이센의 전제군주제를 무너뜨리겠다는 허풍과 망상으로 들떠 있었다. 결국 마르크스의 전공은 법학이 아닌 철학으로 굳어졌다. 1841년 예나 대학에서 통과한 그의 박사학위 논문은 「데모크리토스와 에피쿠로스 자연철학의 차이」라는 유물론 철학 연구였다.

1842년 젊은 마르크스 박사가 처음 얻은 일자리는 쾰른의 자유주의적 일간지 『라인신문』 편집장 자리였다. 검열 당국과의 투쟁으로 점철된 이 신문에서의 마르크스의 이력은 1843년 3월 당국의 조치로 신문이 정간되면서 1년도 못 채우고 끝나버렸다. 하지만 이제 그는 단순한 철학박사만은 아니었다. 일급 반정부 인사의 삶이 시작된 것이다. 일자리를 잃자마자 그는 약혼녀 예니 폰 베스트팔렌이 머물던 크로이츠나흐로 달려가, 그의 사후에 『헤겔 법철학 비판』이라는 이름으로 출간되는 장문의 헤겔 철학 비판을 작성했다. 그해 6월에 마르크스와 예니는 결혼식을 올린다.

과도한 혁명적 낙관주의로 무장한 이 신혼부부는 그해 10월 프랑스 파리로 향했다. 여기서 마르크스는 프루동, 바쿠닌, 하이네 같은 당대의 혁명가들과 어울리면서 독일혁명, 나아가 유럽혁명의 희망에 도취했다. '박사클럽'의 옛 동료인 루게와 같이 낸 부정기간행물 『독일-프랑스 연감』에 발표한 글에서 그는 드디어 프롤레타리아계급을 새로운 혁명의 주역으로 선언했다. 더 나아가, 그는 이를 뒷받침하기 위해 자신의 비전공 분야인 정치경제학 연구에 몰두하기 시작했다. 그 첫 작업은 마르크스 사후에 『1844년의 경제학·철학 수고』라는 이름으로 출판된다.

한편, 엥겔스는 자본가인 부친의 신조에 따라 대학에 진학하지 않고 가족 소유의 회사에서 공장 경영을 배워야 했다. 하지만 보헤미안에다가 바람둥이 기질마저 있었던 엥겔스를 주판알 앞에 앉히는 것은 보통 힘든 일이 아니었다. 한때 브레멘에서 멋쟁이 생활을 하던 그는 군복무를 마치고 나서는 베를린에서 대학 청강을 하거나 신문에 혁명적 민주주의 논조의 글을 발표하면서 소일했다. 1842년에야 엥겔스는 부친의 엄명으로 해외 공장이 있던 영국의 맨체스터로 갔는데, 여기에서 산업자본주의의 실상을 목격한다. 그 자극으로 그는 마르크스보다 일찍 정치경제학 연구를 시작하게 되고, 또한 프롤레타리아 출신의 평생 연인 메리 번스를 만나 동거에 들어가게 된다(나중에는 메리 번스의 동생 리디아 번스와 동거한다).

마르크스와 엥겔스, 두 사람이 처음 만난 것은 1844년 8월 23~24일경이었다. 독일혁명을 위해서는 프롤레타리아계급에 주목해야 한다는 박사 실업자와, 영국에서 그 프롤레타리아계급의 실체를 접하고 온 사장 아들은 너무나 죽이 잘 맞았다. 그들이 처음으로 힘을 합쳐 쓴 책은 바우어 형제의 철학적 망상에 결별을 고하는 내용의 『신성가족: 비판적 비판에 대한 비판』이었다. 이 책을 쓰고 나서 엥겔스는 영국으로 돌아가 영국 자본주의에 대한 자신의 관찰을 담은 『영국 노동계급의 상태』를 집필했다. 한편, 마르크스는 프로이센령 슐레지엔에서 일어난 직조공 봉기를 옹호하는 글을 써서 프로이센 정부의 신경을 자극한 탓에 프랑스에서도 추방당했다. 벨기에 정착한 마르크스는 다시 엥겔스와 합류해 제2의 공동 저작을 집필했다. 그 원고는 20세기에야 『독일 이데올로기』라는 제목으로 출간되는데, '역사유물론'이라는 이름으로 불리게 될 두 사람의 사상의 중요한 부분들을 담고 있다.

자신들의 독자적 사상의 기본틀을 가다듬었다고 생각한 두 사람은 1846년부터 본격적으로 실천활동의 전면에 나섰다. 그들은 공상적 공산주의 사상가인 바이틀링이 주도하던 독일 망명혁명가들의 조직 '의인동맹'을 장악하고, 조직명을 '공산주의자동맹'(이하 동맹)으로 바꿨다. 바야흐로 보수세력들조차도 유럽혁명의 조짐에 전율하던 때였다.

새 조직의 강령으로, 처음에는 엥겔스가 「공산주의의 원리」라는 문서를 작성했다. 그러나 마르크스는 신입회원 교육을 위해 문답형식으로 되어 있던 이 문서를 좀더 문학적이고 선동적인 형태로 바꾸고 싶어했다. 1847년 11월 '동맹'은 마르크스와 엥겔스에게 강령 작성 작업을 위임했다. 엥겔스가 정치적인 임무를 띠고 프랑스로 파견되어야 했기 때문에 최종 문안 작성은 마르크스의 몫이 되었다. 항상 그랬던 것처럼 마르크스는 집필을 미루고 미루다가 1848년 1월, '동맹'이 제시한 마감 시점이 되어서야 이를 완성한다. 문풍은 완전히 마르크스의 것이었지만, 그 내용의 상당 부분은 이미 엥겔스의 「공산주의의 원리」에 제시된 것이었다. 마르크스와 엥겔스의 이 제3의 공동 저작이 바로 『공산당선언』이다. 또 하나 언급해야 할 것은 이 저작의 유명한 마지막 문구, "만국의 노동자여, 단결하라!"의 원저자는 따로 있다는 것이다. 프랑스의 여류 사회주의자 플로라 트리스탕이 그 사람이다.

『선언』이 완성된 지 한 달 만에 프랑스에서 드디어 혁명이 일어났다. 혁명의 불길은 프로이센, 오스트리아, 헝가리, 이탈리아 등으로 번졌다. 이른바 1848년의 유럽혁명이다. 그러나 승리를 쟁취한 프랑스의 부르주아계급이 그해 6월 자신들의 이전 동지인 노동자들에게 총부리를 겨눈 데에서 확연히 드러난 것처럼, 자본가계급과 노동자계급 사이의 분열이 왕정과 민주주의 세력 사이의 대립을 압도하는 양상이 나타났다. 어디에서나 부르주아계급은 프롤레타리아계급에게 기회를 주느니 반동에게 고개를 숙이는 길을 택했다. 『선언』은 1백50년 후인 지금뿐만 아니라 그것이 출간된 그해부터도 이미 자신의 압도적 진실을 입증했던 것이다.

마르크스와 엥겔스는 1848년 4월 독일에 돌아와 혁명운동의 중심에 섰다. 마르크스는 『신(新) 라인신문』을 창간해 편집장으로 활동했고, 엥겔스는 군사봉기에까지 직접 참여했다. 투쟁의 한가운데에서도 마르크스는 독일 노동계급에게 혁명이론을 전파하는 작업을 중단하지 않았는데, 1849년 봄에 『신 라인신문』에 연재한 정치경제학 강의 『임노동과 자본』이 그 예다. 1849년 프로이센 정부가 다시 마르크스에게 국외 추방령을 내리자 그는 온통 빨간색으로 인쇄된 『신 라인신문』의 마지막 호를 낸 뒤

영국으로 망명길을 떠났다.

　1849년부터 마르크스가 죽을 때까지 계속된 영국 망명생활은, 잘 알려진 것처럼 경제적 궁핍으로 점철된 것이었다. 그나마 아버지 회사에서 당분간 착실한 부르주아로 살기로 한 엥겔스의 결단 덕분에 마르크스 가족은 엥겔스의 재정 지원에 의지해 굶어 죽는 것만은 면할 수 있었다. 그렇다고 지지리 궁상만 떨었던 것은 아니고, 좀 여유가 생기면 떠들썩한 술판을 벌이기도 하는 그런 삶이었다.(F. 윈의 마르크스 전기에 나오는 음주 생활에 대한 증언을 보면, 우리나라 운동권이 술 많이 먹는다고 나무랄 일만은 아니라는 생각이 들 정도다. 그러면서도 그런 저작들을 남길 수 있었다니!)

　마르크스는 망명 초기에 유럽혁명이 곧 다시 타오르리라는 확신으로 「1848년에서 1850년까지의 프랑스에서의 계급투쟁」, 「루이 보나빠르뜨의 브뤼메르 18일」 등 정치 문헌을 집필하면서 새 혁명을 준비했지만, 이는 곧 망상임이 드러났다. 마르크스와 엥겔스는 오히려 옛 동지들의 철없는 모험주의를 말려야 하는 입장이 되었고, 그래서 1852년 '동맹'을 해체하고 만다.

　그때부터 마르크스는 세계의 새로운 지배질서인 산업자본주의를 분석하는 거대한 이론적 작업에 몰두했다. 몇 개월 만에 끝날 거라던 이 작업은 마르크스가 오십 줄을 바라보게 된 1867년에야 마침내 한 권의 책으로 빛을 보게 된다. 그 책의 이름은 『자본 : 정치경제학비판』 제1권이다.

　이 책이 세상이 나오기 2년 전부터 마르크스와 엥겔스는 다시 정치 일선으로의 복귀를 요구받았다. 폴란드 민중봉기에 대한 영국과 프랑스 노동자들의 국제연대 활동을 계기로 '국제노동자협회'가 결성되었던 것이다. 흔히 '제1인터내셔널'로 알려진 이 조직은 자신의 '두뇌'로서 마르크스·엥겔스를 요구했다. 기실 두 사람은 '두뇌'뿐만 아니라 '손발' 역할까지 다 떠맡아야 했다. 1871년 프랑스 파리에서 첫 노동자 정부인 파리 코뮌이 등장하자 마르크스는 주저하지 않고 『프랑스에서의 내전』이라는 저작으로써 이를 찬양하고 미래 사회주의 국가의 모범으로 불멸의 가치를 부여했다. 그러나 제1인터내셔널 역시 결국은 '머리'보다는 '가슴'에 과도하게 의존하는 동지들에 대한 투쟁으로 끝맺음해야만 했다. 코뮌의 실패 후 모험주의의 유혹에 굴복한 제1인터내셔널 내의 바쿠닌주의자들의 음모를 종식시키기 위해 마르크스와 엥겔스는 부득이 본부를 뉴욕으로 옮기고 1876년에는 결국 이를 해체해야 했다.

새로운 실천의 봉화는 예기치 않은 곳으로부터 타올랐다. 1875년 독일에서 마르크스와 엥겔스를 따르는 노동운동 분파와 라살의 노선을 추종하는 노동운동 분파가 연합해 '독일 사회민주당'을 건설했다. 각 나라에 독자적 노동자 정당을 건설한다는 구상은 마르크스와 엥겔스에게도 새로운 것이었다. 두 노인은 이러한 시도에 적극 개입해 그 운동에 혁명이론의 신선한 대기를 공급하는 데 발 벗고 나섰다. 「고타 강령 비판」이라는 이름으로 알려진 독일 사회민주당의 첫번째 강령에 대한 마르크스의 비판이나, 프랑스 노동자당의 강령 초안 작성 작업이 그 예다.

1881년 예니 마르크스가 숨을 거둔다. 비록 가정부에게 사생아를 낳게 한 전력을 지닌 마르크스였지만, 부인에 대한 그의 사랑만은 진실한 것이었다. 부인이 사망한 다음해 카를 마르크스는 64세로 숨을 거둔다. 죽기 직전까지도 그는 러시아혁명의 전망에 대한 고민(러시아가 사회주의로 나아가는 과정에서 반드시 자본주의 단계를 거쳐야 하는가, 그렇지 않은가)과 대수학 공부에서 손을 떼지 않았다. 장례식에서 엥겔스는 "마르크스의 죽음으로 인류의 키는 머리 하나만큼 작아졌다"고 애도했다.

마르크스 사후 엥겔스는 새 세대 노동운동의 '늙은 현인'으로서 혁명의 횃불을 계속 이어간다. 역사유물론 사상의 독창적 전개인 「가족, 사적 소유 및 국가의 기원」을 저술하고, 마르크스의 정치경제학 연구 유고를 모아 『자본』 2, 3권을 내고, 독일 사회민주당을 비롯해 각국의 노동자 정당에 이론적 문제를 조언했다. 1891년에는 유럽 각국 노동자 정당들이 연합해 '인터내셔널'을 재건했다. '제2인터내셔널'이었다. 그해에 엥겔스는 런던에서 최초의 메이데이 집회에 참석했고, 독일 사회민주당의 두 번째 강령인 「에르푸르트 강령」 작성 작업에 개입했다.

하지만 뭐니 뭐니 해도 중요한 것은 독일 사회민주당의 농촌 선동 문제에 대한 이론적 개입이었다. 이 문제를 놓고 엥겔스는 당내의 기회주의적 분파와 투쟁하길 마다하지 않았다. 이는 유명한 수정주의 논쟁의 예고편이었다. 1895년 엥겔스는 유럽의 혁명적 노동운동의 미래에 대한 유언의 성격을 지닌 「칼 맑스의 '1848년에서 1850년까지의 프랑스에서의 계급투쟁' 서문」을 남기고, 75세의 삶을 마쳤다.

마르크스에게는 세 딸과 하녀와의 사이에서 난 아들이 하나 있었고, 엥겔스에게는 자식이 없었다. 마르크스의 세 딸은 모두

혁명운동사에 그 이름을 남겼다. 큰딸 예니는 코뮌 전사인 프랑스 사회주의자 샤를 롱게와 결혼했고, 둘 사이의 아들 장 롱게는 이후 프랑스 사회당의 지도자로 활약한다. 둘째 딸 라우라는 역시 프랑스의 사회주의자인 폴 라파르그(『게으를 수 있는 권리』의 저자)와 결혼했으며, 훗날 이 부부는 젊은 레닌과 친교를 갖게 된다. 셋째 엘레아노르는 영국 사회주의운동에 열정적으로 참여했으나 요절했다.

> 마르크스 · 엥겔스의 공동전기로는 겜코브의 『두 사람』(김대웅 · 주양석 공역, 죽산, 1990)이 읽을 만한데, 지금은 절판되었다. 마르크스의 전기로는 윈의 『마르크스 평전』(정영목 옮김, 푸른숲, 2001)이 가장 좋다. 마르크스의 생애와 사상을 일목요연하게 정리한 글로는 발리바르의 「칼 마르크스와 마르크스주의」(이해민 옮김, 『역사유물론 연구』, 푸른산, 1990)가 추천할 만하다.

황광우 1958년 태어나다. 1970년대에 민주화운동에 동참하였고, 1980년대에는 노동운동에 뛰어들었으며, 1990년대에는 진보정당운동에 앞장서다. 『소외된 삶의 뿌리를 찾아서』, 『들어라 역사의 외침을』, 『노동자의 사상』, 『사회주의자의 실천』, 『뗏목을 이고 가는 사람들』, 『다시 생각하는 사회주의』, 『진리는 나의 빛』 등의 책을 쓰다. 일하는 사람들이 소외된 노동에서 해방되어 저마다 자유로운 삶을 누리는 사회, 그런 사회를 만들기 위해 오늘도 미쳐 살고 있다.

장석준 1971년 태어나다. 대학에서 사회학을 공부하고, 서구 진보세력의 사회화 정책을 추적한 논문으로 석사학위를 받다. 『세계를 바꾸는 파업』을 함께 쓰고, 『안토니오 그람시 : 옥중수고 이전』을 옮기다. 노동운동과 진보정당운동이 더욱 성숙하도록 가지고 있는 작은 힘을 보태며 살고 있다.

레즈 The reds!
_새롭게 읽는 『공산당 선언』

2003년 5월 20일 초판 1쇄 펴냄
2007년 11월 26일 초판 5쇄 펴냄
2010년 12월 10일 재판 1쇄 찍음
2010년 12월 20일 재판 1쇄 펴냄

지은이	황광우 · 장석준
펴낸이	김영현
주간	손택수
편집	김혜선, 이상현, 진원지
디자인	풍영옥
관리 · 영업	김태일, 이용희
펴낸곳	(주)실천문학
등록	10-1221호(1995.10.26.)
주소	우121-820, 서울시 마포구 망원1동 377-1 601호
전화	322-2161~5
팩스	322-2166
홈페이지	www.silcheon.com

ⓒ 황광우 · 장석준, 2003
ISBN 978-89-392-0645-8 03800

이 책 내용의 전부 또는 일부를 재사용하려면
반드시 지은이와 실천문학사 양측의 동의를 받아야 합니다.